百人百色の投資法

投資家100人が教えてくれた
トレードアイデア集

Vol. 1

JACK 著

olling

はじめに

※全巻共通

そもそものきっかけは3年前のパンローリング社の忘年会の一言でした。

「投資家の手法を含め、投資に対する考え方が本当にたくさんあるから、じっくりと話を聞いてみたいね」

この何気ない会話から、「どうせ聞くなら株式投資家に限らずＦＸ投資、不動産投資など、あらゆるジャンルの人からいろいろ話を聞いて書籍化しよう」という顛末に辿り着くまでには時間はかかりませんでした。

ただひとつの誤算は、インパクトを与えたいので、どうせなら、１０人とか２０人ではなく、１００人という規模で発刊しようと思ったことです。

そもそも、自分自身が話を聞きたいと思った人がいても、この企画に賛同してくれる人が１００人も集まるかという不安はありましたが、幸いなことに、自分自身でお願いをしたり、投資仲間からの紹介を含めて友達の輪のような形で打診したところ、最終的に１００人の方々にご協力をいただけました。大変ありがたかったです。

しかし……。実際にインタビューを開始するまでに日程調整と人選を含め約1年、インタビューを開始してから終了するまでに約1年、そこからテープ起こしをして、さらに文書化するのに1年以上もかかり、なんだかんだで結局のところ、当初の予定を大幅に超える結果になってしまいました。

しかも、実際に話を聞いてみると投資手法のヒントになるような、おもしろく、また刺激になる話ばかりで、一人数ページでご披露できる代物にすることは困難でした。結論として、5冊の分冊での発刊という形を取り、20人ずつ紹介していくことにしました。

この本（シリーズ）の主人公は私ではありません。登場してくれた100人の投資家がメインです。今回のシリーズを作ってみて、あらためて、投資（株式投資やFX、不動産投資）のやり方や考え方は人それぞれだと感じました。千差万別、百人百様。本書のタイトルで言うなら、百人百色です。読者の皆さんにも役に立ちそうなものがきっとあると思います。自分に合っていそうなやり方や考え方があればぜひ実践してみてください。

本書（シリーズ）に登場していただいた投資家さんには、すでにやり方を確立したベテラン投資家さんもいれば、まだ駆け出しの投資家さんもいます。でも、投資という世界に対して、真摯に向き合う姿は共通しています。そういうところも、感じとっていただけたらうれしいです。

なお、この100人の掲載順序につきましては、投資ジャンルこそ区分けしておりますが、取材順に掲載しています。

2014年10月　JACK

本書（シリーズ）の読み方

※全巻共通

本書（シリーズ）は２０１２年１０月～２０１３年８月までの間に、投資家（トレーダー）１００人にインタビューしたもので内容を構成しています。本文に入る前にお知らせしておきたいことを、いくつか、紹介します。

（１）時間の概念について

先述したように、本書（シリーズ）は２０１２年１０月～２０１３年８月までのインタビューで構成しています。本文の中に「今」とか、「最近」とか、時間に関する言葉が出てきますが、それは、インタビュー時点の「今」や「最近」だとお考えください。

原稿の校正段階で、一部、補足的に取材時以外の話が入っているところもありますが、そこはまぎらわしくないように日付を入れています（例：２０１４年●月●日など）。

本の宿命として、事例が古くなってしまうこと自体は避けられませんが、本書で紹介していることはやり方や考え方など、色あせることのない根幹部分です。いつ読んでも、通用すると思います（注：手法によっては、うまく機能する時期と機能しない時期があります。本書の発売時点では通用しにくいものもあるかもしれませんが、「歴史は繰り返す」のであれば、いずれ役に立つ日が来ると思います。学んでおいて損はないと思います）。

（２）インタビュー項目について

今回のインタビューは、読者からよく来る質問をベースに質問項目を考えています。今回、聞いたのは以下の質問です。

◎最初にマーケットに関わったのはいつごろですか？　きっかけも？
◎銘柄（通貨・物件）を選ぶときには何を重視していますか？
◎いつもどんな情報を見ていますか？
◎〝何〟が〝どうなった〟ときにポジションを作りますか？
◎投資（トレード・不動産投資含む。以下略）で大事にしていることを３つ教えていただけますか？
◎ポジション保有中、思惑に反して逆行しているとき、何を考えていますか？
また利食いするときはどういう状態になったときですか？
◎印象に残っている最高の思い出と最悪の思い出は？
◎ご自身の投資を一言でまとめると、何を狙ったものと言えるでしょうか？
◎自分がほかのトレーダーとは違うと思う点は何ですか？
◎投資の世界から引退と考えたことはあるか？（理由含む）

この質問に答えていただいたものを、適時、文章化しています。

（３）お願い

本書（シリーズ）は、もともと、１００人の投資家（トレーダー・不動産投資家。以下略）に話を聞き、要点となるものをピックアップして、ひとりあたり4ページくらいで1冊にまとめようと考えていました。

ところが、ふたを開けてみたところ、聞く話がおもしろすぎて、また刺激的すぎて、４ページ程度でまとめることを前提に話をカットするのは、読み手にとって好ましくないと判断。急遽、企画を変更して、できるだけインタビューで聞いた話を掲載するようにしています。その結果、1冊20人の計5冊の企画となりました（「最初から20人ずつの本にして出せばよかったのに……」というごもっともな意見は、この際、聞かなかったことにさせてください）。

ここでお願いがあります。本書（シリーズ）では、さまざまなタイプの投資家（トレーダー）さんたちから、さまざまなやり方や考え方などを聞いています。**ノウハウ本ではありませんので、ひとつの手法を深く掘り下げた構成にはなっておりませんが、その代わり、いろいろなやり方や考え方にふれることはできる**と思います。もし、興味深いものがありましたら、ぜひ試してみてください。

よく耳にする話のひとつに**「リーマンショック前には使えた手法が、リーマンショック後には使えなくなってしまった」**というものがあります。これは、ある意味、ひとつのやり方に固執してしまった結果とも言えます。

相場状況がいつ変わるか、誰にもわかりません。だからこそ、「あっ、これは自分に合っているかも」とか、「今使っている手法にこの考えをプラスしたら相乗効果が生まれるかも」と感じるものがあったら、積極的に試していただきたいのです。現在の手法をサポートするものとしてでも構いませんので、別の何かを探してほしいと思います。

もちろん、ベテラン投資家さんの場合には、すでに完全に確立した手法があって、「今さら、ほかのやり方や考え方にふれる必要はない」とお考えの方もいらっしゃると思います。ひとつのことを追求してきた結果、酸いも甘いも経験し、今も活躍されていると思われますので、そういう方は、今のやり方を続けていただければと思います。

そして、もしも、「自分に合っているかも」と試してみたところ、うまくいかなったときには、パラメータを変えたり、時間軸を変えたり、ほかの要素（例えばテクニカル等）を加えてみたりなど、皆さんなりのアレンジを足してみてください。**自分の頭を使って、いろいろチャレンジしていただきたい**と思います。

それでもダメなら、やり方自体がダメなのではなく、単純に相性が悪かっただけだと思われますので、また違うやり方に目を向けていただければと思います。

くれぐれも、やり方や考え方を提供してくれた投資家さんたちを〝口撃〟するような行為は避けてほしいと思います。やり方や考え方というのは、ある意味、投資家にとっては「メシの種」です。それを話せる範囲で公開してくれたわけですから、そこに敬意を払っていただけたら、制作サイドとして、大変ありがたいです。

本書の続編があるかどうかは、現時点ではまだわかりませんが、もし続編があったとして、この本の読者の中から本書に登場してくれる人が生まれたならば、この本を世に出したかいがあったというものです。

長くなりましたが、先にお伝えしておきたいことは以上です。それでは、本文をお楽しみください。

パンローリング　編集部

株式投資編

FX編

不動産投資編

株式投資 編

隙のない短期トレードの達人

三 空

イベント投資の帝王

夕 凪

需給重視トレードの貴公子

Tyun

割安トレードの巨匠

伊藤 道臣

基本忠実トレード（堅守）の達人

上総介

ミスプライスの発掘の賢者

ひろし

先物・オプションも使いこなす兼業トレーダー

てっぺん柳橋

専業トレーダーのレジェンド

BBアドベンチャー

1

三空

～市場もやり方も固定しない～

※取材日2012年10月17日

短期的なトレードに変えたことがジャンプアップのきっかけだった

私が最初にマーケットに関わったのは、2003年の6月です。ちょうど日経平均株価が7600円の大底をつけた近辺だったかと思います。

私の場合は本当に運が良かったと言えます。というのも、投資という世界に入ったときはちょうど竹中平蔵大臣が公的資金を注入して、「メガバンクを救うぞ!」という姿勢をマーケットに表明したときでもあって、それまでの下降トレンドから上昇トレンドへ、相場が一気に反転したタイミングだったからです。

最初の投資資金はバイトなどで貯めた100万円でした。最初はこの100万円でビッグスクーターを買うつもりだったのですが、「いざ、買おう」とお店に行ったときに、ふと「これを使ったら半分になっちゃうな……」と思ったのです。ここから新たに50万円を貯めるのは大変ですしね。そこで、やっぱりビッグスクーターを買うのはやめて家に帰って胸の中のモヤモヤ(ビッグスクーターを買うべきかどうか)をネットのチャット仲間に話したところ、その中に株をやっている人がいて、その人に「投資したら」とアドバイスしてもらったのです。母が証券会社に勤めていた（受付ですが）という縁もあって、一気にその気になりました。まぁ、親からはすごく反対されましたけどね。１００万円すべてを投入するのは怖かったので、まずは６０万円で株式投資を始めました。時期が良かったので、初年度の２００３年の年末には、（６０万円が）１００万円になりました。

株についての勉強は、正直なところ、ほとんどしていなくて、「習うより慣れろ」でした。とにかく場を見ていました。確か、初めて買ったのは「沢井製薬（４５５５）」だったと思います。最初に株式投資を教えてくれた人がファンダメンタルの中長期派の人だったこともあって、いろいろと相談していたら、「ジェネリックはこれから伸びるよ」と後押しされたので買った記憶があります。

当時、いくらだったのかはもう忘れてしまいましたが、確か2～3ティック程度で利食いをしたと思います。そのことを教えてくれていた人に正直に話すと、「ディフェンシブ株の製薬会社を2～3ティック程度で利食うなんて何事だ！」とひどく怒られました。

でも……。その当時、楽天証券のマーケットスピードなどで「値上がりランキング」などを見ると、1日で１０％以上も値上がりしている銘柄がゴロゴロあったのです。それを見ていたときに、「中長期で2倍になる銘柄を狙うよりも、毎日毎日、もっと値上がりする銘柄を追いかけて、（銘柄を）回転させるほうがよいのではないかな」と思ったのです。結果、短期トレードに切り換えることに……。そこから今も変わらずデイトレード（以下、デイトレ）です。

株は逆張りで勝負

今（※取材時：２０１２年１０月１７日。以降、略）の株のやり方は、２００３～２００４年にＢＮＦさんがやっていた「逆

【三空氏のプロフィール】

経済評論家。投資家。2003 年より相場を始め相場歴は 10 年超となった。上げ相場はモメンタム投資法、揉み合いと下げ相場は乖離率投資法で隙のないトレードを目指す。

張りの買い」の激しいパターンです。日足ベースで値下がりしている銘柄を探して、仕込んでいく（買っていく）やり方です。始めてから日が浅く、正直なところ、まだ手探り状態ですが、この方法は悪くはないです。ちなみに、2～3カ月前は電力株を一気に下がったところで拾って、戻ってきたところで手仕舞いました。ディー・エヌ・エー（DeNA）などがコンプガチャ問題で騒がれているところを買って、戻ったところで利食ったりもしました。

ソフトバンクも値下がりしましたが、このときは1日様子を見たんです。初日にストップ安になったところでサインは出たのですが、あまりにも大きな下げだったので怖くて買えずにいたら、翌日もう一回下がったんですよ。そこで、「これはイイんじゃないかな」と思って2280円で買って、昨日（2012年10月16日）の引けで利食いました。今日（2012年10月17日）まで待ってれば良かったですね、まさかもう一回上がるとは思いませんでした。

2003～2008年のころは、順張りでガンガンやっていました。このときは「ひとつのかごに玉子ひとつ」の手法でした。今はまったく違います。分散して、ひとつあたりのリスクを減らしています。実際、10銘柄くらい持っていますよ。ひとつだけ思惑が外れたものがありましたが、それ以外は逆張りでうまくいっています。

具体的な保有銘柄は、今なら、ヤフーファイナンスで移動平均線乖離率ランキングの上位に入っているものあたりですね。それだけ乖離しているわけだから、対応さえしっかりしておけばリスクは低いです。あとは大局（日経平均株価）を見て、うまく合わさったところで利食えばいいんです。

銘柄の選び方は、ヤフーファイナンス→株式→株式ランキング→（画面左下の）テクニカル関連ランキングの高かい離率（25日・マイナス）という流れです（20ページ参照）。明らかに仕手切れで上がったあと、下に乖離しているものは避けます。また下がる可能性が高いからです。それ以外のもので、ファンダメンタルうんぬんではなく、チャートを見て下がってきているものを拾います。エントリー後、移動平均線まで持つこともあれば、日経平均株価が1日で10％くらいはねたときはそこで利食ったりもします。あとは移動平均線乖離率のどこでエントリーするかですね。15％で買うのか。それとも、20％や25％で買

◆ DeNA

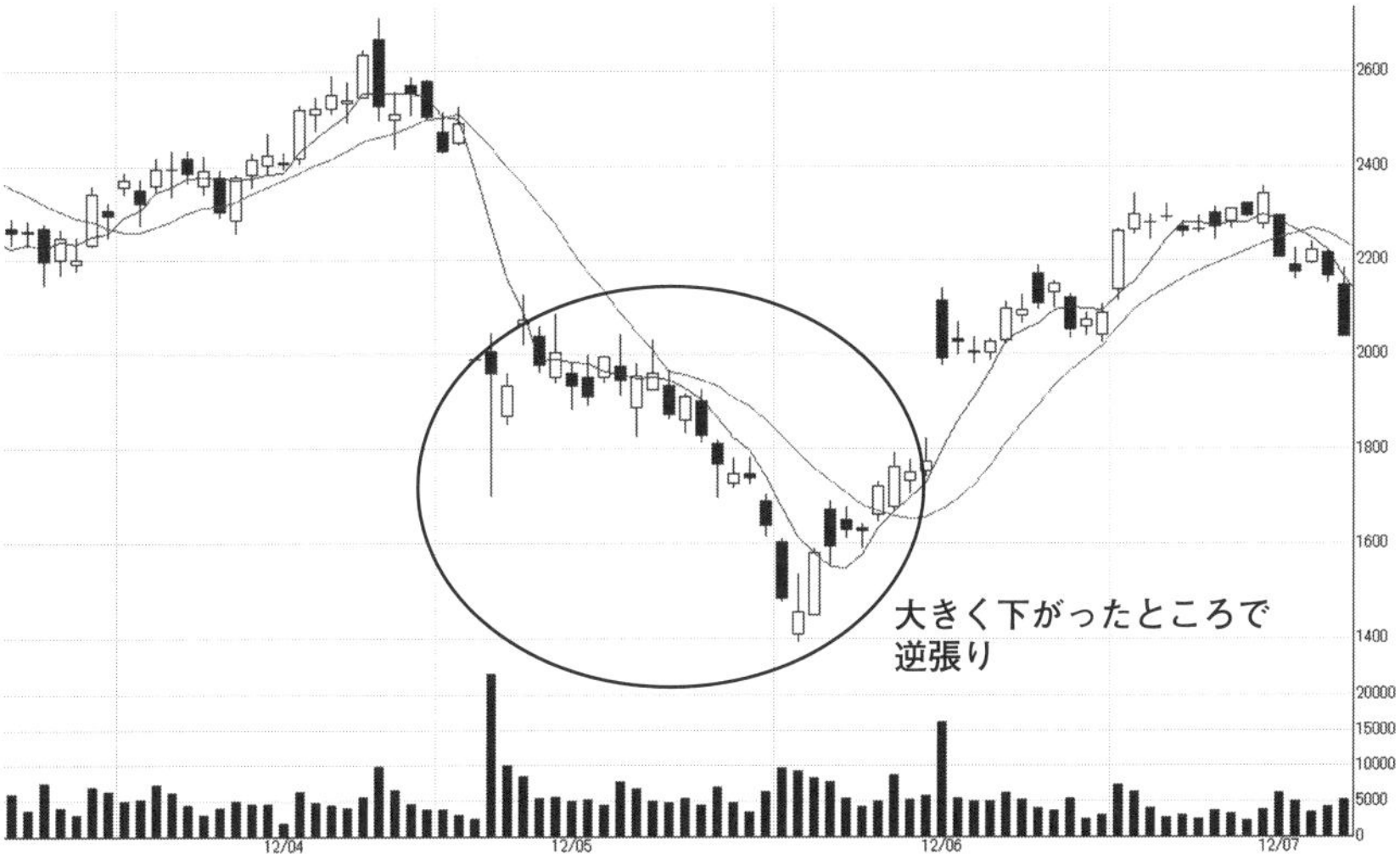
大きく下がったところで
逆張り
2600
2400
2200
2000
1800
1600
1400
20000
15000
10000
5000
0
12/04
12/05
12/06
12/07

◆ソフトバンク

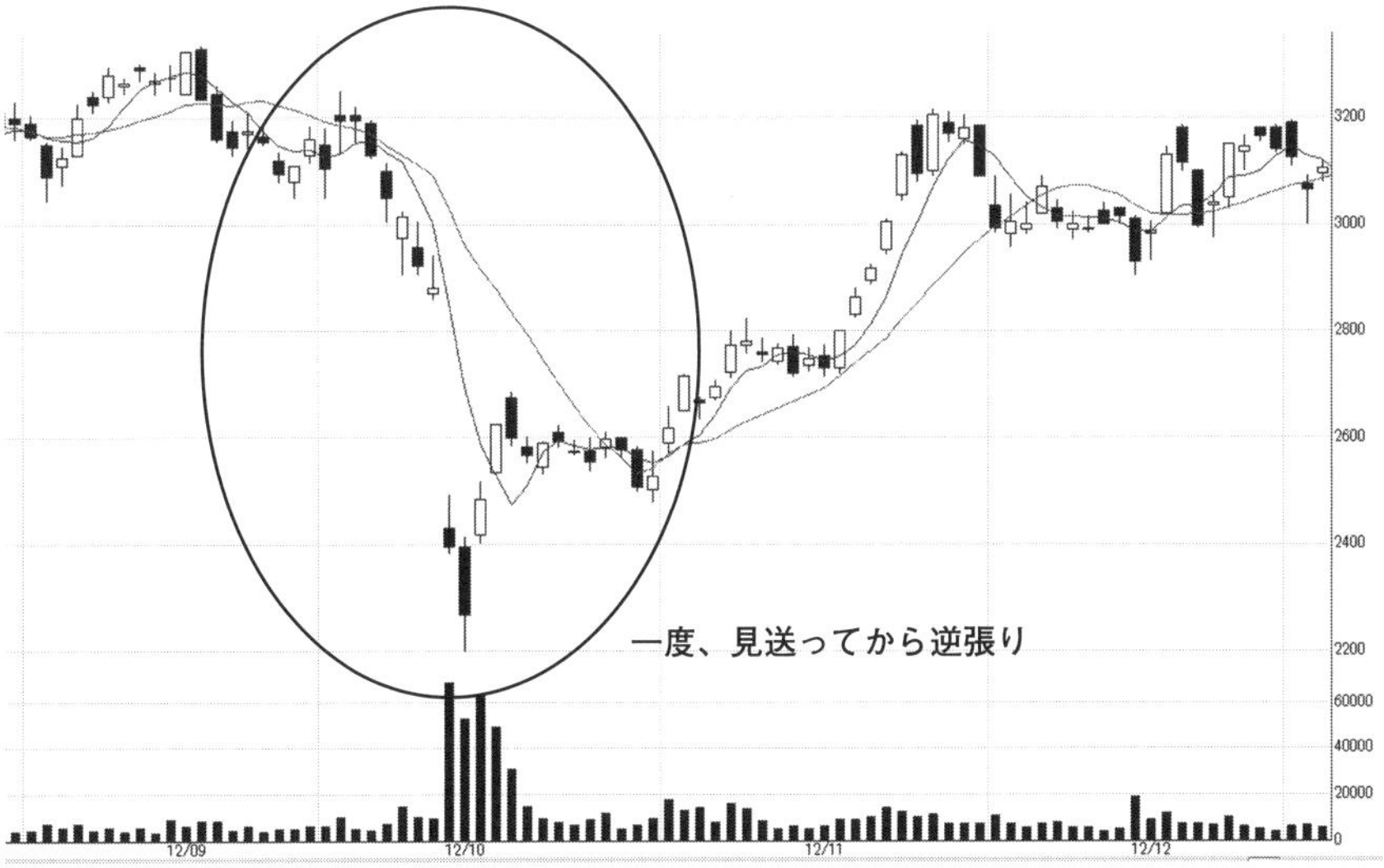
一度、見送ってから逆張り
3200
3000
2800
2600
2400
2200
60000
40000
20000
0
12/09
12/10
12/11
12/12

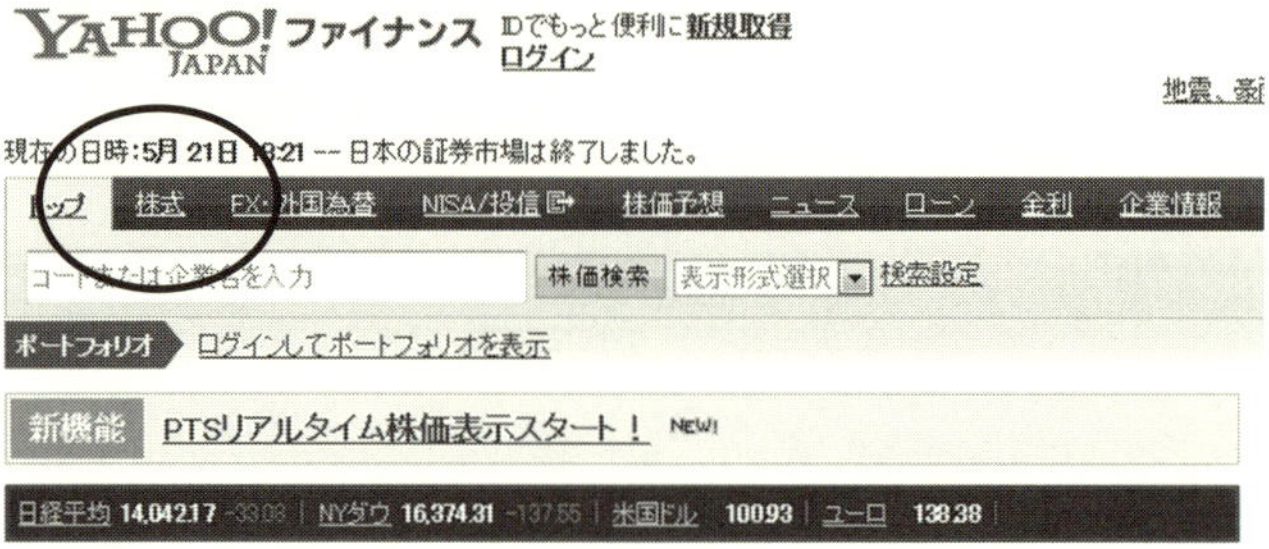

株式をクリック

丸印（どれでも OK）をクリック

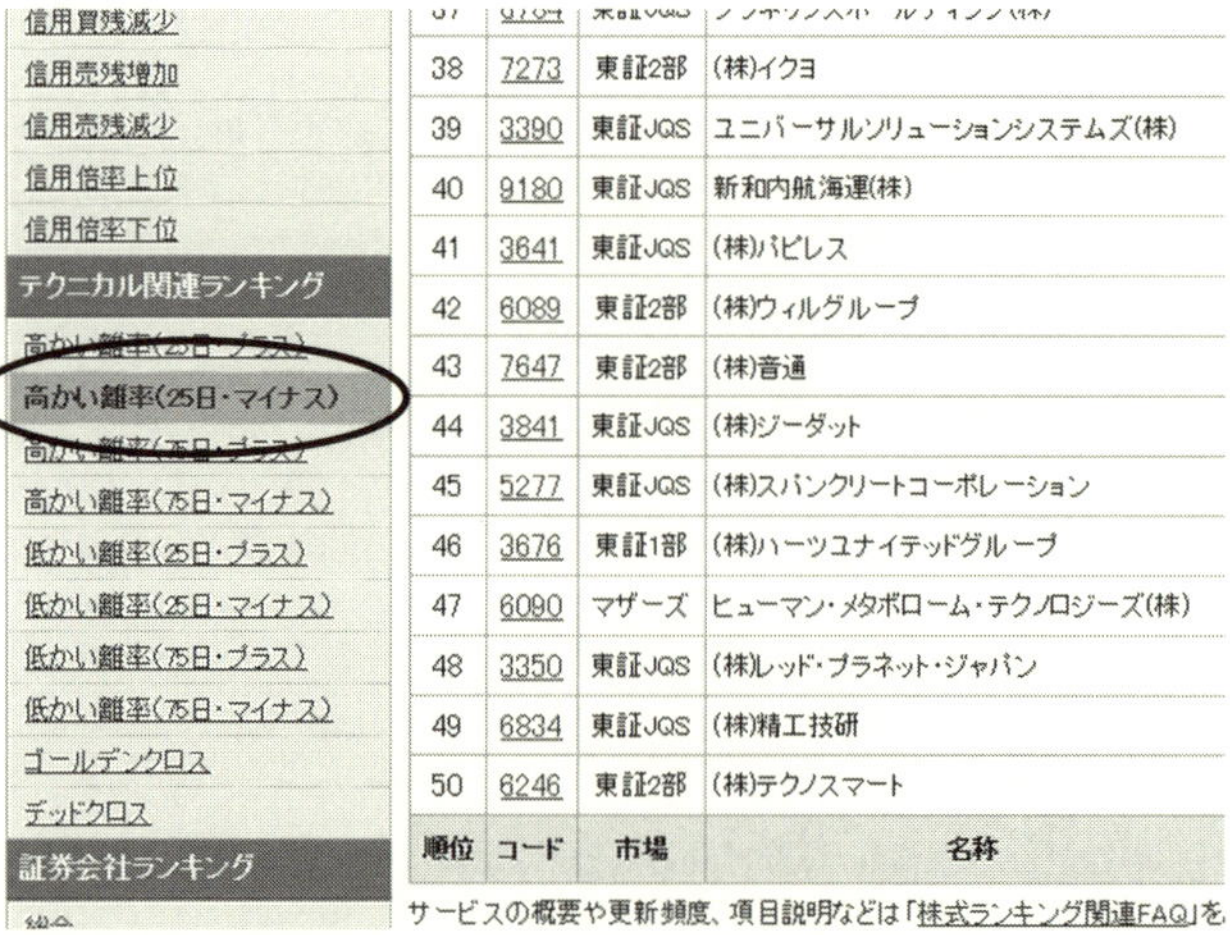

２５日・マイナスを
クリック

うのか。そのあたりは、銘柄の癖もありますので、経験というか、慣れだと思います。

逆張りをする以上、落ちるナイフをつかんでしまうこともあれば、落ちるナイフがいったん横ばいになってもそのあとでさらに下がることも十分あり得ますので、そういうことを想定して買わなければなりません。

もし、買って、下がって、精神が乱れて、ナンピンしてしまうようであれば、自分にとってはオーバーロットですから、初めからロットを下げなければならない。つまり、逆張りで入ったあとのことも考えてやらなければならないわけです。

僕はそのことも考慮してロットもあまり大きくしません。「下手したら損失はどれくらいになるか」も計算に入れてやっています。負けトレードも想定の範囲内でやることです。リーマンショックのときのように二段落ちのときもありますからね。

注意しないといけないのは、チャートやシステムでトレードしている人にありがちな、決算日などのイベントを忘れやすいところです。この間、決算日を調べずにいたところ、関西電力が突然下がって驚かされることがありました。決算日が近いことを知らずに3日前に買ったところ、すぐに下がってしまったようなのです。決算日くらいはチェックしないといけないと思いました。

為替は時間帯のクセを利用して勝負

株はついては、今までお話してきたように、移動平均線からの乖離と、売られすぎ&買われすぎを見ています。エントリーのタイミングは、単純に終値が移動平均線から○%離れたときです。この「○%」については、先ほども少しふれたように一律ではありません。10%なのか、15%なのか、それとも20%がいいのかについては、市場や銘柄に合わせて変えています。

僕は為替（FX）もやっていますので、そちらにもふれておこうと思います。為替については1時間ごとの値幅を見ています。今日がいつもより動いているのかどうかです。あとは当日の高値安値までの距離と、ボリンジャーバンド（20EMAを軸にしたもの）のゼロシグマ（20EMA）までの距離を見ます。これがエントリー基準であり、利食い基準です。エントリーについては、ボリンジャーバンドの±2σにタッチした瞬間にエントリーします。イグジットは20EMA、つまり0σに戻ってきたときです。もしトレンドが発生してしまったときは3σで損切りしたり、5ピプス（pips）で切ったりなど、そのときの状況に合わせて臨機応変に対応します。

見ている通貨は、メジャーなドル円が多いです。ドル円の見方の話をすると、現時点で、トレンドは見ていません。というのも、今（※2012年10月17日）のドル円はトレンドがほとんどないからです。もしトレンドが出たならば、その日は、それに逆らわなければ、放っておくだけで勝てます。ドル円に関して言えば、含み損を抱えていてもほったらかしにしていれば、98％くらいは利益を出して手仕舞えます。ドル円でポジションを持って、含み損を抱えたらほったらかす。以前は「これで本当に大丈夫かな」と不安になることも多々ありましたが、結局のところうまくいっているので、こういうやり方もアリかなと思っています。もちろん、逆のトレンドが発生したら。そのときは損切りですよ。

値幅については、日足を見てもあまり意味がないので、1時間ごとの値幅を今日&昨日で比べて「今月の平均より高い」とか、そういうところを見ています。このようなことを記録していくと「この時間は平均何ティック動く」などがわかるようになります。

これは経験則というよりも完全にロジックです。東京時間の9時から15時は欧米の人は寝ているのでどの通貨もほとんど動きません。15時からちょっとずつ動き始めて17時がいったんピーク、欧州の株の時間は始まって2時間たつと縮小して、18時や19時や20時は動きません。

21時は指標が出るから1日で一番大きく動いて、22時や23時で若干狭まりつつも大きくなっていって、24時にロンドンフィックスで2番目のピーク。あとは1時から9時までは縮小して終わり。これがずっと繰り返されていきます。だから、そ

◆株のエントリータイミング（※イメージです）

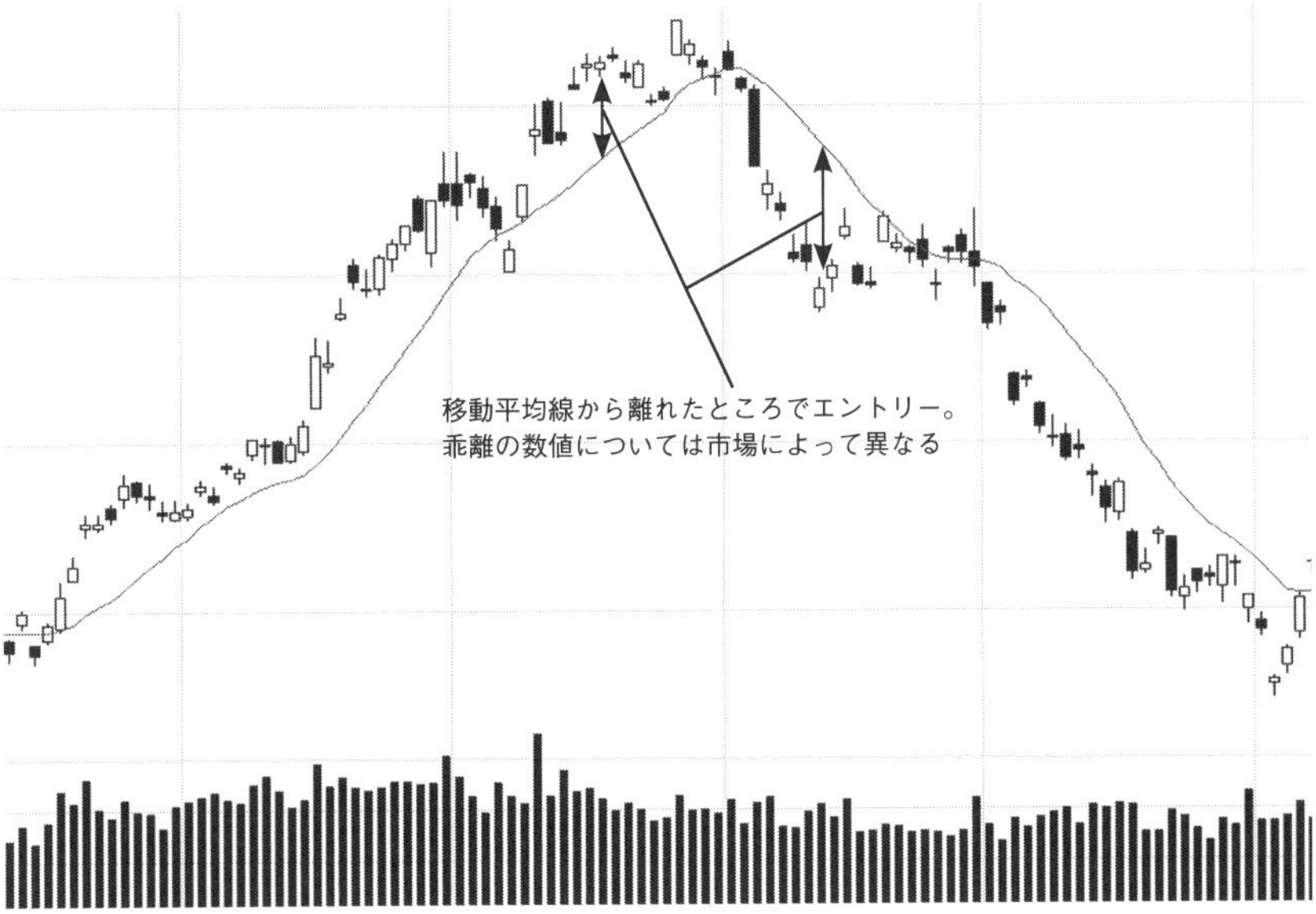

◆ＦＸのエントリータイミング（※イメージです）

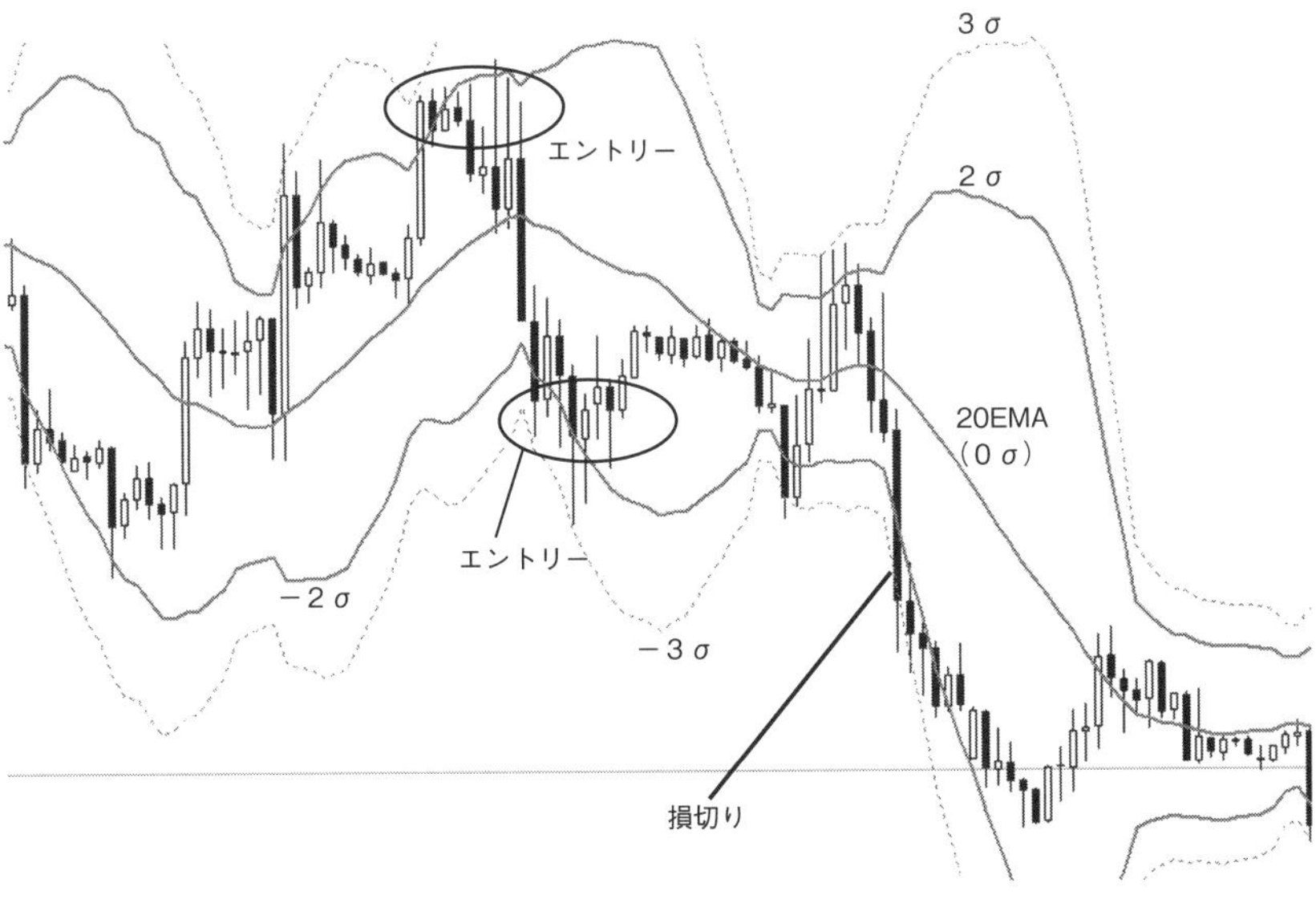

のレンジ相場のところでだけやっていればいいといった考えです（※注　2012年10月19日の取材時に有効だった話です。当時とは状況が変わっている可能性もありますので、試すときは注意してください）。

トレードを誰かに教えるとしたら

株については、最初は基本的なことを教えます。具体的には、ZAiの『マンガでわかる株式投資！　女子高生株塾』を読ませて、イロハを理解させます。そのあとに、同じくZAiの『よくわかる！　FX』シリーズを2冊ほど読ませたあとに、バーチャル口座でメンバーを集めて大会をやらせます。とにかく最初の土台作りを重視します。手法についてはそのあとです。「今、勝っている人たちのやり方は素人が簡単にできることではない」ということを踏まえたうえで、じっくり学んでもらうようにします。あと、「イザナミ」というシステムトレード用ソフトを勧めています。高額ですが、トライアルがあるので、何かおもしろい結果（バックテスト）を探してみてもらいます。

為替については、「自分がトレードできる時間を決めてください」と言います。毎日同じ時間にやらないと意味がないからです。次に、時間ごとのクセを見極めるために、毎日、同じ時間見続けるという作業を3カ月くらい続けてもらいます。昔はもっと大まかに「1000時間見てください」とか言っていたのですが、いまはより明確に伝えています。こういう観察を挟めば、この時間はレンジ相場になりやすいとか、トレンド相場になりやすいとか、トレンドが終わったあとにどういう値動きになりやすいのかがわかってくるはずなんです。

そして、わかってきたら自分の頭の中にあるものを使ってトレードすればよいだけです。僕はテクニカル指標には頼っていません。実際のトレードなんて、地味な作業の繰り返しなんです。

僕はバックテストを重視しています。ですから、トレードをする人には、特に為替で頑張ろうと思っている人にはプログラムが書けるようになってほしいと思っています。プログラムが書ければバックテストができるようになりますからね。

自分の才覚や経験則だけでトレードを繰り返すよりも、きちんとバックテストをすると、トライアンドエラーのスピードが100倍くらい違ってきます。むしろ、為替に関しては「プログラムを書けないとやってはいけないんじゃないか」とさえ思っています。

例えば、2週間程度～1カ月くらいポジションを持ちますというようなスイングトレードでなら、プログラムは必要ないと思います。でも、スキャルピングをやるなら、〝書けない〟とやってはいけないでしょうね。

これは、投資全般に言えることだと思うのですが、ひとつのやり方で1億円稼ぐことができたとしても、その手法はいずれは通用しなくなってしまうと、僕は考えています。現状に満足することなく、次から次にカスタマイズしていかないとダメなんです。特に、為替の投資家はメディアへの露出も激しいですからね。手法が紹介されてしまうと、途端に使いにくくなってしまうこともあると思います。実際、リーマンショック以降、僕が主力にしていた手法も今は使えなくなってしまいました。それは、ZAiから出ているロブ・ブッカーの本を参考にした、トレンドに乗る手法（※9時から14時でボックスを作って、そこを超えたところでエントリーして20ピプスくらいで利食う手法）だったのですが……。

出口の考え方　～利食いと損切り～

思惑通りに動いているとして、まだ利が伸びる可能性があると思えるときや、利食いに迷ったときは半分利食いします。さらに伸びたら「半分持っててよかった」となりますし、利益が減ったら「半分利食っておいてよかった」となります。メンタル的にどちらも良好な状態になります。

例外的に、自分の自信具合で利食いが3分の1になったり、全部ホールドしたりすることもありますが、基本的には利食いルールにのっとって、全額成り行きで売ります。

思惑に反した動きの場合についてお話しすると、僕の場合、逆行しても、ナンピンの回数が少ない間は冷静でいられます（笑）。回数が多くなってくると「早く戻れよ～」とか思いますけど。1回ナンピンすれば8～9割はそれ以上ナンピンせずに助かるし、さらにもう1回ナンピンせざるを得なくなってもまた8～9割助かるので、98％くらいはうまくいきます。

でも、残りの2％が厳しいのです。例えば、今日のお昼すぎのドル円で言うと、一気に割れて乖離が激しくて、全然戻らなかったんです。テクニカルを見ててエントリーしたのですが、久しぶりにやらかしてしまいました。やっぱり昼間のトレードなんてやるもんじゃないですね。3回ナンピンして3つ目と4つ目のポジションを合わせてなんとかプラマイゼロ。ひとつ目と2つ目でかなりやられてしまいました。

「思惑通りになっていなかったら」として、そのときに考えることは「どこでポジションを切るか、どこで撤退するか」だけです。損切りするにはするんですけど、できれば一番良いところで損切りしたいんです。もう負けはわかりきっていて、プラスとかゼロまで持っていくのが無理な場合は、そのなかでもどこで切るかが重要になります。昔、ナンピンして損が膨らんで、1カ月分の利益が飛んでしまったという苦い経験を何度もやっています。そうならないように、今は痛いけれども、半日とか1日分とかの損切りで済むようにしているので、イライラはしなくなりました。

為替の話ですが、ひどかったときにはワンショット120枚で、8回くらいナンピンして、約1000万通貨の損切りをしたことがあります。そのときは営業で埼玉に行っていて、商談が終わった瞬間にネットカフェに飛び込みました。それが過去最大ですね。1080万通貨だったかな。しかも、最初のエントリーを間違って逆に張ってしまって。結局、500万円くらいの損失でした。

ナンピンするということは、最初のエントリーが間違っていたということでもあります。まずそこを認めないといけません。もちろん、最初のエントリーを予定の3分の1くらいのポジション量にしておいて、エントリーしたところからさらに下がったら、再度、エントリーという考えなら、それは計画的なナンピンだからいいのです。でも、そういうことを想定せずに実際にナンピンしてしまって、結果的にポジションが拡大しているときには、基本的に、人間は平常心でいられません。結局、ナンピンをして大損をしないとわからないのです。愚者は経験に学ぶってことですね（笑）。

今の損失の許容は２０万円／日です。日ベースでの平均のトレードが5～１５万円ですから、２０万円だと2日分になりますけど、昔はこれが１００万円だったので、そのことを考えるとかなり抑えられるようになったかなと思います。今は逆張りをするやり方に切り替えて、ワンショットも８０万通貨とか９０万通貨になっていますしね。

家庭を持っていなかったときはリミッターがわかっていませんでした。ナンピンしてナンピンして、「いいよ。１０００万円までやってやるよ！」という感じで熱くなってしまう自分がいました。そういう悪癖を抑えるために結婚したというのもあります（笑）。ホントに博打打ちだったなと思います。

結婚して守りに入ってダメになったトレーダーの話も聞きますが、僕はやっぱり守るものがないと、全部なくして終わりになってしまうのではないかと思っています。「引くに引けない勝負の回数が増えれば増えるほど破綻するよ」とは、ＣＩＳさんの言葉です。当たり前のことですが、真理を突いていると思います。

僕も億単位の取引をしていますから、過去に、引くに引けない勝負を2回ほど経験しています。一度は失敗して、一度は成功しました。ただ、こういうのはたった1回の失敗でも退場の危険は十分あります。株では少ないですが、為替では退場者をいっぱい見ていますので、あまり無茶はしたくないなと思っています。

今は、ナンピンは多くても2回くらいですね。１００万通貨でトレードすると、エントリーしてから5ピプス下がるとマイナス5万円です。僕は大体5〜10ピプス下がったところでもう一回入ります。この2回目のエントリーからもう5ピプス下がったら、たぶんトレンドの発生なのです。だから、そうなったら基本は切ります。

損切りして取り戻そうと思ったことも、為替では何度もあります。僕はだいたい月末にやられる傾向にあります。だから、月末のトレードはできるだけ避けます。1カ月のスパンで見ると、第1週目には雇用統計が出ますから、その前にトレードするのは勇気がいりますので控えめにします。主戦としているのは、第2週目から第3週目です。基本、第1週目は様子見、第2・3週目でよく稼いで、第4週目はおっかなびっくりやる感じです。

月ベースの成績を見て、「先月負けちゃったからな〜」などと意識すると、今月もたいがい負けるので、「負けは負け」と思って、今は練習期間なんだと割り切ります。その繰り返しで本当に自信をもってうまくやれるようになれば、1ショット200万通貨で、1日10〜20ピプスも取れれば、1日の利益が20〜40万円になります。ドル円の逆張りで今の動いていない時期にそれだけ取れれば万々歳でしょう。株が動いていなくても為替で食べていけます。だから、今はそのための練習期間で、月間でマイナスになってもしょうがないかなと思っています。

ちなみに、僕はデモはやりません。デモ口座のお金が減ったらまた新しい口座を作ってしまうだけで、まったく心が痛まないので勉強にならないからです。

実際に損失を計上してしまったときには、「あーっ！」と声を出すと、それが耳に入ってきて現状に戻れます。とにかく声を出します。発散もできるので、やや落ち着きますよ。

喜怒哀楽って、怒が終わると悲しくなってくるんです。でも、悲しくなるくらい現状を把握しないとダメです。30分くらい怒鳴っているとだんだん疲れてくるので、次第に心も落ち着いてきます。最近は妻に止められますからモニターを壊すこともありません（笑）。

最高の思い出と最悪の思い出

2005年か2006年くらいに、新日鉄が800円に届くか届かないかのときです。100円～200円だったものが600円にいったときに「信用2階建て全力一点張り」をやりました。翌日6～7%ギャップアップして一気に20%くらい利益が乗ったので、余裕で手仕舞いしました。株で1日に20%ですからね。気持ちの良い思い出は、この新日鉄の全力2階建てのオーバーナイト翌日手仕舞いです。当時は、順張りのブレイクアウトばっかりやっていました。仕手株やIPOで挑戦していたのですが、気づくと新日鉄が一番盛り上がる銘柄になっていたのです。「全員参加相場」で、高値更新になって、もういくしかないだろうと思って勝負した、思い切ったトレードでした。

思い出したくもない失敗はけっこうあります。ひとつは、新日鉄とは逆の「全力2階建て」の失敗です。日経がピークをつけた2007年の年末、任天堂で大きく負けました。このときは評価額7万円の株を1万株買って、翌日2000円のギャップダウンをくらって「おいおい2000万の評価損だぞ」と。あれはひどかったですね。

今（2012年10月）で言えば、iPS細胞のタカラバイオが4～5日連続ストップ高で推移していたのに、昨日、サイバーの時価総額を抜いたというニュースが出たことで天井になって、今日はストップ安になっている、というような感じですね。

グッドウィルの比例配分を取りにいって全弾被弾したこともありました。14時58分に大株主が売ってきて比例が始まってしまったんですよ（例えば、ストップ高などで売り板に10単位しかないとします。その10単位を抽選目当てで100単位とか1000単位の買い注文が入ってくると、一般的に、売り板が少ないことから、「翌日も株価が上昇する」と期待する傾向が強くなります。しかしこの場合は、突然、場が閉まる直前に大株主が一気に売却して、板の需給が崩れてしまった＝明日の上昇のシナリオが崩れたため、比例狙いの人は、慌てて売り、その売りがさらに売りを呼び、株価が大きく下落しました）。

でも、グッドウィルに関しては、自分を褒めてあげたいと思っています。被弾した瞬間に嫌な予感がして、2秒後には全部のポジションについて、その日のストップ安の値段で指値を置いていましたから。

翌日の寄付きから2分間の約定は全部僕です。それでも売り切れなくて翌日のストップ安で残りを売り切って、詳細な数字は覚えていませんが、結局、1600～2000万円の損切りになったと思います。

でも、あのとき硬直して何もできなかったら、もっと損失が膨らんでいたと思います。そのときは高田馬場で仕事をしていて、ちょうど僕の後ろの席に座っていたデザイナーの人の証言ですと、僕が「うわっ！」って言ってから2秒後には損切りの注文を入れていたと言っていたので、本当に一瞬の判断だったんだと思います。

その後は、あまり比例配分はやらなくなりました。大株主が売ってくるかどうかは予知できないですからね。このグッドウィルでやられたことが、一時、僕が株を引退しようと思ったきっかけなのです。実際、2008年の6月にいったんやめました。

状況に合わせて色を変えるカメレオン的なトレード

僕のトレードを一言で説明するのは難しいです。2008年までは順張りのブレイクアウト、高値更新を狙ったトレードでした。リーマンショックのダウで儲けたときも同じです。

その後、為替に移ってドル円の逆張りになったので、そこから先は、完全に動かない相場でも毎日食べていけるのを目標にしたトレードに切り替わりました。バブっているときの株で大きく稼いで、普段は為替で生きながらえるようにすれば、どんなところでも生きていけると思っています。

僕自身の特徴をあらためて考えてみると、投資をするうえでの見切りが早いことが挙げられると思います。例えば、2008

年の3月にベアスターンズが破綻したとき、僕は6月で見切りをつけました。ダウが下がり続けて日経も下がり続けて、どんどん閑散としていくのは目に見えていたんだから、本当はそれでも遅くて、もっと早くやめなければいけなかったと思うのですが、まわりを見渡すと、その状況でもやめていないトレーダーが多かったです。1989年のバブルが終わったあとも、ずっと続けて身包《みぐる》みはがされてしまった人もいっぱいいるという話をタクシーの運転手さんから聞いたこともあります（笑）。

ダメならダメで早く見切りをつける。そうすれば新しいものに飛びつくことができる。世界を探せば何か物色されているものはあるはずなので。だから、ダウもやるし、為替も、金も、CFDも、株もやるということになるんですよ。多様性というか、カメレオン的ですかね。

ひとつに特化して、だめなときもそれを研究して良いときを待つというのも否定はしませんが、僕はせっかくいろいろなものがあるのだからそれらをやってみたいのです。

【今回のインタビューの簡単なまとめ】

◆エントリー（ポジション作り）について

◎株の場合は、移動平均線から何％乖離しているかと、売られすぎ＆買われすぎを見る

◎為替の場合は、１時間ごとの値幅を見て、「今日がいつもより動いているのかどうか」を確認後、ボリンジャーバンドの±２シグマにタッチでエントリー

◆投資（トレード）するうえで大事なこと

◎株の場合は、土台作りをきちんとすること

◎為替の場合は、トレードできる時間を決めて、時間ごとの癖を見つけること。さらにプログラムが書けるようになること

◎ひとつの手法で永遠に稼げることは不可能だから、常にトレードアイデアを溜めておくこと

◆出口の考え方

◎思惑通りのときは、基本、成り行きで利食い。迷ったときなどには半分残すこともある

◎逆行しているときはどこでポジションを切るかについて考える。そもそも思惑に反した動きになってもすぐに逃げられるようなポジション量にしておくことが大切（引くに引けない勝負をしないこと）

◎負けてしまったときは「今は練習時間だ」と思って割り切ること

◎実損を出してしまったときは声を出して気分転換

2

夕凪

～企業のイベントに焦点を当てていく～

※取材日2012年10月19日

アメリカで始まった投資生活

私がマーケットに初めて関わったのは1999年の春のことです。ちょうどアメリカにいたときでした。投資の対象はアメリカ市場です。どうして最初に日本の市場から始めなかったのかというと、対面での発注依頼による「言った・言わない」のトラブルが心配だったからです。

アメリカではどうだったかというと、インターネットが充実していて、ちょうどネット証券なるものが出始めたときでした。「ネットでできるなら、言った・言わないのトラブルはなくなるし、英語も話さなくていい。これは楽だな」と思ったわけです。アメリカで株式投資を行うための日本語の書籍がいくつか発売されていたので「じゃぁ、やってみよう」と思うまでは早かったですね。

アメリカでは、普段から皆、仕事をしながら「あの株がどうとかこうとか」、本当にフランクに話しています。季節的に今が買うタイミングとして良いとか、よく耳にしました。投資という行動に向き合う姿勢が日本とは全然違います。そういう環境も自分にとっては良かったと思います。

実家には「株はやるものではない」という家訓のようなものがありました。でも、私は昔からコインゲームが好きで、大学時代はパチンコにどっぷりつかっていました。パチンコは、ある種の肉体労働なので、ずっとやり続けるのは大変ですが、まぁ楽しかったです。ところが、就職し、仕事でアメリカに行くことになって、そのパチンコもできなくなりました。なにかパチンコの代わりになるようなものがあるかなと考えていたときに「株があるよな」と思ったことが、この世界に入ったきっかけでもあります。日本円で数千円程度、２０～３０ドルで始められましたから、パチンコと同じように敷居が低かったことも幸いしました。

初めて買った銘柄は、スターバックスでした。その当時は、日本にスターバックスの1号店ができたころではないかと思います。アメリカではすでにメジャーといってもよいレベルにありました。ほかでは、ディズニーです。こういう自分にとって身近なものから始めたことで、「株は怖い」という感覚は持たずに済みました。

銘柄を選ぶ基準はイベント

私が注目しているものは「イベント」です。銘柄選びの基準は、イベントに関わる銘柄かそうでないか、それだけです。イベントといっても楽しい意味合いのものではありません。東証一部指定や株主優待、公募増資など、株価を動かす買い手と売り手の需給要因（＝イベント）を見ていきます。

イベントというものを大きく捉えると、論理的な説明がつきやすい因果関係とも言えます。要するに、「Aという条件が発生したら、それに伴う売買によりBという結果になりやすい」ということがイベントなのです。

【夕凪氏のプロフィール】

ダントツ投資研究所所長。1967年生まれ。新潟県村上市出身。電気通信大学卒業。ネットワークスペシャリストの資格を持ち大手IT企業に約20年勤めながら、30万円から始めた投資資金をキャッシュで家を買えるほどまで殖やすことに成功。2012年1月に専業投資家の道を選ぶ。個人投資家として数々の雑誌に掲載され、現在、日本証券新聞に定期コラムを持ち、BS12チャンネル マーケット・アナライズに準レギュラーとして登場している。著書として『スタバ株は1月に買え』(東洋経済新報社)、『イベント投資でゆったりはじめる“夕凪式”株式システムトレード講座』(技術評論社)がある。

◎主な受賞履歴

・ ダイヤモンドZAiミニ株バトル優勝
・日経マネー 個人投資家MVP
・日経ヴェリタス「アルファーブロガーの情報力」として登場

◎主な情報発信

・ダントツ投資研究所（ウェブサイト）
・夕凪所長の株主優待最新ニュース（メルマガ）

銘柄選択については、「自分が本当にやる必要のある銘柄か」をよく考えます。経験上、「儲かりそうな銘柄だから買ってみるか」と過去のデータからの優位性が確認できていないのに軽く考えて入ったときはまず損するからです。自信を持って保有することができないということが、すぐ投げてしまう大きな理由です。ですから、「ちゃんと優位性があることがわかっている自分らしい銘柄だから本当に入るんだよね？」ということを常に自問自答します。

イベントを狙う投資手法なので、ファンダメンタルズはほとんど考慮していません。テクニカルとして日足チャートと移動平均線の傾きは見ています。順張り投資になることが多いので、トレンドが発生していて素直にそのまま乗れそうな銘柄がいいのです。全体の相場つきでトレンドの長さが決まる部分もあるので、信用評価損益率なども見て、相場の雰囲気を感じ取るようにしています。

必ずチェックする情報源は適時開示情報です（次ページ参照）。イベントはすべてそこの情報から始まります。昔は、こういう情報が集まるところがなかったので、ずいぶん便利になりました。

イベント発生の前後がポジションを作るタイミング

イベントが発生した後でポジションを作るのがメインです。発生した後の株価の値動きは過去のデータ検証によってある程度わかっているからです。発生することが予想できる場合は事前にポジションを作ることもありますが、その予想が外れたときに損が大きくなる傾向があるのであまりやりません。

実際にポジションを作るときにはチャートを参考にしています。株価が動き出すまでじっくり待って、動き始めたその瞬間に乗るのです。

◆適時開示情報

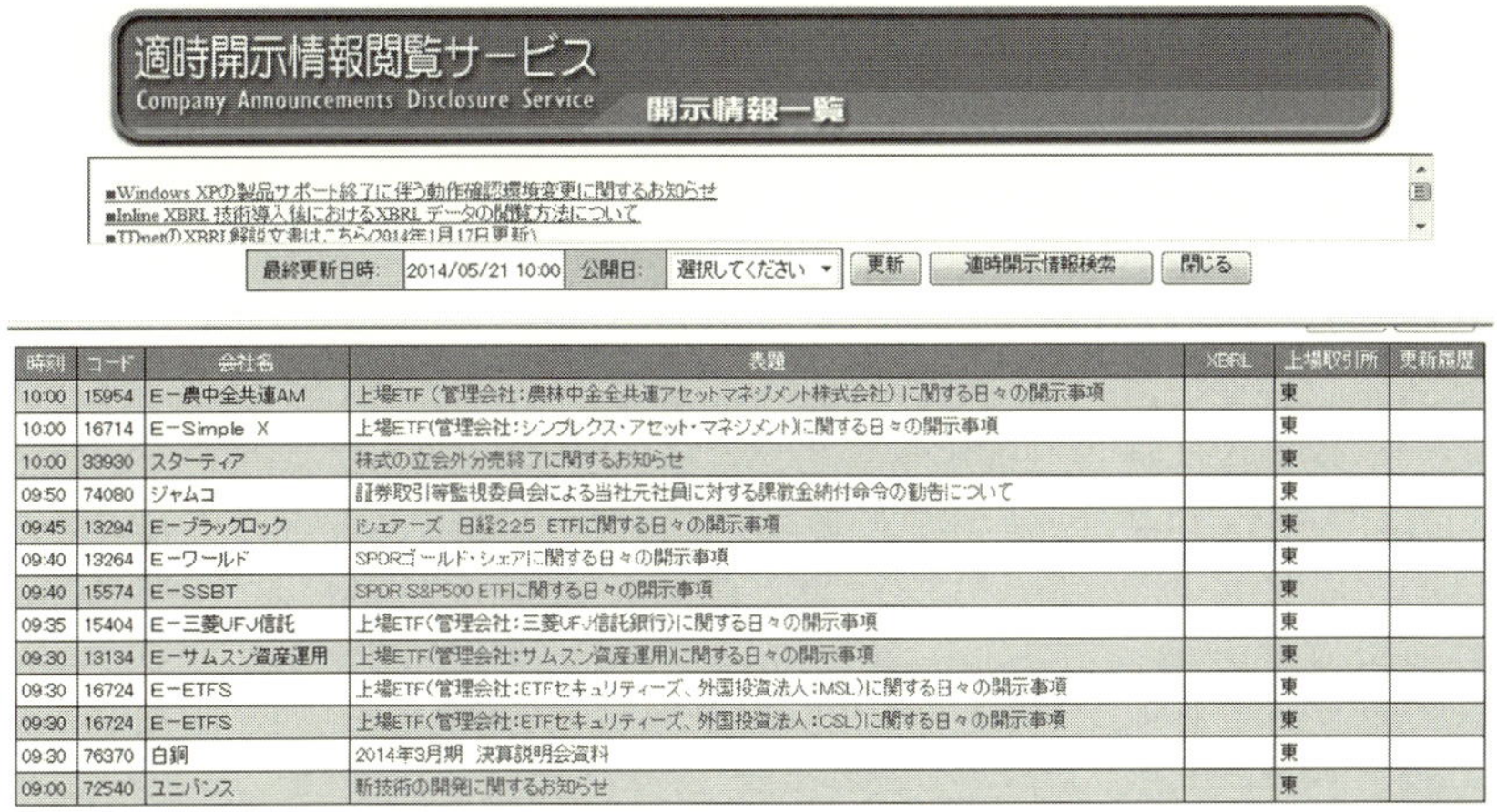

時刻	コード	会社名	表題	XBRL	上場取引所	更新履歴
10:00	15954	E－農中全共連AM	上場ETF（管理会社：農林中金全共連アセットマネジメント株式会社）に関する日々の開示事項		東	
10:00	16714	E－Simple X	上場ETF(管理会社：シンプレクス・アセット・マネジメント)に関する日々の開示事項		東	
10:00	33930	スターティア	株式の立会外分売終了に関するお知らせ		東	
09:50	74080	ジャムコ	証券取引等監視委員会による当社元社員に対する課徴金納付命令の勧告について		東	
09:45	13294	E－ブラックロック	iシェアーズ 日経225 ETFに関する日々の開示事項		東	
09:40	13264	E－ワールド	SPDRゴールド・シェアに関する日々の開示事項		東	
09:40	15574	E－SSBT	SPDR S&P500 ETFに関する日々の開示事項		東	
09:35	15404	E－三菱UFJ信託	上場ETF(管理会社：三菱UFJ信託銀行)に関する日々の開示事項		東	
09:30	13134	E－サムスン資産運用	上場ETF(管理会社：サムスン資産運用)に関する日々の開示事項		東	
09:30	16724	E－ETFS	上場ETF(管理会社：ETFセキュリティーズ、外国投資法人：MSL)に関する日々の開示事項		東	
09:30	16724	E－ETFS	上場ETF(管理会社：ETFセキュリティーズ、外国投資法人：CSL)に関する日々の開示事項		東	
09:30	76370	白銅	2014年3月期 決算説明会資料		東	
09:00	72540	ユニバンス	新技術の開発に関するお知らせ		東	

◎主なイベント投資

①決算発表

決算発表日に向けて、大幅黒字や増配等の期待が持てるようであれば、素直に買い、逆に発表後に、失望売りの反動が大きい場合は、理論株価以上の下値をつけた場合に逆張りで買うなど。

②株主優待

優待権利日確定に向けての株価上昇を狙う。例えば、権利日前に仕込み、権利日直前に売るなど。

③公募増資

公募増資になると、需給の悪化や、株式の希薄化を懸念されて、株価が下がる傾向にある。そこを狙って、公募価格決定日の数日前に空売りを仕掛け、公募価格決定日に買い戻しするなど。

イベントというと、「そんなに頻繁に発生するものですか」と聞かれることも多いのですが、探せばいくらでも出てきます。決算発表もイベントですし、自社株買いもイベントです。四季報の発売もそうですね。経済番組のTV放映なども……。キリがないので調べる労力に対して効果的なイベントだけに絞り込んで投資しています。

私のまわりをちょっと見渡しただけでも、私よりもはるかに優れたトレーダーがたくさんいます。場中にそういう人たちを敵に回すのは怖いので、彼らがやってこなそうな中型や小型の銘柄で値動きがゆるやかなものを選んで売買するようにしています。1日10％上昇とか、ストップ高といった派手さはありませんけれど、数日かけてゆっくりと上昇するところを狙うのです。アメリカ市場の影響もほとんど受けませんので、翌朝の株価を心配することなく安心して寝ることができるのがいいですね。

また、株主優待のようなイベントがいつあるのかをわかりやすく&忘れないようにするため、イベントの日程をエクセルシートに書き込んでいます。そして証券会社のツールなどで銘柄を登録し、監視しています。例えば、株主優待の場合には、株主優待確定日に向かって株価が上昇する傾向にありますので、株主優待確定日の2～3カ月前の銘柄を毎日チェックしています。その中から「上昇トレンドに入った銘柄」を買っていくイメージです。

トレードするうえで大事なこと

まず、私が大事だと思うことは「自分の性格と合った投資手法を選択する」ということです。つまりは己（おのれ）を知りなさいと。自分がどういう状況のときに、どういう行動を起こしやすいのかは、何度かトレードすれば自然とわかってきます。小さな利益をコツコツと積み上げることに快感を覚えるというのならデイトレード向きでしょう。途中の含み損があっても耐えることができ、逆に安く追加買いするチャンスと思えるくらいなら長期投資向きでしょう。私は含み損が嫌いで何度でも損切ることにためらいがない一方で、一気に大きめの利益を取りたいタイプです。これがイベント投資にぴったりはまっているのです。性格は今までのその人の人生において作られた価値観です。これを変更するのは困難です。投資手法に合わせて自分の性格を変えるよりも、性格に合った投資手法を選択するほうが楽です。性格によっては、イベント投資ではないやり方のほうが結果を残せるということも十分考えられます。

結局、私と同じモノを見ていたとしても、私とぴったり同じ感情になるようなことはないわけです。それならば「あなたに合う投資法を選びなさい」という話に必然的になってきます。「自分に適した投資手法は何なんだ」と突き詰めていくと、やはり自分の性格に行き着くと思います。自分はどれだけの損に耐えられるのか、じっくりエントリーチャンスを待つことができるのか。己をあらかじめ知っておくことがトレードの第一歩だと思います。

次に大事なのは相手を知ることです。イベント投資で売買の対象となる相手はどういう感情や都合を持っているのかについて、できる限り把握するのです。個人投資家だったらどう思っているのか、機関投資家だったらどういう都合に振り回されているのか。そういうことにも目を向けないといけないでしょう。

例えば、個人投資家だったら調子が良いときはガンガン来ますけど、調子が悪ければまったくといってよいほど来ません。一方、機関投資家は調子うんぬんに関係なくやってきます。彼らはルールにガチガチにしばられていますので、ルールにひっかかったら、どんなにバカバカしいと思っても必ず売らざるをえない、または買わざるをえないことになります。

俗に言う「敵を知り、己を知れば、百戦あやうからず」ですね。

その次に、大事なのがルールです。売買ルールというか、売買される順番とか、昇格のルールとかを、すべて把握しておいたほうがいいのです。なぜなら、世の中は、ルールに沿ってすべてが動いていくからです。ルール（※東証1部への昇格を満たすルールや、株主優待を獲得できる最終売買日についてなど）さえ知っていれば、次に何が起こるか、何が起こりえないかは大体把握できます。私のところに来る質問などを見ると、ルールブックをじっくり読めばわかるものも多いです。何事も、知らないよりは知っていたほうがよいということです。知らなければ、無用な心配によってポジションを閉じてしまうこともありえるので、それだけでかなり不利になります。

余談になってしまうかもしれませんが、トレード（投資）を上達させたいなら、正しい投資知識を得て、経験を積まないと駄目でしょうね。大学の授業や書物だけで一流の医師がいきなり生まれないのと同じです。何事も知識と経験があってこそ。ある程度、取引を重ねることでわかってくることも多いはずです。

出口の考え方について　～利食いと損切り～

利食いについては、想定通りの株価の値動きだったら、イベントが終了する期日までそのまま放置します。想定と違っていたらいったん全部利食いし、また想定通りの動きになってきたら、再度、入り直します。

イベント投資の場合、利食いはほとんど自動的に終わってしまいますので難しくはないのですが、損切りは自分の判断になりますからやはり時々迷います。

ポジション保有中、思惑に反して逆行しているときに考えることはただひとつ、「いつ損切りしようかな」です。逆行しているということは、読みが外れている状態なわけですから、自分の知らない世界に入っていることと同じ意味でもあると思っています。ですから、その場で損切ることが多いですね。

値動きには多少のノイズはありますので、「ここまで下がるかも」と多少の余裕は見ています。でもそれよりも下がったら、「もう、いいや」と考えて損切りします。もしまた株価が戻ってきたなら再度、入り直しを検討します。この場合は売った値段よりも買う値段のほうが高くなりますが、それは必要なコストということで気にしません。

実損を出したときに同じ銘柄で、再度、ポジションを取る場合にはサイズを半分にすることが多いです。損切りで多少感情的になっている部分もあるので冷静さを取り戻す必要があるからです。仮にまた失敗してもポジションサイズを半分にしているので傷自体は浅く済みます。冷静さを取り戻すまでは小さく勝負して、調子が出てきたら、いつものサイズに戻せばいいかなと思って、今（※取材時。２０１２年１０月１９日、以下、略）も、そういうやり方を継続してやっています。

あとは、気分転換に外出したり、思い切って寝てしまったりするのも、傷を癒すという意味ではいいです。全般的に駄目なときは近視眼的になっている（＝株価だけに集中していて、他の大事なことを見落としている）ことが多いので、視点を広げ、整理するという意味で、掃除をしたり、窓を拭いたりなど、身の回りの整理整頓をすることもあります。

私は含み益を常に持っていたい人なのです。だからというわけではないのですが、自分のポジションは全部プラスの場合がほとんどです。これは、裏を返せば、マイナスの出ている銘柄はすべて切っているということでもあります。大きな含み損を抱えた銘柄を持ったまま土日を過ごすとか、私には耐えられないですね（笑）。

印象に残っている最高の思い出と最悪の思い出

印象に残っている思い出は、「ミニ株バトル」での優勝です。そこで、ゆうこりん（グラビアアイドル、タレントの小倉優子さん）に会えたことがうれしかったです（笑）。株をやっていることが芸能人に会えることにつながるなんて夢にも思っていませんでしたから。物事を究極までに高めていくと、こういうことも起きるとはじめて知ったという意味でも思い出深いです。日本一納税をしていることで有名な斎藤一人さんが言っていた「山に登っていくと、山頂付近はだんだん狭くなり、いろいろな人と横から出逢いやすくなる」をはじめて実感したときでもありました。好きな株でいろいろな人とつながっていけるのはすごくいいことだなと。

名が通ってくると、紹介を次々と受けて、さまざまな業界の人と知り合いになれます。さらに、そこからまたいろいろな人を紹介してもらって、どんどん人脈が広がることを知りました。会社の中だけに閉じこもっていたなら、こんなことは決してありえなかったでしょうね。株式投資がこの世に存在することにとても感謝しています。株式投資がなかったら今の私はいませんから。

売買の会心で言えば、ＴＯＢを当てたときです。その中でもやっぱり一番思い出深いのはＮＥＣトーキンの全力買いです。自分のポジションがそれしかないと言ってもよいくらいの状態で、待ちに待ったＴＯＢの発表があったからです。ポジションを取り始めてから資産が一気に倍近くになりました。

逆に、最悪の思い出は、東日本大震災のときです。３月という多くの銘柄の権利確定前の時期でしたし、優待で良い感じで上がってきていたものがあったのですが、軒並み、あまりにも大きく下がったのです。投資家として生き残るために、資産をわずかでも確保するために、ポジションを切る決断をしました。市場は意外にも早く冷静さを取り戻してきたので、いつまでも寄り付かなかった東電を底値で買うこともできたりなど、なんとか資産を取り戻していくことになるのですが、正直、あのときばかりは「株でやっていけるのかな」と不安を覚えました。

イベント&イベントの繰り返し投資が真骨頂

再三お話ししてきたように、私のトレードの特徴はイベントです。そのひと言に尽きます。

例えば、今ですと、板は薄いのですが、じもとホールディングスがいいですね。なぜ良いかというと、まず銀行なので変な大株主がいません。値動きがあまりにも地味なので値幅を狙うような投資家がいないからです。そして地元の会社が付き合いで売るに売れない株式を保有していることが多いのです。四季報などで大株主の欄をみればその通りであることがわかります。だから、売り圧力が少ないのです。低位株はもともと動きやすい性質をもっているので来月あたりを楽しみにしています（※その後、夕凪さんの分析通り、じもとホールディングスは大きく値上がり）。

今、じもとホールディングスに投資しているのはイベントトレーダーだけじゃないかと思っています。短期ポジションで売買するディーラーに「いったん上場を廃止して再上場するような銘柄をずっと持ち続けることはできるの？（※当時、東証2部のきらやか銀行が上場廃止になり、その株式を移転したじもとホールディングスが東証1部に上場した）」と聞いたら「うちではできません」と。ディーラーすら入れない状態だから「良いな」と思ったことも理由のひとつです。そもそも、板が薄すぎてディーラーが入れるような売買高ではないんですけどね（笑）。

私には、これまでたくさんのイベントを見てきた経験があります。いろいろな現象を検証してきました。この積み重ねが今の私を作っているのではないかと思っています。実際、経験してみてはじめて気づいたこともたくさんありますからね。先ほどお話しした、じもとホールディングスに対する考察などが良い例です。

◆じもとホールディングス

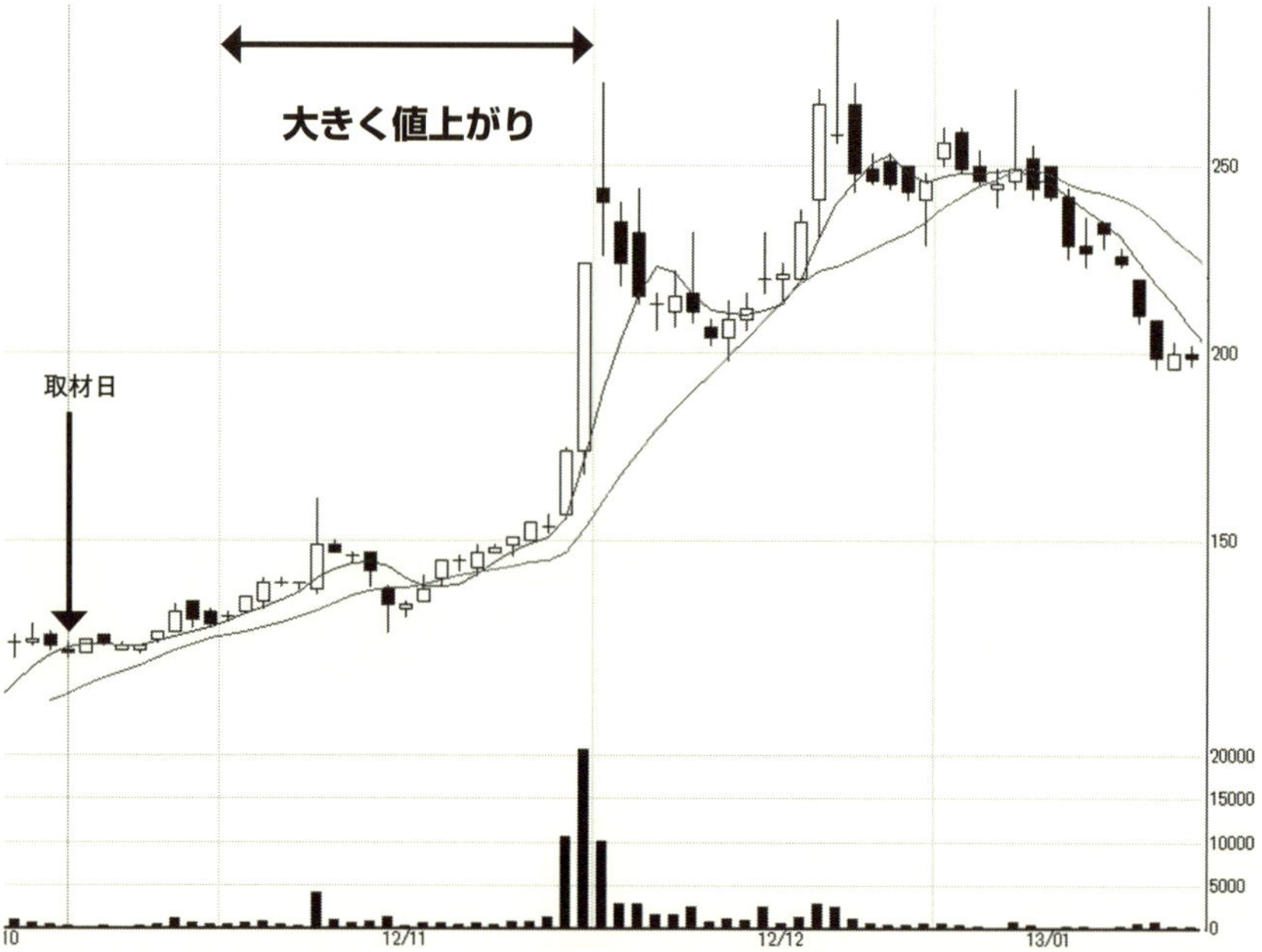

取材日（2012年10月19日）に話題に上った「じもとホールディングス」は、その後、11月に入り、大きく値上がりした

今は専業になって株式投資を研究する時間がたくさん持てます。その研究結果から利益が出て、そのときに気づいた経験からさらに投資手法を進化させるアイデアが湧きます。自分が成長している実感が得られますね。「なんて楽しい毎日なんだろう」と思っています。当分の間、引退はありませんね。

【今回のインタビューの簡単なまとめ】

◆エントリー（ポジション作り）について

◎決算発表、株主優待、公募増資などのイベントが発生したとき
◎ファンダメンタルズはほとんど考慮しない。テクニカルとして日足チャートと移動平均の傾き、信用評価損益率などを確認
◎必ずチェックする情報源は適時開示情報
◎イベントが発生した後でポジションを作る。株価が動き出すまではじっと待って、動き始めたその瞬間に乗る

◆投資（トレード）するうえで大事なこと

◎自分の性格を把握すること（己を知ること）
◎相手の感情を知ること（敵を知ること）
◎ルールを知っておくこと

◆出口の考え方

◎利食いについては、想定通りの株価の値動きだったらそのまま放置。想定と違っていたらいったん全部利食いし、再度、想定通りの動きになってきたら入り直す
◎思惑に反して逆行しているときに考えることはただひとつ、「いつ損切りしよう」だけ
◎実損を出したときはポジションサイズを半分にする。あとは外出をしたり、寝たり、掃除をしたりなど、気分転換を図って傷を癒す

3

Tyun

～需給をひたすら読んでいく～

※取材日2012年10月19日

祖父の背中を見ていたことで、小学生のころから興味があった

最初にマーケットに関わったのは2005年ごろです。投資という分野には小学生のころから興味があって、2003～2004年ごろから本格的に意識しだしました。

ただ、ある程度の元手がないと勝負にならないというか、勝負にすら参加できないと思い、アルバイトなどをして投資資金を貯めました。アルバイトは主に家電量販店でしたね。バイトでお金を貯めながら、バーチャルでトレードをして感触をつかんで、ある程度のお金が貯まったときに一気に参加した感じです。

先ほど、小学生のころから投資に興味があったとお話ししましたよね。実は、そのころから祖父が株をやっていたのを横で見ていたのです。今思えば（※取材時。2012年10月）、それがトレードの道を進むようになったきっかけだと思います。

祖父を見ていて「羽振りがいい」とか思ったことはなかったのですが、「おもしろそうだな」と思っていたことは、はっきりと覚えています。まだネットがない時代でしたから、日経新聞などを覗き込んでいましたね。

その後、株で生計を立てようと意識したのは、有名な投資家であるＣＩＳさんの存在を知ったときです。「こういうことができる人がいるなら、ＣＩＳさんのようにはなれないまでも、自分にも可能性はあるんじゃないか」と思って、希望が広がりました。

板やチャート、需給やツイッター&ブログなど、見る情報はさまざま

いつも確認する情報は、リアルタイムのザラバの板や寄り付く前の板情報、そしてチャートです。これは日足も見てますし、1分ごとの分足も見ています。

板については、9時直前のものを重視しています。何時の板でもそれなりに参考にはなりますが、やはり8時55分から9時くらいまでの動きがすごく参考になります。どういうことかといいますと、例えば、寄り直前のこの時間に強気の買いがどんどん入ってきて「思ったより高く寄ったぞ」となった銘柄は、その後も買いが続いて堅調に推移することが多いのです。（注：もちろん、100％ではありません）。また、この時間に値が派手に動き回る場合は、寄ってからも動きが激しいため、注意を払うようにしています。

需給に関係しそうな公募増資の材料があったかどうかなどの情報も見ます。ファンダメンタル重視で投資することはあまりないのですが、「この銘柄は有利子負債があまりにも大きいから財務的に危険ではないのか」とか、「いきなりドボンする可能性があるのではないか」とか、「この銘柄は公募増資するのではないか」とか、「この銘柄は過去に公募増資を連発しているから買いで入るのは危険ではないか、空売りのほうが良さそうか」などを探る程度で見ています。

逆に言えば、それ以上のことは見ていません。〝本当のファンダ派の人〟とは戦っても勝てないと思うからです。自分の土俵

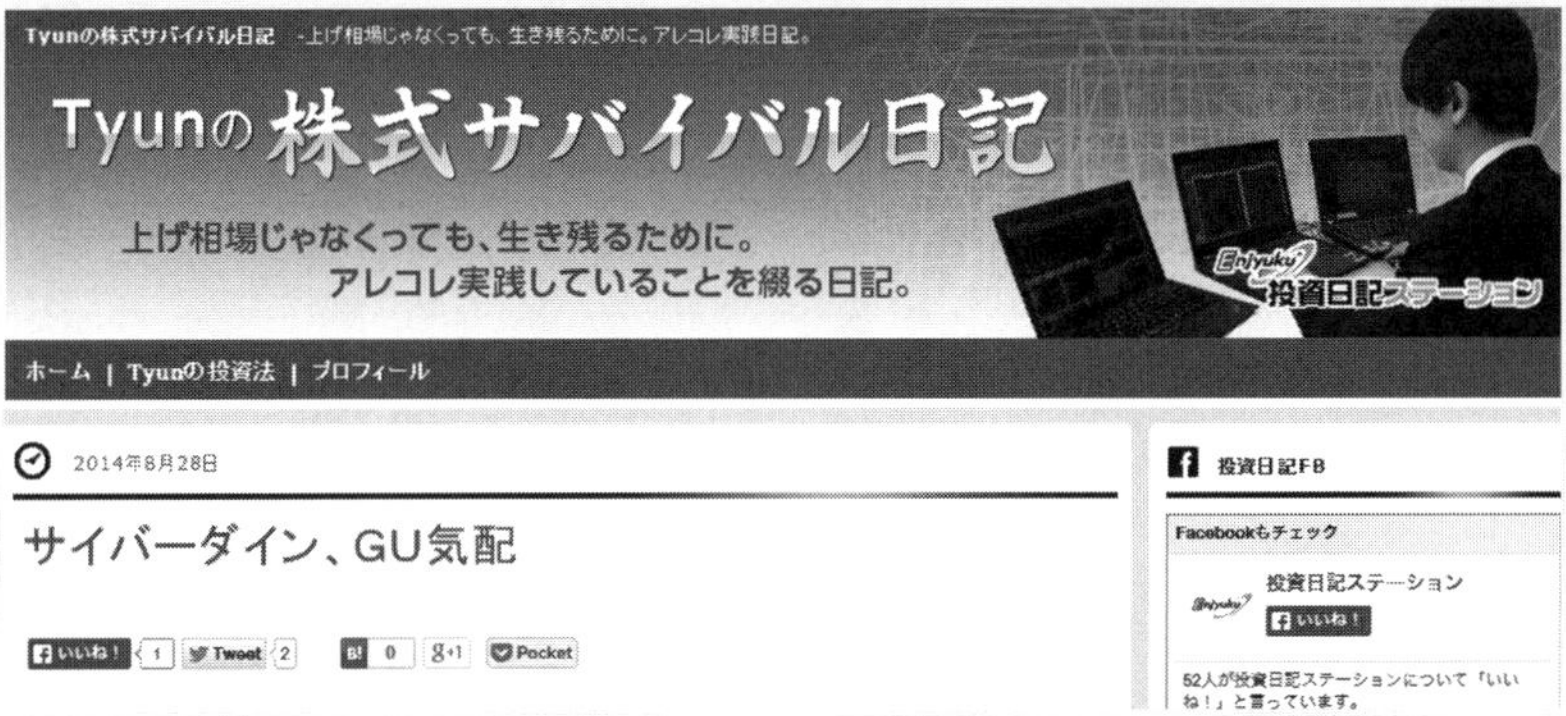

【Tyun 氏のプロフィール】
専業デイトレーダー。東京都在住。荒稼ぎするより大負けしない事を重視。 手法は裁量によるデイトレード・スイングトレードが中心。塩漬けは絶対にせず、下げ相場では空売りを積極的に使うのでどんな相場でも安定したパフォーマンスを出してきた。また、ＰＯ・ＩＰＯ・優待取りといったローリスク投資も手がける。弱点はＦＸ。2008 年～ 2011 年と 4 年間連敗中。趣味は、旅行、ドライブ、ゲーム、飲み歩き。

で勝負するために最低限必要なことだけ知っておこうというスタンスです。

意外と参考になるのがツイッターやブログの情報です。定点観測的に見るものを決めています。

銘柄を選ぶ基準は需給の偏りがわかりやすいかどうか

先ほど挙げた情報を見つつ、銘柄を選ぶときに重視することは、「需給の偏りがわかりやすいかどうか」です。売られる力と買われる力の需給というものは常にぶつかり合っている状態です。チャートや出来高を見たときに、その力関係が崩れそうなとき、いわゆる上か下のどちらかに大きく抜けそうかどうかに注目します。

私には、普段見ている銘柄が数十銘柄くらいあります。それらを端から端まで眺めていって「コレは今日動きそうだぞ」というものを選んでいき、需給が大きく崩れて、一方向に動いたら飛び乗る感じです。

ファンダメンタル的な面からは、先ほども少しお話ししたように、公募増資や決算（発表）を控えていて、需給が大きく乱れそうな銘柄にも注意を払っています。多くの人に注目された銘柄ほど、需給が大きく一気に傾いて大きな値動きが期待できるからです。そういう銘柄を積極的にやるようにしています。

逆に、小型株をじっくり仕込んだりとか、流動性のないものをトレードしたりなど、出来高がないものや需給が見えそうにないものはやりません。

先ほどお話しした需給の力関係を見るときにも、ツイッターやブログは参考になります。場が引けた後、ツイッターやブログを見ていると、大きな材料が出た銘柄や流動性のある銘柄について皆が皆、すごく騒いでいるときがあります。そういう皆が論争している銘柄に注目することもあります。もちろん、フェイクか本音かの見極めは必要ですけど、この見極めについては、数をこなすと「この人の言うことは信用しても大丈夫そうだ」とか、「この人の言うことは疑わしいな」ということがわかってくると思います。

需給の均衡が崩れるとき＝エントリーのとき

抽象的な表現ですが、「需給が傾くだろう」と判断したときに瞬間的に入る感じです。押し合っている状態のものが、一気にどちらかに傾くときに飛び乗って、差額が出たところで売り払うスタイルです。

これはデイトレだけじゃなく、スイング、中・長期でも結構同じことが言えると思います。自分が監視している範囲の銘柄のなかで「傾くだろう」という動きが起こったとき、あるいは皆が騒いでいる銘柄でわかりやすく傾くだろうなと思うときがエントリーのチャンスです。

チャート的に言うと、トレンドが上向き（移動平均線などを見る）のときの直近の高値ブレイクや、トレンドが下向きのときの直近の安値ブレイクなどがわかりやすい例でしょう。

テクニカル的には、出来高でしこりのあるゾーンを上に抜けるか下に抜けるか（価格帯別出来高が集中しているゾーンを抜けるかどうか）や、移動平均線あたりの値動き（移動平均線で跳ね返されるのか、移動平均線を突破するのかなど）を見ることはあります。ただ、私にとっては根拠というよりヒントです。こういうのを見て「きっと皆も同じこと考えているんだろうな」とまず考えます。皆が同じことを考えていて、「ここは強いはずなのになぜか弱かった」とか、「ここは弱いはずなのになぜか強かっ

◆移動平均線上向きで高値突破のイメージ

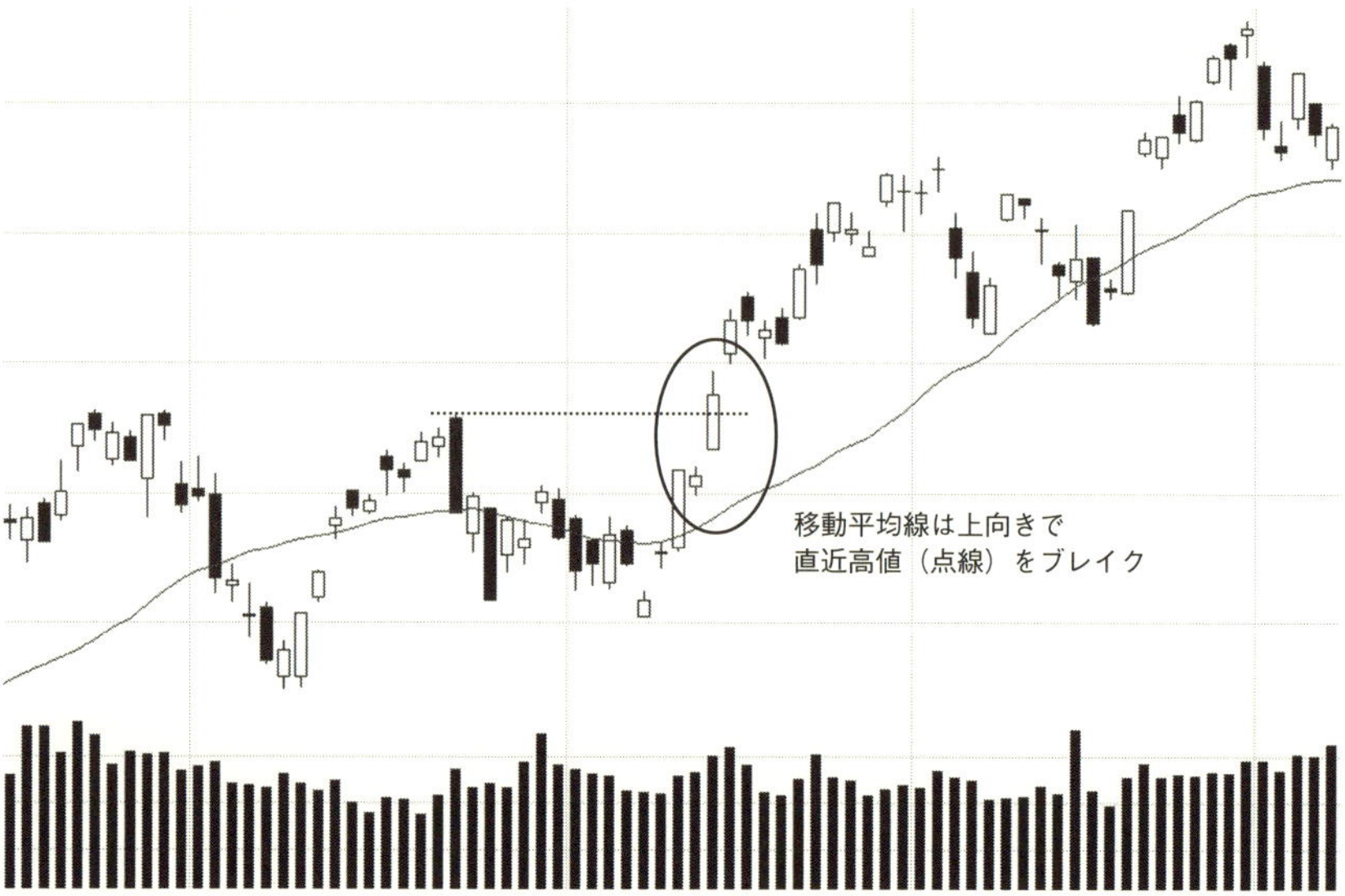

◆価格帯別出来高　※イメージ図

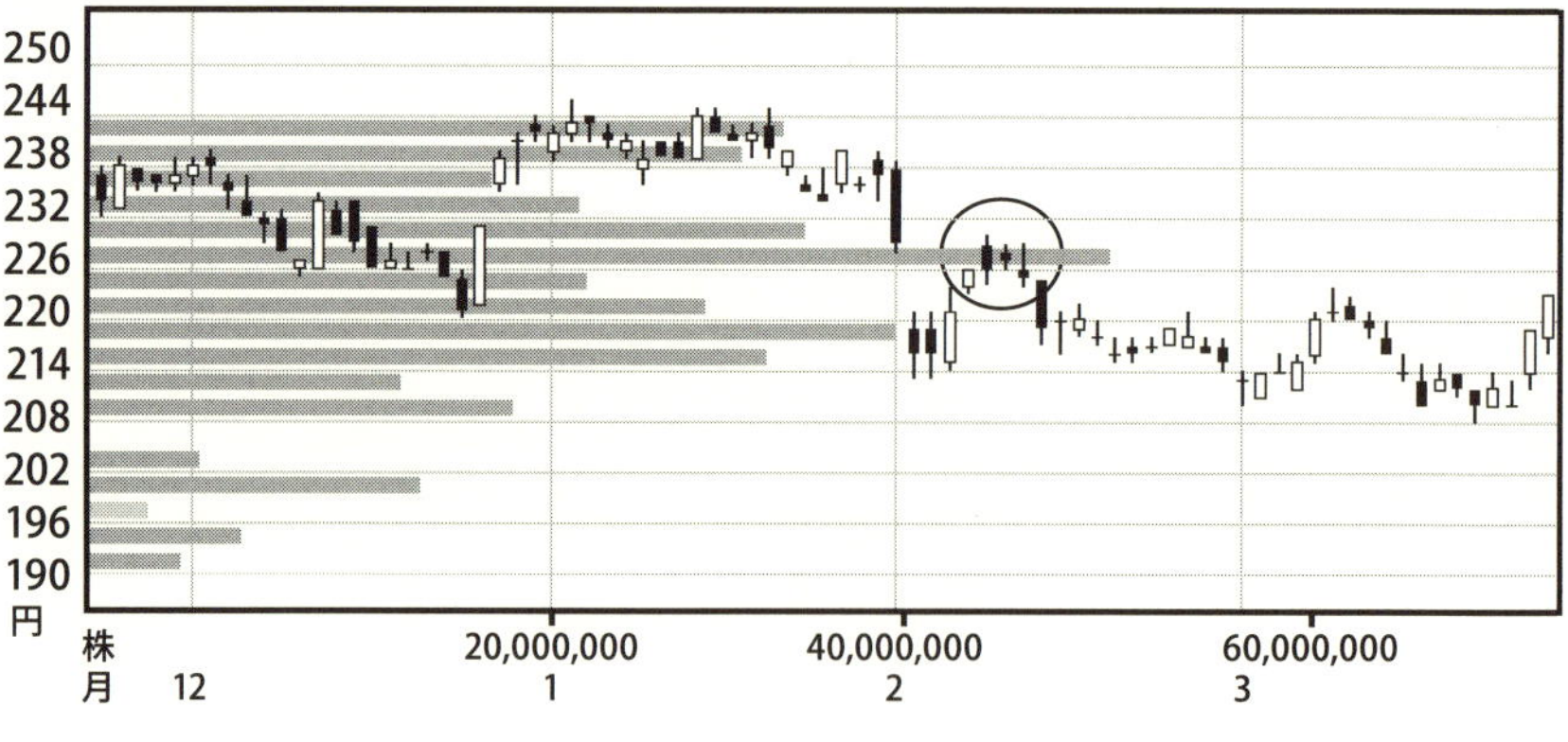

この例で言うと、226円の出来高が増えている。ということは、この価格（226円）を超えるか、それともそこで抑えられるかがポイント。動いたほうについていく。この場合は、214円から上昇していったが、226円で抑えられた（丸印）。結果的に226円はレジスタンスになった。

た」という動きになったときの二次的なものを次に考えます。「皆がこう考えたはずなのに、こう動いているぞ。じゃぁこれはどう動く?」と判断する感じです。ひねくれ者なんで、皆の裏を読んで「おかしいぞ」と思ったときには、警戒してみます。

あと、もうひとつ。今、お話ししたようなやり方とは別に、皆が安い安いと買いたがってるものを買うのではなく、皆が高い高いと敬遠しているものを売るのでもなく、皆が「これはちょっと安すぎだろう」と思っているものを逆に売ったり、皆が「これは過熱感があって、高すぎなんじゃないか」と警戒感を示しているものを積極的に買うこともあります。意外と取れたりします。

最初のころは、「安く買って、高く売れば、株なんて負けようがないじゃないか」くらいに思っていました。ただ、実際にやってみると、「安い」と判断したはずの株がどんどん下がり続け、身動きのとれない状況に陥ることが何度もありました。その横で、誰もが高い高い、怖くてもう買えないと言っている株が上がり続け、それこそ狂い咲きしているようなケースも頻繁にありました。これを見て、悔しいような、不思議なような、複雑な気持ちにもなりました。

こういった経験を繰り返すうちに、「素人同然の自分のスキルでは、〝安い〟という判断はアテにならない。このやり方で稼ぐのならファンダやら会計やらの勉強をしなければならない」と考えました。

ですが、その場合、ファンダメンタルで数十年食べてきているような人たちや、プロの会計士の資格を持っているような人たちと真っ向から勝負することになります。冷静に考えてみたところ、「果たして、自分の付け焼き刃の勉強でこういった人たちに勝てるのだろうか?　それよりも、誰もが高い高い・怖い怖いと言っている銘柄がさらに上がったり、安い銘柄がさらに下がったりする事象の不思議さに目をつけたほうが勝つための近道なのではないか?」と思うようになったのです。

そこで、「高値で買って、さらに高値で売る」あるいは「安値で売って、さらに安値で買い戻す」方法を実際に試してみたところ、偶然にもうまくいったのです。このやり方は従来の方法（安値買い）と違って、「数分間や数十分間くらいのすごく短い時間でトレードするときに特に効果的なんだな」ということも発見しました。

怖がりで長くポジションを持つのが苦手だったり、ひねくれ者で人の裏をかきたい気持ちが強かったりする自分の性格にうまいこと合っていたのかもしれません。このやり方に気づいた当時は2005～2006年ごろの大味な相場だったので、タイミングにも恵まれていたのでしょう。

この「高値で買ってさらに高値で売る（安値で売って、さらに安値で買い戻す）やり方は、もう上がらないだろう（もう下がらないだろう）と皆が思っているところでさらに上がる（さらに下がる）など、ちょっとしたサプライズ的な動きになります。そういうことも、効果的なのだと思っています。

トレードするうえで大事なこと　～トレードを教えるとしたら～

トレードで大事なものというのは、ありすぎて答えるのが難しいので、「(弟子をとったとして) 僕が何を教えるか」ということでお話しします。

一番目に挙げるとするならば、ある程度のことは自分で準備するなり、何がわからないかを把握しておくくらいの気構えではないかと思います。そのくらいのことができないような人では勝ち組には入れないと思うからです。

そういう基本的なことがきちんとできている人に、次に教えるとしたら、収支のつけ方やコストに対する考え方、トレードの復習の仕方、あとは失敗の経験でも成功の経験でもいいので、ブログなどに記録して覚えておく習慣を身につけることなどです。

例えば、コストについてお話しすると、証券会社に払うコストを節約する方法などを考えているかどうかが挙げられます。仮に、1回の取引で手数料が100円の証券会社と500円の証券会社があったとします。1日平均5回トレードしたら1日で2000円、1カ月で4万円の差が出てしまいますよね。年間で48万円ですから結構大きい。元手が500万円の人だったら、それだけで10％になってしまいます。そういったことを徹底することが大切だと思います。

トレードを上達させたいのなら、トレードの復習も欠かせません。僕は、まず失敗例&成功例を認識し、昔はノートに書いてました。今はブログに書いています。実際にやっている身としては、文章に起こしたり、人に話したりするのがすごく重要だと思います。思うだけよりも大きな差が生じるからです。あと、やはり経験が一番重要です。僕の場合は、数年間、毎日ザラバを見ているので、それだけで、そうではない人と比べると、そこそこの技術はつくと思っています。

こういうことができるような人だったらブレイクのポイントと、需給の読み方、「こういうしこりがあって、こういうのを抜けそうなときにやっているか」などをリアルタイムで教えていきます。

この段階まで進めるような人であっても、うまくいっているときもあれば、うまくいかないときもあると思います。僕のように常にアクティブに動くスタイルですと、どうしても相場の波や変化を受けます。結果、好調・不調といったことにもなりがちです。

こうした状況を避けるには、手法の数を増やすしかないと思います。うまくいかなくなったときに、ひとつの方法にこだわるのではなくて、少しずつでもいいのでやり方を変えてみて、いろいろな方法を試してみることが大事だと教えます。例えば、自分が不調のときにもうまくいってる人はいないかなと探してみて、もしその人がうまくいってるようならば、その人のやり方を取り入れてみようかという感じです。

人に教えることは自分の上達のためにも一番効果的ですし、ここまで来れるような人だと、教えるというよりは互いに切磋琢磨しあうような関係になってくれると思います。

出口の考え方について　～利食いと損切り～

原則として、思惑通りになっている（ドンドン含み益が伸びている）状況では利食いを入れることはあまりありません。思惑通りにならなかった銘柄の見切りは早い（数分で見切る）ですが、思惑通りと言える動きをしている銘柄はそれなりに腹を括って持ち続けることが多いです。

利食いのタイミングとして一番多いのは、明らかに勢いが衰えてきて思惑通りに行かなくなり、含み益が減りはじめてからです。ですから、行ってこいを喰らってしまったり、ピーク時から比べて含み益をかなり減らした状態で利食いをすることも多いです。これは精神的には少しつらいですが、本当に流れに乗れたときに得られる利益が大きいため、必要なコストだと思って我慢してこのスタイルを貫いています。

ただし例外として、買いで持っている銘柄が数分のうちに5％ぐらいの暴騰をした場合（売りで5％ぐらいの暴落も同じ）は、状況に応じて暴騰（暴落）の途中で利食いを入れることがあります。

数分で5％ぐらいのものすごい勢いで動いている株の場合だと、いざ下がりはじめると板がない状態で急落してしまい、思うようにさばけず翻弄されてしまう可能性が高いので、そのリスクとさらなる利益への期待を天秤にかけて判断しています。とはいっても、そんなにうまくいったら大抵は浮かれて浮き足立ってしまい、言っているほどかっこいいトレードなんてそうそうできるものではないですが……。

逆に、買ったあとで、思惑とは逆に動いたとしたらどうするか。考え方のベースとしては「思惑通り動かないものはできるだけ早く切る！」ことを第一に置いています。値崩れを起こさずに、自分の売買で板を何枚も貫通してしまったらそれだけで損になってしまうので、極力そういう場面では売りたくないのですが、自分の思惑に反して逆行しているのが明らかになったときはできるだけ早くポジションを解消したい気持ちも、当然、あります。そこを天秤にかけながら、処分する機会を探して張り付いています。ある意味、一番集中するときです。

その逆行が明らかに行き過ぎて一時的なものだと判断した場合や、アローヘッドになってから顕著のように、900円のものが890円とか、880円とか、一気に突き抜けて下がってしまってさばくにさばけないときは、仕方がないので、許容できる範囲でナンピンすることもあります。これは、エントリーするときからある程度覚悟はしてます。実際、月に何回かそういうときもあります。

でも、こんなかっこいいこと書いてても、一番に考えることは、「いかにぶち切れないようにするか」です。「ブチッ」ってきたら終わりなので。「冷静に・冷静に・冷静に！」と考えたうえで、こういうことをしようとしています。

実際に大きめの損切りをしたときには、数時間くらいの長めのインターバルをとって、何か食べたり、お茶したり、風呂に入ったり、読書したり、寝たり、散歩したりと、相場から離れて気分転換する時間を作ります。相場に関係ないことをしていると、割と穏やかになれるのです。最近は慣れというのか、経験値を積んだこともあって、少しくらいの損なら「こんなの経費のうちだな」と思えるようになってきましたね。でも、ここまでくるのに、何年もかかりましたよ。昔はモニターを殴りたくなったりとか、その辺にあるものを蹴飛ばしたりとかはありましたけどね（笑）。

一番稼げたときの思い出と最悪の思い出

とても不謹慎な答えになってしまうのですが、正直に言います。結果的に一番稼げたというか、稼げてしまったトレードは、東日本大震災のときです。もちろん、今となっては素直に喜べることではないのですが……。

このときは、震災時の体感の揺れの大きさと、第一報の時点での皆の認識と自分の感覚にズレがあったので、「思っている以上に大きなことになりそうだ」と直感的に思ったのです。実際、地震が起こった直後は「エリア的にマグニチュード7・9くらいの大きさなら想定の範囲内だし、そんなに大きな被害もなく終わるだろう」と考えている人が多かったと思います。僕は新潟県中越地震を、震源から30～40キロメートルくらいの距離で体験したことがあります。そのときの揺れと、震源から大体400キロメートルくらい離れている今回の揺れの強さが同じように感じたので、これはただ事ではないと思ったのです。そこで、場が引けるまでの5～10分ほどの間に、財産を守る意味で、かなりの売りポジションを作っておきました。その後は、僕が想像していた以上の被害となってしまって……。「自分のポジションがどうのこうのより東北の友人たちは大丈夫か？」と思ったのは言うまでもないです。

長年、相場を張っていると、こういう歴史的な大きな出来事に遭遇することもあるのだな、何が起こるかわからないなという意味においても、この先、忘れられないトレードになると思います。

最悪の思い出というか、一番大きな損失を出してしまったのはライブドアショックです。2日間で当時の資産の25％以上を失いました。含み損を入れたら30％くらいです。一回下げ止まるかなと思ったら、次にマネックスショック（マネックス証券がライブドアおよびライブドアの子会社の株式の信用担保能力の評価をゼロとすると取引日の日中に突然発表したことに端を発した、株式市場の連鎖的な混乱と暴落のこと）が起こってしまって、奈落の底に引きずり込まれました。

あとは「どうやって取り戻そうか」を考えるだけでした。僕が考えたストーリーは「あれだけ強気な相場が続いたのだから、下がり過ぎた銘柄に皆が群がってくるのではないか。それならば、皆が取り返そうと群がってくるだろうから、先に買っておいて、皆が群がってきたところで売りつけることを繰り返せば、全部は取り返せなくてもある程度はいけるのではないか」でした。「もしそれでもうまくいかなかったら、株はやっていけないのかもな」という、ある種の覚悟もありました。今振り返るとたまたま生き返れただけで、冷静な判断を欠いていたと思っています。その後は、幸運なことに、何とかプラスまでもっていけて、今に至っています。

ライブドアショック&マネックスショックのときは、信用口座を開設していなかったことも大きかったと思います。現物だけで、空売りをしなかったから「ゼロ」までいかずに済んだと、今でも思います。信用取引を使っていたら、25%の3倍の損失になりますから、一時的に75%を失うことになります。こうなったら、もう取り返すのは非常に困難になりますよね。

「需給に注目している」ところが強み

何度もお話ししてきているように「需給」に注目しているところが僕の特徴です。売りと買いの力が激しくぶつかって、その後、大きく傾いたときにそれに乗っかって利ざやを取る。悪い言い方をすれば、ほかの市場参加者がパニックになっているときや、市場参加の強すぎる欲望を狙い打ちして、その隙間をちょっと抜かせていただきますという感じです。

先ほどもお話ししたように、何回も抜けられなかった高値を抜けたときや、出来高で見たときにすごくしこりになっているゾーンを上下どちらかに抜けた場合などが当てはまります。

最近だと、ネクソンの売りとかが典型です（次ページ参照）。ボックス気味で動いていたものが一瞬、「ヒュッ」と下がったとき、つまり下に傾いたときなどを狙います。今年（※取材時。2012年10月19日）やってるのは、個別株では売りが多いです。パニック心理のほうが欲望で上に動くよりも早いので、結果的に短時間で利益を取れるのです。逃げるときも上げるほうはゆっくりなので逃げやすいという利点もあります。ほかの人にとってどうかはわかりませんが、僕にとってはチャンスといえばチャンスなのです（※インタビュー時点では上げが遅く下げが早い傾向はありましたが、アベノミクス相場では上げの速度も

◆ネクソン

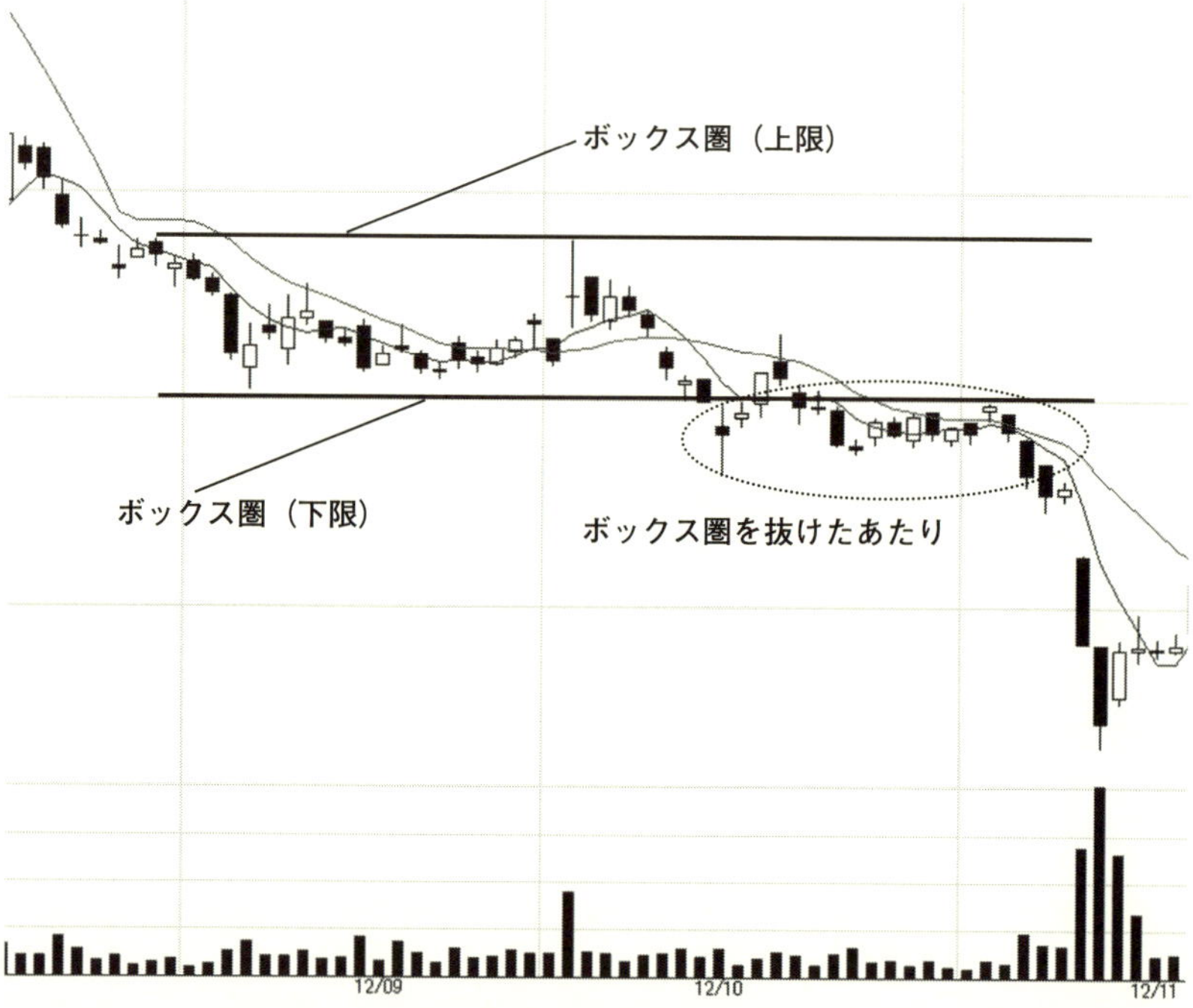

ボックス圏を「ヒュッ」と抜けたあたりが狙い目になる

相当早いものが多くなっているので、この傾向は変わってきました。必然的に今は買いも多いです）。

僕は、ほかのトレーダーさんより圧倒的に怠け者なので、ファンダメンタルを突き詰めたりなどはしません。考えていることは、どういう分野が一番得意なのかと、一番怠けられる方法は何かです（笑）。

僕は、実はこれまで「引退」の2文字をよく考えてきました。そのあたりも、ほかのトレーダーさんたちとは違うところかもしれません。稼げなくなったとき、大きなドローダウンを食らったとき、有効な手法が通じなくなったときなどに弱気になって、そのたびにこの先やっていけるのかなと思うことは、本当にたくさんありました。

でも、最近はそういうことも慣れてきて、良い意味でだいぶ図太くなってきています。「引退」についても、あまり考えなくなりました。この世界のすごい人たちと知り合えたことが大きかったと思います。もし調子が悪くなっても、そういう人たちの中に成功してる人はいるだろうから、そんなときは、うまくいっている人から、最大限、やり方をパクッてやるという心意気でいます。１００人が１００人ともダメっていうようなときは自分もちょっと休んで、また新たに入ればいいかと。そのぐらいのゆったりした気持ちでこれからも相場と向かい合って人生を送れたらいいなぁ、と思っています。

【今回のインタビューの簡単なまとめ】

◆エントリー（ポジション作り）について

◎「需給が傾くだろう」というときに入る

◎チャート的に言うと、トレンドが上向き（移動平均線などを見る）のときの直近の高値ブレイクや、トレンドが下向きのときの直近の安値ブレイク、出来高でしこりのあるゾーンを上に抜けるか下に抜けるか、移動平均線あたりの値動きなどを見る

◆投資（トレード）するうえで大事なこと

◎ある程度のことは自分でできるようになっておくこと

◎コストについて考えられるようになっておくこと

◎トレードの復習をする習慣をつけること

◎需給の読み方などを身につけること

◎ひとつの手法にこだわらないこと

◆出口の考え方

◎利食いのタイミングとして一番多いのは、明らかに勢いが衰えてきて思惑通りに行かなくなり、含み益が減りはじめてから

◎値崩れを起こさずに、かつ、できるだけ早くポジションを解消できるポイントを探す

◎とにかくぶち切れないこと。冷静になること

◎実損を出してしまったときは相場に関係ないことをやって気分を落ち着かせること

４

伊藤道臣

～割安かどうかが投資のカギ～

※取材日２０１２年１０月２７日

ソニー、東京電力、住友金属工業で〝投資〟を知る

最初にマーケットに関わったのは、１９８２年、大学４年だと思います。確か、日経平均株価が８０００円前後のころでしょうか。

当時は、日立やＮＥＣ、富士通などが絶好調でした。ＮＥＣにいたっては、半導体で世界一になって、株価が２００円ぐらいから１０００円近くまで上がっていました。

１９７４年のオイルショックで、日経平均が３０００円くらいまで一回下がり、そこから、盛り返してきて、前の高値５３００円あたりを抜き、１９７０年代の後半で徐々に上がっていって、８０００円台に乗せたのが１９８１年です。その動きを引っ張っていたのは半導体だったので「すごいなぁ」と思いながら見ていました。

そのときは見ているだけで実際には買わなかったのですが、そこから一回下がったところでちょっと買ってみようかなと思い、野村證券に行って、最初に買ったのがソニーです。ソニーは、ＮＥＣなどが上がったのと同じころに、ウォークマンの材料

で5000円台まで上がりました。

ソニーの1970年代の高値は5000円台だったのですが、その後、下げていて、私が野村證券に行ったときは、3000円台の前半でした。いろいろ調べてみたところ、1株利益も300円くらい出ているし、ほかの指標で見ても割安だと感じたため買ってみたのです。当時は学生だったのにもかかわらず、有り金（持っていた100万円）すべてをつぎこみました。それだけでは足りず、さらに日証金からもお金を借ります。そのくらい全力買いしたのです。

結果は、先ほどお話ししたように、ウォークマンの材料を受けて、再度、大きく上がりました。3300円ぐらいから5000円台まで上がったので、大満足の結果となりました（チャートについては66ページ上段参照）。

そのあとに注目したのは東京電力でした。知っている人は知っているかと思うのですが、東京電力には、「円高」「原油安」「金利低下」というトリプルメリットの恩恵を受けた大相場がありました。私が買ったのはその前でした。

実際、円高になったらどこにメリットがあるか、原油が下がったらどこにメリットがあるか、金利が低下したらどこにメリットがあるかを考えると、東電はぴったりの企業だったのです。輸入企業ですから円高のメリットを受けられます。原油安ですから原油も使っている東電としてはデメリットはありません。しかも、金利低下で支払利息減少のメリットが受けられます。

円高が始まったのはプラザ合意の1985年の9月からですが、先にお話ししたように、私が東電を買ったのは、その1年ぐらい前で、まだ900円台のときでした。その後は、東電に有利な時代背景の中で、結局、9000円を超えるまで上がったのです。

そのときの私はまだ素人で、よくわからなかったこともあって、1500円で売ってしまいました。一度売ってしまうと、もうその上は怖くて買えませんでしたね。もったいないことをしたなと思います（チャートについては66ページ中段参照）。

でも、このときのことが記憶にあって、2000年以降の上げ相場のときには、目一杯、相場についていくことができました。具体的な銘柄で言うと、住金（住友金属工業。現在は新日鉄住金）です。確か、2000年のころから100円を割ってきたの

【伊藤道臣氏のプロフィール】

大学生のころ株式投資に挑戦。1984年、東京大学法学部卒業、明治生命に入社。その後、野村投資顧問（株）に転職し、ファンドマネジャーとして主に日本株運用を担当、80年代後半のバブル相場に踊り、90年代の大暴落の洗礼を受ける。 1993年から約3年間、ロンドンとニューヨークで勤務。1996年に帰国し、内外株式運用を担当。1999年12月までの間、日本・アメリカ・欧州・アジア企業を数百社訪問。そのほか、東欧（ポーランド、ハンガリー、チェコ）の調査訪問を2回、1997年12月の金融危機直後・大統領選挙直前の韓国調査訪問などを行う。1997年8月「全日本株式投資選手権」を郵便で開始。その後、野村アセットマネジメント（株）を退職し、2000年1月 株式会社「全日本株式投資選手権」を設立、代表取締役就任。

◆ソニー

◆東京電力

◆住友金属工業

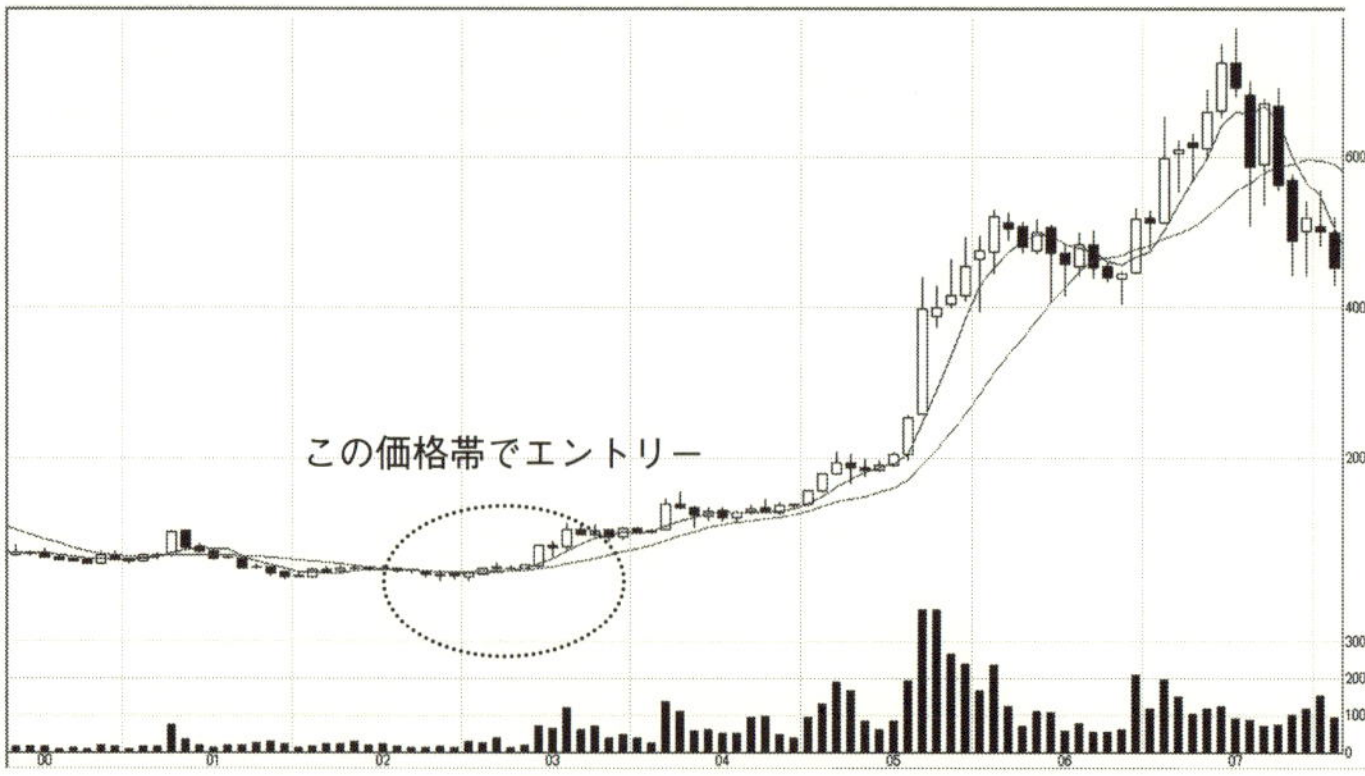

です。住金は、バブルのときは９００円とか１０００円近くの値段だった銘柄です。それが、１００円を割ってきて、７０円くらいまで下がってきたので買い始めました。もちろん、倒産しないという前提でしたが、業績が回復すれば、１００円には戻ると思っていました。

ところが、思惑に反して、どんどん下がっていくわけですよ。だから６０円でまた買って、５０円で買って、４０円で買って、最初に買ったときからかなり下げ続けて３６円までいきました。３０円台になったときにはつぎ込むお金がなかったので、ロスカットのことも頭をちらつきましたが、そのままホールドしました。結局、底をつけたのはこの３６円。これが２００２年１１月です。

資金が現金だけだったらいずれは尽きるので、信用も使いながら、買い増ししていきました。このやり方の一番マズいパターンは、底をつけるかなり前の段階で目一杯張ってしまうことです。大勝負したあとにさらに反対に動けば、当然、追証になります。ほっておくと強制決済ですから、ポジションをカットしていかなければいけなくなります。このときも、魅力度の低い銘柄をカットしながらしのいで、上がるところまで持っていきました。最終的には盛り返して、天井は５００円ぐらいまで上がります。私は４００円台まで持ちました（チャートについては前ページ下段参照）。

割安かどうかがエントリーの根拠

住金の例であきらめなかったのは、入ったときの根拠が「安すぎる」というところにあったからです。私には、投資を始める前に絶対的な根拠が必要です。その根拠とは「割安かどうか」なのです。数値的に「どう考えても割安だろう」と思うものであれば、下がったとしても、それを信じて、資金がある限り買いを入れていくのが私のやり方です。パンクしそうになったら、例えば信用で買っているものなどを少しずつカットして、上がり始めたら、いけるところまではついていきます。

銘柄を選ぶときの割安の基準は、利益が上がったときの配当（利回り）です。さらに、配当のベースになるのは利益ですから、利益と株価の関係でＰＥＲも見ます。あとは会社が仮に解散するとしたら残っている財産（ＢＰＳ）を見ます。もちろん、できれば増益のほうがいいですよね。

今は、配当利回り4～5％で、ＰＥＲが5～6倍という割安銘柄が数多くあります。昔はそういう低い評価の銘柄には、倒産しそうな会社とか、何やっているのかわからない会社が含まれていたのですが、今は無借金の会社なのにＰＥＲが5倍とかついています。つまり優良な企業なのに安いのです。

でも、なぜか株価が上がらないから「配当がもらえるのはいいけれど、それだけでは耐えられない」と考えて売ってしまう人が多いのです。配当利回りが5％もあれば、少なくても銀行に預金で持っておくよりはよいと思うのですが、ほかの人にとってはそうではないようなのです。そういう銘柄は、私にとってはチャンスになるものも多いので、ガタっと下がったところで買っていきます。

買うときは割安かどうかを見て、ドカンと下がって、連れ安したときなどに仕込みます。少しでも安く買ったほうがいいですからね。

もちろん、大底で買えるのが一番良いので、目一杯ひきつけます。待ち伏せ買いです。自分が待っているところまで落ちてこないで、急に反転してしまった場合は、当然、入りません。

個人的には、ゴールデンウィーク明けとか、ミニショック的なものが起こってくれたほうが入りやすいです。

トレードで大事なことは

株で成功している人のなかで、誰かが言っている銘柄を何も考えずに買って利益を上げている人はまずいません。皆、必ず自分なりに考えています。だから、成功するのです。

初心者に多いのですが、よく「上がる銘柄はどれですか?」というような質問をする人がいます。そういう人は株式投資をなめていると思います。銘柄を聞いて勝てるほど簡単な世界ではありません。結果を残したいのなら、自分で考えるということは絶対的に必要になります。これは欠かせません。

成功している人はたくさんいますが、皆、やり方は違います。私は、「選抜株式レース」というものを2000年から主宰しています。そこには、投資の猛者たちが集まっていますが、議論させると、長期がいいのか、短期がいいのか、損切りしたほうがいいのか、損切りしないほうがいいのかなど、そもそも意見が合いません。でも、皆、成功しています。自分で考える。自分の性格に合うやり方を続ける。要するに、そういうことができなければダメなんです。

私は「こがねむし2000」という投資クラブも主宰しています。その「投資クラブ」でいうと、2000年から始めていますから、先ほどお話しした私の住金の話も、実際に目で見ているわけです。でも、投資クラブの連中ときたら、買わないんですよ。私が「60円、50円に下がったときも買う」と言うと、「30円くらいになるよ。かわいそうに」という憐れみの目で見て買いませんでした（笑）。

でも、住金が200円とか300円になってくると買い始めるわけですよ。そして、250円で買って、270円で売るというような芸当を私に見せるのです。

私が「ここから400円を超えて、500円とかになるんじゃないか」と言っても、「鉄鋼株はそのサイクルで儲かるときにめちゃくちゃ儲かるから、ピークのときにはＰＥＲが低いんだ」とか言って、私について来ないし、ましてや同じようにはしません。

結局、自分のやりやすい方法があるから、全部を同じようにすることはできないのです。自分にとって一番やりやすいやり方でやるのが最善というわけです。

もうひとつ、トレードで大事なものは、自分を納得させるしっかりした理屈があるかどうかですね。

例えば、自分がやろうとしていることをほかの投資家に話して、仮に１０人中、１~２人にしか受け入れられないとします。それでも、納得できるだけの理屈があるかどうかが大事なのです。「どう思う?」と１０人に聞いてみて、「それはちょっと違うだろ」という返答をされて、「やっぱり自分が間違っているのかな」と流されてしまうようでは理屈が弱いのです。

要するに投資の世界では多数説は負けるんですよ。裏づけ的というか、やっぱり人の銘柄を真似して選ぶのではなくて、自分で「これだ！」というのをもって投資をすることです。たぶん、選抜レースで結果を出している人には、今私が言っていることが当てはまっていると思います。

出口の考え方について　~利食いと損切り~

思惑通り動いているときには減らす必要もないのでいけるところまでいきます。利食いを考えるときは、株価が割高になったと感じたときです。例えば、株価2倍とかＰＥＲ１０倍超えとか割高になったら売り始めます。売るときには、一度に売らずに、何回かに分けて売ります。もしくは、月足陽線が6~7本になったら全部売り切ります。あとは、他の銘柄との絡みも考えます。比較検討したうえで、例えば安い値段で買っている銘柄を多少利確して、キャッシュを作ってから配当利回りがより高い銘柄を買ったりしてポジションを調整しています。

反対に、ポジション保有後に思惑に反して逆行したときは、より割安になっているわけですから買い増しします。現金が尽き、信用枠も使い果たしたうえでさらに下げた場合は、強制ロスカットをされる前にカットしていくことを考えます。実際にまずい状況になったときはカットします。

ただし、あくまでも損切りは買った理由、つまり自分の理屈がなくなったときです。自分の理屈で購入した株が、理屈が消えていないのに下がったり、安くなったりしているときには、「あり得ない」ということで、資金があれば、2倍、3倍、4倍と、ポジションを膨らませたりします。

今はひとつの目処として、配当5％を見ています。配当も良くて、PER的に見ても6～7倍という割安な銘柄がゴロゴロしていますから、それを狙っています。

大手企業でも、配当を5％に乗せてくる銘柄がいくつもありますよね。業績悪化の可能性をはらみつつも、商社にも配当の良い銘柄があります。

配当5％を目処に見て、ちょっと買ってみたところ、業績悪化などで仮に下がってきて減配になったら話は別ですが、同じ配当が出るのだったら、下がっているものを買い増しするほうが、あとでそれなりに上がっていくのかなと、私は思っています。

もうひとつ、メガショックなどで急落したときには、あまり引っ張らないようにしています。例えば、リーマンショックのときなど、ポンッと落ちて、多少戻ったら「これが底だな」と思うじゃないですか。でも運よくある程度戻ったら、そこで外したほうがいいのですよ。

何故かというと、株価はリバウンドしても経済は無傷ではないからです。株価は一瞬、それに群がる人たちの買いでリバウンドしますが、実体経済は大なり小なり傷が付きます。そこからさらに上がっていくなどという甘い期待は抱かないほうがいいです。つまり、深追いしないほうがいいのです。

東日本大震災のときもそうですよね。確か月曜日に急落したでしょう。あの日はもうあきらめて、戻ったら売ろうと考え、実際に戻ったところで売りました。あれから半年以上、全体的に株価は低迷していたから、あの売りはよかったと思います（１９８７年１０月のブラックマンデーは数少ない例外のひとつ）。

いずれにしろ、もうどうしようもないような暴落のときはジタバタせずにあきらめます。

最高の思い出と最悪の思い出について

印象に残っている最高の思い出は、最初のほうにお話しした住金と、あと同じような時期で同じような感じで上がっていったみずほ銀行です。儲かれば嬉しいですけど、淡々とやっていますので、思い出という感じではないですね（笑）。

逆に、最悪のトレードはよく覚えています。悔しい思いは忘れませんね。そのひとつとして、強く印象に残っているのがリーマンショックのあとのＲＥＩＴ（不動産投資信託。以降、リート）の失敗です。利回りが４～５％もあるのに暴落していったのです。

私は、リートは仕組み的に潰れないと思っていたのです。例えば、マンション一室に不動産投資した場合、空室リスク（空きになると家賃が入ってこないというリスク）があります。でも、リートの場合、空室リスクがないように分散して多数の不動産に投資しているわけですから、家賃収入が半分になるようなことは考えにくいわけです。リスクとして考えられるのは、資金の返済期限のときにきちんと支払えるかどうかだけです。でも、普通に家賃が入ってくる状態であれば、何の心配もいらないはずなのです。

裏を取るために、リートを作った人が知り合いにいたので、「ちょっと聞きたい話がある」と呼び出して、居酒屋さんで長々と聞いたんですよ、「倒産の可能性はあるか?」と。そしたら「絶対にない」と言ったので、かなりの力を入れて買ったんです。結果から言うと、一社だけ潰れました。田舎だったら家一軒建てられるくらい損をしたのですが、株は自己責任だから仕方がないです。「まさか」が起こってしまうのが相場なんですよね。

私のトレードは割安トレード

私のトレードを一言でまとめると「割安トレード」になるでしょうね。ただ、数字で言うとそうなるのですが、別の見方をすると、人の逆を行くトレードとも言えます。

底をつけるときの会社に対する評価はものすごく批判的なものばかりです。住金のときも、30円台になったときには「もう潰れる」とか、「この業種はいらない」とか、「もうITの時代だから」とか、「鉄なんかいらないんだから大手の1社ぐらい潰れてちょうどいい」とか、もっともらしく掲示板に書く人がたくさんいました。その時点では説得力あるんですが、天井のときには、そんなこと書く人は誰もいません。同じ企業なのに、ですよ。そういうときに、そういう銘柄を〝拾える〟かどうかですよね。口で言うのは簡単ですけど、「人の裏を行く」というのはそういうことなんだと思っています。

私には、得意技のようなものは別にありません。数字で「割安かどうかを見ているだけ」ですからね。ほかに付け加えるとすると増益率とかですね。増益率については、できれば2桁増が望ましいですが、1桁増でもPER等から判断して十分割安であればいいと思います。

あとは、強いて言えば、業績予想の修正には注目しています。例えば、NTTの今期の見通しが5000億円だったとして、「それよりもいいよ」という数字が出てくると株は上がります。ＰＥＲなどの割安の尺度と同じか、それ以上に、投資手法としては意味があることなのです。実際、良い方向に修正された銘柄や修正されそうな銘柄をうまく買っていくと良い結果がついてくるというのはデータで出てくるのです。廃刊になってしまった『オール投資』には業績予想の発表が出ていたから重宝したのですけどね。

レース出場者が実践している手法で「達成率」も参考になります。決算を見通して、例えば、まだ半年なのに今年の目標を８０％ほど達成していたら、「これは、そろそろ上方修正の発表が出るだろう」というのが簡単に想像できます。逆に、まだ３０％程度しか達成できていないとしたら下方修正があるだろうなということもわかります。

今は四半期ごとに決算の発表が出ているから便利だと思いますよ。例えば中間決算の見通しが５０億円だとします。第１四半期に２５億円あったら、ちょうど半分になります。もし、それが第１四半期で７０％の３５億円くらいまで達成できていると、中間で上方修正される可能性が高くなるわけです。こういうことを利用する方法もあるんですよね。ただし、会社によっては利益が季節的に偏っている場合がありますので、その点は十分注意が必要です。

【今回のインタビューの簡単なまとめ】

◆エントリー（ポジション作り）について　※割安の基準

◎利益が上がったときの配当（配当利回り４～５％）

◎ＰＥＲが５～６倍

◎解散価値＝１株当たり純資産（ＢＰＳ）も確認

◆投資（トレード）するうえで大事なこと

◎人真似ではなく、自分で考えること

◎自分のやりやすい方法を見つけること

◎自分を納得させる理屈があるかどうかを確認すること

◆出口の考え方

◎利食いを考えるときは割高になったと感じたとき

◎買った理由がなくなってしまったのかどうかを確認する

◎配当が良ければ様子見することもある

◎メガショックが起こったときには、経済自体は無傷ではないので、
早々に撤退する

5

上総介

～投資には「正しい考え方」が必要不可欠～

※取材日2012年10月30日

軽い興味から始まった株式投資

私が最初にマーケットに関わったのは、10年以上も前になります。今（※取材時。2012年10月30日。以下、略）でこそ、FXとか、不動産投資とか、投資対象には種類がありますが、その当時は、投資＝株式投資のようなイメージでした。今に至るまでに、FXもかじってみましたが、自分の中で思い描いていたような成績が得られなかったこともあり、現在は、初志貫徹というわけではないですけれども、株式取引がメインになっています。

私には、2歳年上の兄がいます。その兄の影響を良くも悪くも受けているなと感じます。実際、株式投資をしようと思ったきっかけも兄でした。当時、兄が株式投資をやっていたのです。最初は「何をやっているのだろう」程度の興味しかありませんでしたが、まさか、その株式投資で私が生計を立てるようになろうとは……。ちなみに、家族の中で株式取引を行っていたのは兄だけで、両親はまったく興味がなかったようです。兄の成績ですか。ここでは言いづらいですが、コテンパンにされてしまいました（笑）。

私の最初の投資は、確か昭和飛行機工業だったかと思います。その銘柄を選んだ理由は単純です。雑誌で紹介されていたからです。その当時は知識もなにもなく、投資ということについてあまり深く考えていませんでしたね。自分のお金を市場にさらすということがどういうことなのか、わかっていなかったのだと思います。当然の如く、損失で終わりました。

普段チェックする情報について

日経新聞の一面はよく見ます。相場観が書いてある「マーケット総合」はもちろん、個別の材料について書いてある記事にも目を通しています。ここでのポイントは、「日経の記者がどのように相場を見ているのか」を確認することですね。平たく言うと、他人の思考を覗いてみる、ということです。

こうした新聞情報を見て、おもしろそうな企業があったらチャートを見てみるというパターンが最近では多いと思います。例えば、「オリエンタルランド、最高益」などの記事が出ていたとします。そのとき「今日はどういう動きをするのかな?」と、頭の中で連想してみます。どういうことかというと、その動きが実際の動きと合致しているのかを試してみるのです。まぁ、外れるときのほうが多いんですけどね。

でもね、外れてもいいんです。ここで連想することで、先を読む力が養われると思っていますから。実際、外れたときの動きについては覚えていることのほうが多いので、次に似たような記事が出たときには参考になります。

そのほかでは、出来高ランキングとか、値上がり＆値下がり率ランキングを見ることもあります。そこに出てきた銘柄のうち、自分の好きなチャートの形（後述）をしているものを発見することがあります。その場合は、当然、トレード対象として押さえておくこともあります。

【上総介氏のプロフィール】

７年間負けなし（年間損益）のプロ投資家。投資において最も大切な高い防御力を武器に、2006年のライブドアショック、2008年のリーマンショック、2011年の東日本大震災の年にも、極めて安定した収益を出し続ける。250万円から始めた運用資産総額は現在１億円を超えて、毎年増加している。ホームランはあまり打たないが、ヒットを量産して利益を上げる投資家として数々のマネー誌や雑誌で紹介され、ブログランキングでも常に上位の人気を得ている。旅人としても知られ、国内47都道府県のすべてをまわり、海外も35カ国への訪問を果たす。また、歴史にも精通して古戦場や全国のお城、歴史資料館をまわり、これらを投資に役立たせている。

チャートパターンで銘柄を選ぶ

普段、私がどういう基準で銘柄を見ているかについて、ものすごくざっくばらんにお話しすると、「負けが少なそうで、勝率が高そうな銘柄」です。これだけではなんのことやらわからないと思いますので、もう少し詳しくお話しすると、日足ベースで、テクニカル指標&チャート&出来高などを見て、自分の好きなパターンになっているものを選びます。

好きなパターンとして、一概に「これ！」というものを紹介することは難しいのですが、あえて挙げるとするならば、相場に教科書というものがあるなら、必ず載せると思えるような、びっくりするほど簡単なものだけ（出来高を伴ったブレイクアウトなど）を見ています。特に好きなのは、株価が徐々に下がってきて、下がったところで出来高を伴って反転しているような形ですね。水平に近い形から出来高が増えて上がりだすようなパターンも大好きです。

こういうことをお話しすると、雑誌の取材などでは、「教科書通りのお話ですね。本当ですか。ちょっとでいいから必殺技を教えてください」などとよく言われるのですが、本当なのです。なぜこんな簡単なところで勝負してもうまくいくのか。あらためて自己分析してみると、「防御を第一にして正しい行動をしているからだ」ということしか私には言えません。

過去の動きに注目　～ポジション作りについて～

歴史は繰り返すというように、過去の値動き（簡単な例で言うと、直近高値でどういう動きをしたのかや、直近安値でどうい

上総介さんの好きなチャートパターン その1

ダラダラと下げてきたものが出来高を伴って急騰する形

上総介さんの好きなチャートパターン その2

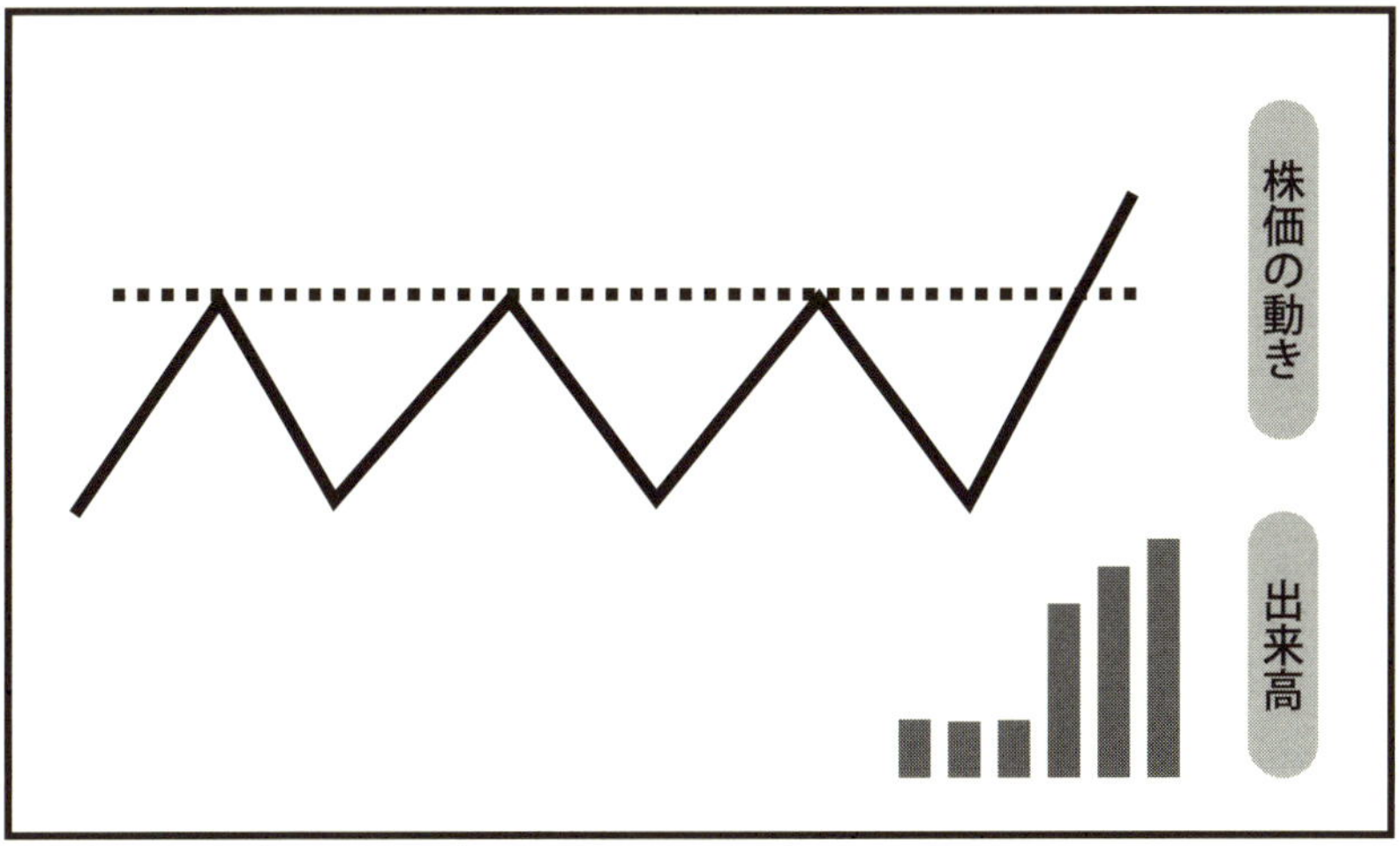

ほぼ水平で推移してきたチャートが出来高を伴って上昇に転じる形

上総介さんの好きなチャートパターン その3

下落を続けてきた株価が、底値をつけて、上昇に転じそうな場面。
できれば、出来高が増えると、より良い

上総介さんの好きなチャートパターン その4

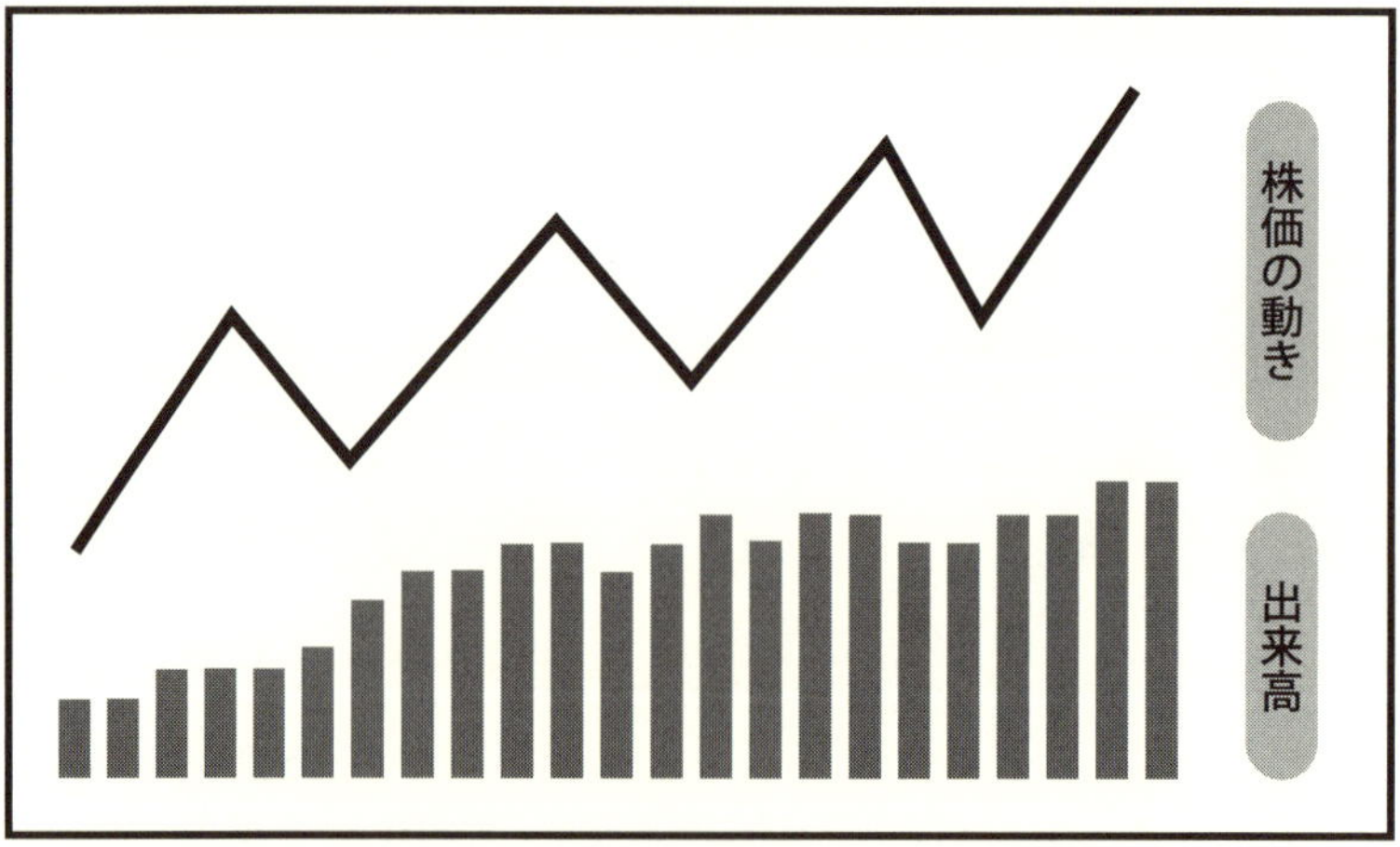

高値をじわじわと更新し続ける。出来高が伴っていない場合はダメ

にわかります。

う動きをしていたのかなど）を私は尊重しています。こうした、高い＆安いの目安は「過去」をちょっと調べておくだけで簡単にわかります。

イベント的な値動きの過去についても調べておきます。そういうことを頭に入れたうえでチャートを見てみるのです。例えば、キヤノンの自社株買いがそうです。最近（※取材時）、キヤノンは自社の株をたびたび買っています。そういうことを頭に入れたうえでチャートを見てみるのです。すると、自社株買いを発表するころと、そのときのチャートの動きの関連性（※基本的に、自社株買いをすると、市場での発行済株数が減る分、1株あたりの純利益は上がります。発表前の株価より株価は上昇することになりますから、発表後の初値からの上昇率などのチャートに着目します）が見えてきます。例えば、キヤノンの場合、自社株買いを最近何回もやっているので、そのときにどれくらいの値で寄り付いて、その後にどういう動きをしているのかなどを調べておくと、一般的な他社の自社株買いの場合と比較して、かなり早い段階でどんどん買い付けてくる傾向があるとわかるのです。ということは、キャノンが自社株買いを発表したら、私も早い段階ですぐに買い、しばらく持ち続けるのが良いという結論に達します。

ただ、いつもうまくいくわけではないです。先日、日経新聞に「キヤノンは自社株買いを発表すると、早い段階から買ってくる」という記事が載ってしまいました。日経新聞の記者も気づいたのですね。これを見たときに、「早く買ってくるということが記事になってしまったのなら、それを読んだ人たちが、皆、同じことを考えてくるのではないか。ということは、逆をいったほうがよい」と考えたわけです。そこで、すぐ買うという点は同じですが、その後、ホールドをせずに、すぐに利益確定をしました。しかし、私の考え通りではなく、今まで通り、さらに上がってしまったので、少しもったいないことをしたなと。このように、策に溺れるというか、裏目に出てしまうこともときにはありますが、過去の値動きを見て、銘柄特有の動きを頭に入れておくと、戦略が立てやすくなります。

繰り返しになりますが、直近の高値安値にしても、イベント的な値動きにしても、私にとってポジションを持つかどうかの基

◆キヤノン　※2012年2月

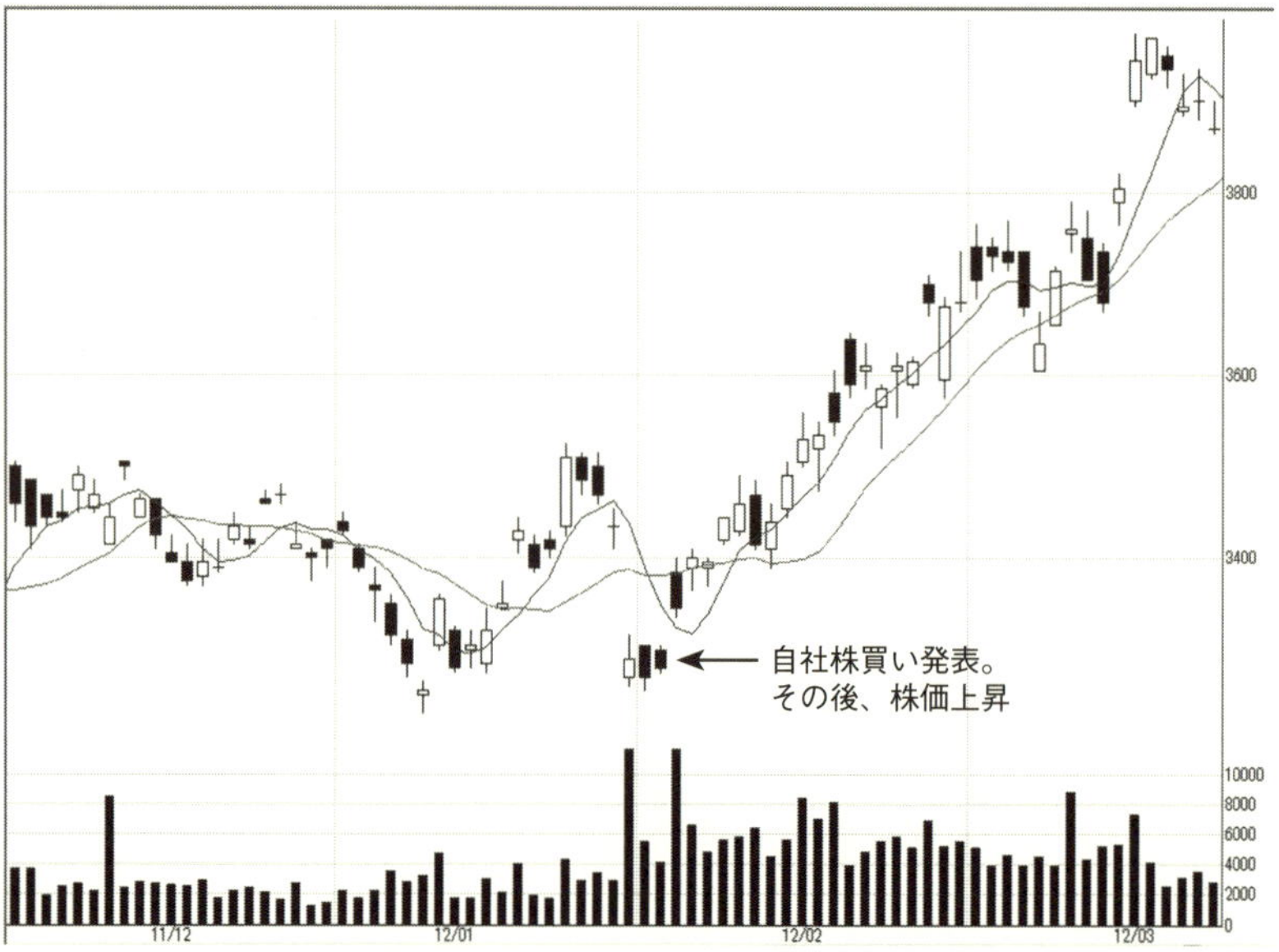

◆キヤノン　※2012年7月

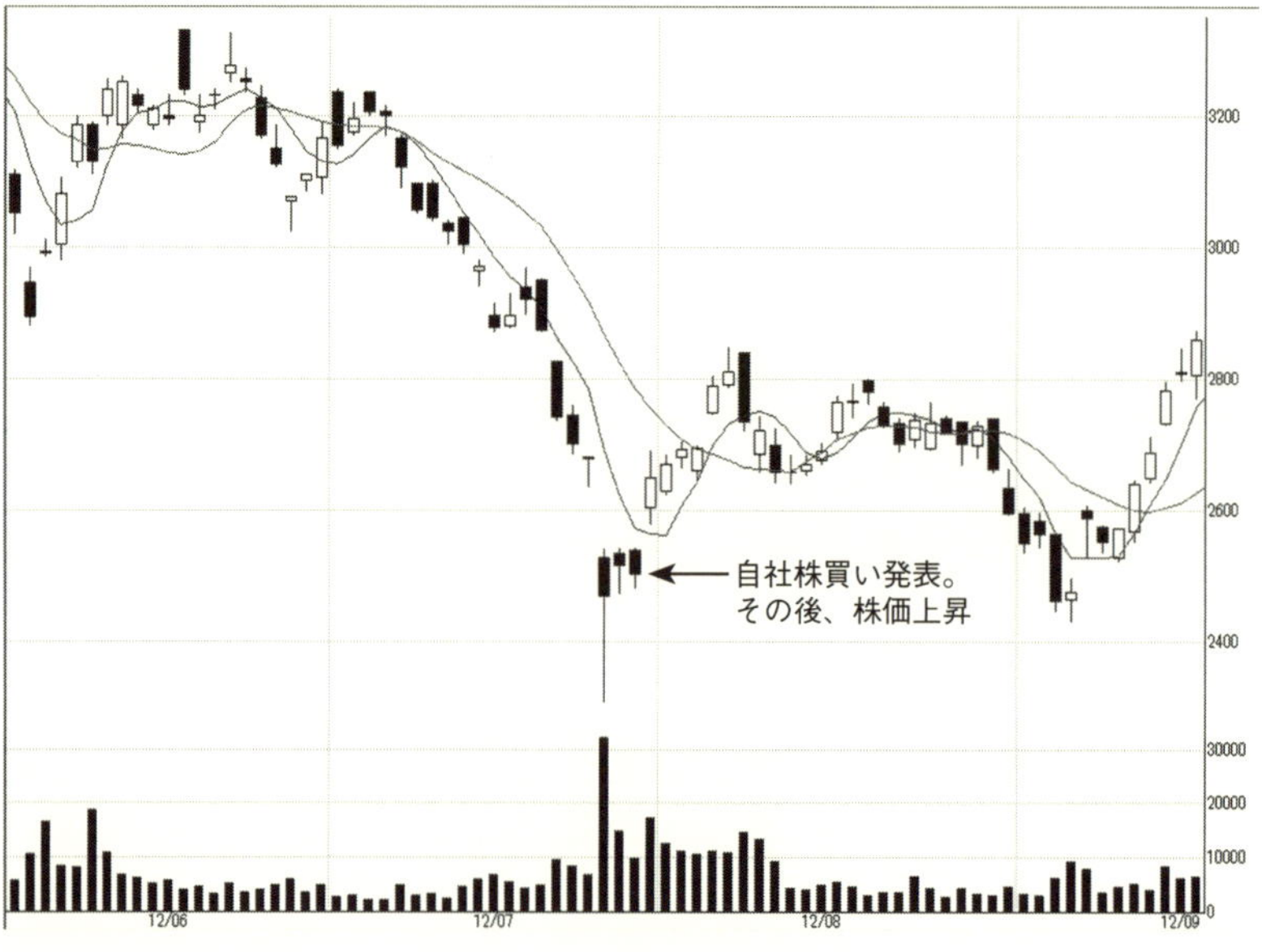

準になっているのは「過去の値動き」なのです。

トレードするうえで大事なもの

一番大事なのは、先ほどもお話ししたように、投資に対しての正しい考え方だと思います。ここでいう正しい考え方とは、基礎を指します。どんなにすごいテクニックを仕込んだところで、基礎がなければ本当の付け焼き刃になってしまうと思うからです。基礎ですか。それは、「守りを1番にする」とか、「攻めは2番目でいい」とか、そういうことが当てはまります。

少し脱線するかもしれませんが、もし「投資とは何なのか」と聞かれたとしたら、「どういう損切りをするのか」と言うと思います。それくらい、私にとって守ることは大切なことなのです。

次に大事なことは、リスク・リターンの関係を知ることですね。あくまでも投資である以上、利益を出すことができなければ、その行動は無意味ではないかと思います。

リスク・リターンを知るうえで、大事なのが経験値を積むことです。例えば、ある人が５０万円の元手で投資を始めるとしますよね。誰でも５０万円を減らさずに資金を増やしたいと思うでしょうが、そんなに簡単にというか、すぐに利益になるようなことは少ないと思います。ロールプレイングゲームで言うと、自分のレベルが低いのに、ボスキャラと戦うようなものです。経験値を積まなければ、ボスには勝てないですよね。それと同じで、投資の世界でも、経験しないと強くなれないと思います。５０万円で始めたとしても、多少なら減ってもよくて、例えば５０万円が1年で４０万円になったとしても、減ってしまった１０万円で良い経験値が得られたならば、実は貯金しているのと同じだと思うのです。私見ですが、投資を始めた最初の段階では、できる限り、最少のお金（損害）で経験値を蓄積していくことこそが何よりも大事だと、私は思っています。

最後に、ここでようやくテクニックの話になります。投資の正しい考え方と経験値がないのに、テクニックだけ身につけても生かしきれませんが、逆に、投資の正しい考え方と経験値があれば、テクニックの攻撃部分は、最大限に役に立ちます。

出口の考え方について　～利食いと損切り～

利食いについては、とても難しい話ですが、一言でいうと、「行けるところまで行く」です。その銘柄のさらなる上昇が期待でき、日経平均全体、また、世界市場で大きな懸念がない場面においては、ストロングホールドします。

逆に、その銘柄がチャート的に見て、いったん天井をつけるであろう場面（買いで入った場合、出来高が急増して、大きな陽線をつける、もしくは上ヒゲをつける）などでは利益確定をします。

また、世界情勢で、大きな懸念が出てきそうな場合なども、いったん利益確定をして様子を見ます。

思惑とは逆に動いている場合についてもお話しします。先ほど「守り」が一番大事という話をしました。人によってまったく違ってくると思うのですが、私の場合には、例えばエントリーしたときにはそれなりの理由があるはずなので、その理由が崩れた場合は、すぐに損切りの体勢に入ります。あとは優位性を明らかに失っているときですね。頑張っても負け6割、勝ち4割のレベルでしたらすぐに損切ります。

ただ、言うのは簡単ですけど、実行するのは難しくて、ごくまれに我慢してしまうこともあります。まさに今日（※取材日）がそれでした……。自分のメンタルの状態が少し乱れているようなときは、やはり守りが疎かになることも多くて、まぁ、人間ですからしょうがないのですけど、投資である以上、メンタルが悪くても、そういう部分をいかに殺せるのかが大切かと。それが、正しい考え方だと思っています。そういう意味では、私もまだ勉強中です。

私は株を買う前に、まず逃げ場を考えます。そうです。買ってから考えるのではなく、買う前に、すでに、自分の思惑が外れた場合のことを想定してトレードを仕掛けるのです。「このラインに達したら、絶対に逃げないといけない」というような、効率の良い逃げ場があるはずなので、そこを一生懸命探します。大きな損が出る前に、小さな損で済むような場面です。例えば、私が買いポジションを持っていたとするならば、「この逃げ場をさらに下がったら、すごい下げになるだろうな」と思う部分です。そこを割りそうになったら切る感じですね。

損したときは、やっぱり悔しいですよ（笑）。建前上は、「１００戦１００勝はありませんので、３歩進んで２歩下がる、１歩ずつ地道に進めばよいのでそれは気にしません」と言いたいところですが、本音を言えば、悔しいときのほうが多いです。

損をして大ダメージを受けてしまったときは１週間ほど休むこともあります。もう長年やって慣れていることもありますから、昔ほど寝込むこともなくなりましたけどね。でも、そうはいっても、ある程度の期間を置いて「痛み」をリセットする必要はありますね、私の場合は。

最高の思い出と最悪の思い出

最高の思い出は、２０１３年３月ですね。アベノミクスの恩恵を受けて、買う銘柄、買う銘柄がどんどん上昇して、月間で１０００万円を超える利益になりました。ただ、私にとっての本当に良い思い出というのは、こまめな利益が毎日積み上がることですので、やっぱり連続で勝っているときが最高の思い出になるのかもしれません。特に、アルゴ（注：アルゴリズム）が変わる前はそういう状態がよくありました。普通に売り買いの取引をやっていても怖くないというか、「トレード＝安定的」と自分で勝手に思えてしまうくらい勝てましたので。あのころは多少負けていても、その後、着実に利益になりましたからね。

ほかで挙げるとすると、お世話になっているのは商社株です。商社株には主要5社がありますので、それらの比較を見て、売り買いを行っています。いろいろな商社がありますので、その比較で株価の上昇率やほかの商社株との乖離率などを見ています。ただ、最近はその比較をアルゴが逆に持っていくときがあります。「短期トレーダーがここで買うだろう」というパターンが出ると、逆にそこで落としてくるような……。それらのアルゴに注意しながら取引を行っています。

最悪の思い出は、忘れもしない２０１２年７月２７日ですね。その日は、朝、アドバンテストという銘柄の株価が急落をしていました。一般的には、いったん、底をつけて反転する場面で、逆張り買いを行ったのですが、まったく反発することなく、さらに株価は下落……。ついには、耐え切れなくなり、そのまま損切りしました。

この数分間での取引の損害は、１００万円を超えており、その月に、コツコツと積み重ねてきた1カ月の利益をすべて吐き出してしまいました。このときの私の悔しさは想像に難くないと思います。

しかし、私に「今」があるのは、このような痛い経験が幾度となくあるからだと、はっきり言えます。「どんなに利益が出ていても、一瞬でひどい目に遭う可能性はいつでもある」ということを、身をもって経験していますからね。このような経験を繰り返すことによって、「損切り！　損切り！」と思うようになっているのです。逆に考えるなら、損切りしなければ必ず投資生活の最後がやってくると痛感しています。

基本に忠実が上総介流

私のトレードは〝基本に忠実なトレード〟だと思っています。上がりそうになったらそこに乗って、反転するときも反転しそうな流れに乗るイメージです。

上がりそう・下がりそうというのは、日足チャートの形などで判断します。先ほどもお話ししたように、教科書があったら必ず出てくるような、本当に基本中の基本のパターンです。

先ほどは、出来高ランキングとか、値上がり&値下がり率ランキングなども見ることがあるとお話ししましたよね。チャートの形的には好きなパターンでも、過去の値動きを見て、危うい感じがしたらポジションは作りませんし、逆に、まだまだいけると思えば積極的にポジションを作ります。こういったことも、ごく基本なことだと思っています。

私はほかのトレーダーに比べて、相当、臆病な部類に入るかと思っています。臆病というか、慎重というか。だから、正しい考えに基づいてトレードできないと、ある意味、不安になるのです。

基本に忠実にトレードしていけば、もっとトレードがうまく、もっとトレードが楽しくなるのかなと思っています。体と頭の健康が続く限り、行けるところまで行きたいなと思っています。

【今回のインタビューの簡単なまとめ】

◆エントリー（ポジション作り）について

◎好きなチャートパターンになっている銘柄を探す

◎過去の値動きを見て、銘柄特有の動きを調べておく

◎過去の値動きに合わせてエントリーを考える。ただし、エントリーは総合的に判断（高すぎる場合はエントリーしないなど）

◆投資（トレード）するうえで大事なこと

◎正しい考え方で投資に臨むこと

◎リスク・リターンの関係を把握しておくこと

◎投資での経験値を積むこと

◆出口の考え方

◎行けるところまで行くが、チャート的に反転の兆候が出たら、いったん利益確定することもある

◎買った根拠がなくなってしまったときや優位性が感じられなくなったときには損切り

◎損切りは、大きな損を出す前に、小さな損で済む場面で行う

◎大きな損を受けてしまったときはしばらく休むのもひとつの手

6

ひろし

～需給の歪み（行き過ぎ）を探す～

※取材日2012年10月30日

50万円からスタートした投資生活

初めてマーケットに関わったのは、社会人になってからで、それからもう20年くらい続いています。自分でもよくやっているなと思います。

そもそも、投資を始めようと思ったきっかけは、大学生のときに借金があったことです。社会人になったときに、「これから毎年、10万円とか20万円とか、少しずつ返済していくのか」と思ったら急に億劫になってしまって、一気に返せる方法はないかなと模索していたところ、大学の友達で株式投資を始めている人がたまたまいて、「儲かるよ」的な話を聞き、すっかりその気になってしまったわけです。確か、バブルの最後あたりのころだったと思います。

最初は、初めてのボーナスと給料を合わせて50万円くらいでスタートしました。銘柄は松尾橋梁という大阪にある橋梁屋さんでした。転換社債で50万円単位のものがあったので、近所の地場証券会社に行ってみたところ、普通は新規ではあまりもらえないのですが、初心者へのサービスということでひとついただくことができたのです。当時は、新規のCBは高確率で利益になり、このCBも50万円のものが54万円で売れました。

決算の数字を加味しながら行き過ぎの銘柄を探す

銘柄選択については、値動きではなく、常に何かしらの根拠に基づいてするようにしています。

例えば、ニュースなどに取り上げられた銘柄で、材料が良いと感じたならば、多少上がった後でも付いていきますし、逆に、材料は大したことないのに話題だけで上がったなと感じる場合は空売りしたりすることもあります。ひとつひとつの材料を自分なりに判断して「織り込み不足」や「行き過ぎ」を取る形が多いです。

材料としてよく見るもののひとつは「決算の数字」です。単に決算が「良かった」「悪かった」というだけではなく、それらをどこまで織り込んでいるのかを注視しています。例えば、悪い決算を多分に警戒して下げていた銘柄が実際に悪い決算を出しても、いわゆる材料出尽くしでそこから急上昇するケースがあります。また、逆に期待が大きすぎたときは良い決算でも下げたりもします。そういう「行き過ぎた株価」を決算発表直前に仕込んだりもします。

決算発表前に「行き過ぎかどうかわかるのか」と思われるかもしれませんが、厳密に言うと、わかるときもあるというほうが正解でしょうね。例えばいろいろな記事や四季報などで『上方修正必至』のような銘柄があると、決算発表数日前から買い物が入って上がり出すことがあります。皆、期待していますからね。そういう銘柄の中身を調べて「仮に上方修正が出ても、今、期待されてる水準以上の数字ではない」と判断できれば期待の大きすぎた分が行き過ぎになります。事前の上げがあからさまであればあるほど（つまり仮儒が多いほど）、効果はあります。

【ひろし氏のプロフィール】

大阪府出身、株歴約20年で、専業トレーダーとしては約10年。2014年一杯でトレーダーを卒業して2015年から複数業種で起業する予定。トレードはやればやるほど奥深く、心から敬愛していますが、お金はやはり道具であり手段。稼いでからが本当の自分を試されると思っています。

このようにマーケットの空気をじっくり読んでトレードするのは一見難しそうですが、普段から決算発表日から逆算して株価の動きなどをじっくり見ていると、意外と予測できるときがあるんです。

行き過ぎたものはいずれ戻るといったイメージでいるのですが、わからないものにはなるべく手を出しません。いつも勝とうとしても絶対に無理なので、わかりやすいところだけ、チャンスだけ取るように心がけています。

私の場合、いわゆるデイトレーダーの方が好んで仕掛けるようなやり方はしていません。自分から動くと負けてしまうことのほうが多いので、どちらかというと、待ち伏せ的な形になります。それも、動いたら付いていく（ある節目をブレイクアウトしたら付いていく）という感じではなく、行き過ぎになるまで待つイメージです。

普段からなるべく多くの情報を見るようにしています。例えば、日経新聞では個別企業に関する記事は特に注意して見ています。その他でもロイターやクイックのリアルタイムニュースはネット証券のツールを使うと無料で見ることができるので重宝しています。

また、ランキングなども雰囲気の確認に見ています。ザラ場の時間帯にニュースが出た場合はそれを追いかけることもあります。

投資をするうえで大事なもの

一番は心構えですね。自分が言いたいのは、投資においては、頭が良いとか悪いとかは意外と関係ない気がするということです。多くのトレーダーと知り合ってみての感想ですが、ダメになってしまう人のパターンは「頑固」に尽きるような気がするのです。自分たちの立ち向かう相手というのが、ものすごく大きくて、深くて、強敵だから、自分に「我」があるのは当然だとは思うのですが、実際にはそれをいかに殺せるか、自分が無力であるということをわきまえているかが大事なのではないでしょうか。うまく勝てたら天狗になってしまうし、見事な勝ち方をすればするほどそのときの記憶がかえって仇になって、その後に無理をしたり、同じやり方に固執してしまうことにもなる気がします。だからこそ、常に自分は無力だと言い聞かせたほうがうまくいくと思うのです。

さらに、余計なプライドは捨てて、柔軟に他人のアドバイスを請うて手法を盗んだり、新しいやり方を身につけることも必要だと私は思っています。

次に大事なのは、損切りです。これは、今さら私が言うことでもなく、投資をされている人には当然のことかと思います。でも、当然であることと、実際にできるかは別物ですから、わかりきったことではあっても、あえて挙げておきたいと思います。

ほかに損切りと同じくらい大事なものとしては、どれだけ興味をもって、好奇心をもってやれるかだと思います。仮に、人から良い話を聞いても、自分で昇華できないというか、自分から興味をもってやろうと思わなければ身に付かないでしょうしね。

最後にもうひとつ挙げるとするならば、もし相当努力しても思うような結果が残せないのであれば、トレードを諦めることではないかと思っています。残念ながら日本では、トレードの期間はロスタイムの評価になってしまいます。トレードをやめて社会人になろうと思っても、なかなか世間は認めてくれません。履歴書が汚れてしまうわけです。実際、トレーダーには金融機関もお金を貸してくれませんから、住宅ローンも組めません。

そういうことを考えると、5年とか、10年とかトレードしてみてダメでしたとなると、そこから社会に戻って働こうと思っても厳しいと感じるのです。それならば、短期集中でやってみて、結果を素直に受け入れたほうがいいのではないかというのが、わたしの個人的な考えです。

出口の考え方　～利食いと損切り～

思惑通りになるということはトレンドに乗れているということなので、利食いしたい気持ちをなるべく我慢して「利を伸ばす」ことが定石になります。でも、私の場合は早めに利食うことが多くて、その結果、資産をなかなか伸ばせなくなるのも事実です。含み益になってるときには「早く利食って楽になりたい」という気持ちもあれば、「まだまだもっともっと」と貪欲に持続したい気持ちもあると思います。このどちらの気持ちが強くなるかに、トレーダーとしての資質の差が大きく出ると思います。私のまわりで資産を急速に伸ばした人は後者の意識に優れている人が多かったです。私は残念ながら前者でした（涙）。

思惑通りでないとき、つまり、含み損を抱えたときに考えることは「戻すだろう」ではなく、「どこで切るか」ばかりです。甘い期待はしません。

日常では当然、損するトレードなんて山ほどあるので、切るところは基本的には株価で判断することが多いです。ただ、そのときになったら悩んでしまって、うまく切れないことが多くなることも……。知っていることとできることは本当に別だと痛感しています。

若いころというか、投資をやり始めたころは、損をするとカーッと頭に血が昇って、何回も痛い経験を繰り返しました。そのときの教訓から、大きな失敗をした後には時間を置くようにしています。

金額にもよりますけど、本当に大きく負けたら、次にやりたくなるまで1週間でも2週間でも平気で休むつもりでいます。なぜかというと、損をしたことについて悩んでいたり、わだかまりがある状態で投資を再び始めても、良い結果にはならないことのほうが多いからです。

誰でも同じだと思いますが、損はしないに越したことはありません。私は、人一倍心が弱いので、損を抱えているときや、損を確定してすぐのときなどは、何をやっても無駄になるのです。それがわかっているので、ガムを噛んだりして少し気分を落ち着けて、できるだけ早くあきらめてしまいます。損を確定したら、一日でも早く気力が戻るようにジョギングとかして気分転換を図ります。走るとちょっと気が紛れますね（笑）。「小さいことで悩んでたよな」と思うことができます。

でも、私にとって一番良いのは、先ほどもお話ししたとおり、やはり時間の経過です。どういうタイミングで元に戻ることができているのかは、正直、いまだにわかっておりませんが、あるとき、ふと急に吹っ切れてしまうのです。私の場合は、そのときが来るのを待つだけです。

最高の思い出と最悪の思い出

２００４年から２００６年のマーケットが一番良いとき、インターネットでにわか億トレーダーがたくさん出た、誰でも勝てるような相場のときに3年間くらいお金が全然増えないことがありました。今思うと、本当に下手くそでして……。この状況を打開するために、２００７年くらいから「もう、最後のチャンスだ」と、真剣に、皆が勉強してないようなところ、具体的にはファンダメンタルズ（決算など）をまじめに調べ出したのです。時期的に、ちょうど第３四半期の決算がどんどん出てくる２００７年の1月下旬に始められたことはラッキーだったと思っています。今考えると、本当に偶然だと思うのですが、業績の上方修正や下方修正を次々に当てることができて、それまでの苦戦が嘘のように、ポンポン勝てたわけですよ。

このときですね、はじめて「きちんと勝てた。根拠があって勝てた」と思えたのは。それまでは、運だけで買った・負けたとやっていましたからね。生まれてはじめて「トレードで生きていけるかもしれない」と希望を持てたことを今でも覚えています。このときの経験が生かされて、それ以降、自分で勉強することが億劫じゃなくなりましたしね。

最悪の思い出は、2004年~2005年あたりの話です。あまりにも勝てないので、怪しい投資顧問の人と仲良くなって銘柄を教えてもらうという〝禁断〟の投資をしてしまったことがあります。今では上場廃止になって消えた銘柄なんですけど、イーラックスという胡散臭い銘柄を勧められました。ジャスダック市場で100円あるかないかくらいの銘柄だったと記憶しています。投資顧問の方がグループで手がけてるという話になっていて、その方がチラッと80円くらいから130円くらいまで上がった様子を見せてくれたのです。そのときはまだその人と自分はあまり親しくなかったのですが、僕はすっかり信じてしまって、千葉から神戸までその人に会いに行ったりして……。「今度何かあったら、よろしくお願いします」ということでお話ししていると、「同じ銘柄を1年くらいあとにもう一回やるぞ」ということだったので、あろうことか、現物信用2階建てで全力で勝負したんですよ。「半月後の決算で次の日はストップ高だ」というような景気の良い話を聞いてしまったので、そのときはもう希望しかなかったです。

実際はどうだったかというと、夢物語には程遠く、翌日に大きくギャップダウンして、マイナス20%くらいで損切りとなりました。資産が一気に40%くらい減ってしまって……。あのときは自分がいかに馬鹿だったかと思い知りました。

ただ、「この世界においしい話はない」という教訓を得られたので、今は良しとしています。仮に、そのときに勝っていたとしても、そういうハイリスクなやり方が身についてしまったならば、どこかで絶対に痛い目に遭っていただろうと思いますから。

ミスプライスが利益の源

何度か紹介してきたように、需給の歪み、ミスプライスを取りに行くのが僕のやり方です。「この銘柄がこんな値段になるのはおかしい」という感じで、おかしくなっている理由がはっきりしているときに狙います。例えば、朝刊の日経新聞に、太陽光発電の会社が工場を作るというような記事が出たときには、パーッと上がったりすることがあるのですが、その工場ができるのが1年半後や2年後だったら、まだまだ先の話なわけです。少なくとも、今日、太陽光発電の会社買った人で3年後に利益になると思っている人はいないと思うんです。そういうのは、一時的に上がったとしても息が続かないんですよね。

ほかにも、理由がないのに上がるのはむしろ怖いと思っています。「なんでこの業績でこんなに高いんだ」と思うものは、どんどん上がっていく傾向にあります。このように具体的な材料もなく上がり続けているときには、静観するしかありません。なぜなら、ミスプライスではなく、実需で買ってきているケースのほうが多いからです。上がりすぎだと思って、もし空売りしたら、痛い目に遭うと思います。

本当はメインが材料（トレード）でも、参考としてテクニカルを使うべきだとは思うのですが、テクニカルの判断は僕にとっては難しいのです。当てずっぽうでエントリーすることも多いので、いつも第一弾、第二弾は含み損になってしまうのですよ。だから、仕方なく、ちょっとしたナンピンみたいな感じで値動きに付いていった結果、最後に利益になるパターンが多いです。本当は、こういうときにテクニカルを使えればもっと効率よく利益を出せるのですけどね。

いろいろなトレーダーに会って感じたのですが、どうやら僕にはセンスがないようなのです。利食いが早すぎておいしいところを逃したり、僕がポジションを切った後に買うとかなりの高確率でうまくいったり、狙いは正しいのにタイミングがヘタでチャンスを逃したりなど、相場と噛み合わないことがとても多いからです。本当は、僕が作戦を練って、誰かがその作戦を実行してくれたらもっとうまくいく気はするんですけどね。いつも、おっかなびっくりのトレードを続けています。

トレード自体は好きなので、いけるところまで続けたいのですが、センスもないですし、健康的に続けられなくなってきたら、そのときは引退することも考えつつ、今はトレード生活を楽しんでいるところですね。

【今回のインタビューの簡単なまとめ】

◆エントリー（ポジション作り）について

◎材料（決算の数字）を見て、「行き過ぎ」と判断できる銘柄を仕掛ける

◎行き過ぎるポイントまで待つようにする。自分からは動かない

◆投資（トレード）するうえで大事なこと

◎自分は無力だと思うこと

◎損切りの徹底や、好奇心を持っているかなど、基本的なことは押さえる

◎本当にダメだと思ったら、投資の世界から思い切って抜け出すこともひとつの案

◆出口の考え方

◎思惑通りになっているときは利食いしたい気持ちをなるべく我慢して「利を伸ばす」ことが定石

◎甘い期待は持たずにどこで切るかを考える

◎実際に損を出してしまったら、その日は休む。時間を置くようにする

7

てっぺん柳橋

～過去の値動きを調べる～

※取材日2012年11月7日

個人で運用したくなって始めた

私の場合、証券会社に勤めていたときから個人で自由に運用してみたいと思っていたこともあって、投資を行うことになりました。証券会社に勤めていたときに、日経225先物や日経225オプションなどを中心にいろいろな投資方法を伝えていました。相場については常に自分でも見ていたこともあって慣れていたこと、加えて、仕事柄、日経平均株価のこともよく調べていたこともあって、「（運用するなら）まずは先物とオプションから始めるのがいいだろう」という考えが私にはありました。もちろん、株式投資もやっています。

銘柄選びについて

基本的には当限の日経225先物と日経225オプションです（以下、先物、オプションと略します）。株式投資についてはいろいろなものを取り入れています。例えば、夕凪さんがやっているような東証1部へ昇格した銘柄や日経平均へ採用された銘柄のインデックス買い、またＰＴＳを活用した取引やストップ高、ストップ安の銘柄を狙った投資などを行っています。

私は、新規公開株（ＩＰＯ）の投資を重視しています。私の場合は、公募の株を初値で売る場合よりも、セカンダリーでの売買がメインになります。セカンダリーのエントリーは6つのルールに分けています。例をひとつ挙げると、公開条件の価格が高いときには、初値が安くついたらセカンダリーでさらなる上昇を狙って買いにいくというものがあります。公開条件の価格が高いということは人気があるということになりますから、安くつけばチャンスになるのです。実際、そのときの地合いの関係によっては安い初値がつきます。また、同時上場日、あるいはＩＰＯラッシュの月の場合も初値が安くなることはあります。東証1部の大型株は公開株数が多く、売り圧力もありますから、初値が低い場合もあります。その場合においては、1カ月後にトピックス買いも見込まれることから買います。今年（２０１２年）に関して言うと、ＪＡＬなども下がっているので買ってみようかなと思っています（※ＪＡＬは結果的に時間がかかったが、その後、上昇していった）。

どうなったときにポジションを作るのか

基本的に、先物とオプションは両方とも自分なりのルールを作っています。実際のエントリーとエグジットに関しては機械的というか、「こういうときにポジションを持つ」「こういうときにポジションを決済する」という基準は決めています。

オプションについては、以前は売りと買いを組み合わせてポジションを持っていたのですが、東日本大震災以降は、売りを扱う証券会社のルールが変わってしまったことや、前々から買いをやっていたこともあって、今はコールとプットの買いが中心です。

【てっぺん柳橋氏のプロフィール】

日経225先物やオプションの取引を中心に行う兼業トレーダー。IPO投資に関しては証券会社時代の経験を活かして、2008年より積極的に行っている。IPO投資は年間ベースで不敗。2012年は10銘柄、2013年は18銘柄のIPOを獲得している。また初値がついた後のIPO銘柄のセカンダリー投資も得意とする。

株についていては、どちらかというと、先ほどお話ししたようなイベント投資やIPO投資を中心とした視点で、いろいろな銘柄を見ています。今は3660番台の株を中心にポートフォリオで持っています。最近、上場したようなIPOの銘柄とか、けっこう元気がいいんですよ。

そういう銘柄で、循環して物色されていくところに注目したり、毎月、優待のある銘柄をチェックして、「（この銘柄は）買われていくだろうな」というものを見ています。

また、東証1部に指定替えするとか、変更するときに、同時に公募増資を発表することがたまにありますよね。東証2部から東証1部にジャンプアップすることで株不足が起こるため、公募増資で株数を増やすのです。そうすると希薄化が起こって、次の日、売り気配で始まることが多いのですが、そういう場合はあとで戻すケースも多いのです。

ということは、公募のリリースを受けて株価が必要以上に下落した場合に購入しておき、公募価格決定日に向けて株価が上昇してくるタイミングで売るという作戦が成り立ちます（※そもそも公募内容は企業にとってはプラスであることも多く、企業側も証券会社側も公募価格を安い価格で決めると本来の必要資金が足らなくなる）。その後、ディスカウントのサヤ取りや受渡し日の売り圧力で株価が下落するので、そこで再び買って、上昇したところで売る（例えば、東証1部のトピックス買いの上昇で売る）というスタンスです。この流れを意識すれば、別に公募を獲得しなくても買いでも売りでもチャンスはあることになります。両取りも可能です。

テクニカルは、一応、チャートを確認します。チェックするのは直近の値動き（直近の高値安値とか、移動平均線、価格帯別出来高）と買い残ですね。ただ、細かくは見ないです。

トレードするうえで大事なこと　～もし弟子に教えるとしたら～

トレードで大事なことというか、もし私がトレード（投資）を誰かに教えるとしたら、オプションの買いを勧めます。オプションの買いを経験すれば、タイムディケイでオプションの価値がなくなっていくこともわかりますし、価格が変化することもよく理解できます。

オプションの買いの場合は、失敗しても入れた金額しか損しないという意味でも安全です。オプションはよく「売りが有利だ」という話を聞きますが、ボラティリティを重視している人であれば買いのほうがやりやすいと思います。

ここで重要なのがアウト・オブ・ザ・マネーではなく、アット・ザ・マネーのオプションを選ぶことです。仮に持ち越すことになった場合は日経２２５ミニ（mini）でヘッジもしやすいです。

また、株式投資だったらＩＰＯのセカンダリーですね。ＩＰＯでは公募をもらうことばかりしている方が多いですが、私はセカンダリーのほうが妙味があると思います。なぜなら、いつ当たるかわからない公募と違い、セカンダリーはＩＰＯが上場すれば収益機会になるからです。数週間、数カ月、ＩＰＯの申込みを続けていて全然当たらず資金を寝かしてしまうくらいなら、セカンダリーで収益をコツコツ上げていくほうが資金効率が良いと思います。

カルビーのような東証1部に上場しているような人気がある会社でも、上場後に値上がりしているものもあります。そういうところで優待とキャピタルゲインの楽しさを知ってもらいたいです。ちなみに、カルビーはＩＰＯしたばかりのころは２５００～２６００円とか、良くても３０００円のイメージでしたけど、今（※取材時）はもう７０００円を超えていますからね。

楽しさを知ってもらったら、次は自分の形を作ってもらいたいと思います。株で成果を上げている方にお会いすると、皆さん、自分の形を持っているとわかります。結果を出したいなら、やはりそういう形がなければダメなんだと強く思います。

先物の場合だったら、日経平均を例にすると、似通ったケースがたくさんありますので、過去の値段を調べてほしいと思います。高値&安値といった節目となる値段はもちろん、ギャップも調べると奥の深いことがわかると思います。今年（※2012年11月）は、ギャップが空いて始まった後、それが修正されるケースも実に多いです。

出口の考え方について　～利食いと損切り～

利益確定については、特別なルールはなく、利益額に応じて決めています。

大事なのは思惑と逆に動いたときです。先物とオプションの場合は、逆に行きすぎてしまうと非常にマズイので、思惑と反対に行ったら、言うまでもなくロスカットです。私の場合はポジションを持つときに「10万円損したら損切りしよう」「20万円損したら損切りしよう」といったように、金額で損切りラインを決めています。

株では、基本的には、損切りを早めにするようにしています。あまり引っ張ってもストレスになるからです。逆行しているときは、損切り前提で、「（損切りした後）この次はどうしようか」を考えていますね。

株の場合はポートフォリオを組んでいるので、「いくら下がったら切って、ほかの銘柄に乗り換える」を基準に考えています。ポートフォリオ全体で損益を考えていますから、ひとつの銘柄で負けても獲り返せるんじゃないかと、いつも思っています。

値段以外の損切りパターンは、悪材料が出たときです。下方修正の情報や増し担保など、その銘柄に何らかのマイナス要素が出たら、とりあえずいったんリセットします。

損切りしてしまったときは、株の場合なら、ほかのポートフォリオで利益の出ているものを見て「まだこちらが儲かっているから」と全部の合計で考えたりして心を落ち着かせています。

印象に残っている思い出について

毎日、淡々とトレードしているので、これといって、「最高」と言えるような、思い出深いトレードはありません。その代わり、最悪の思い出はあります。特に印象に残っているのは東日本大震災のときです。このときは、オプションの売りポジションと買いポジションを持っていました

3・11当日は、震災が起きてすぐ、一目散に家に向かいました。帰宅の途中、たまたまアイパッド（iPad）を持っている人と一緒に帰っていたので、グローベックス（電子取引システム）をずっと見せてもらいながら、家に帰ってすぐ、前の阪神・淡路大震災のときのデータを調べて、ポジションはほとんど損切りしました。

まわりでは数千万円の損失を出した人もいましたけど、自分は70万円程度の損で済んだので、逆にうまく逃げ切れたといえるかもしれません。当時は先物のボラティリティが急拡大したので、その動きが落ち着いてからオプションの買いに専念して震災の損失分を取り戻しました。

そのときの教訓として挙げられるのは、「過去のことを調べたのが良かった」ということです。震災当日（2011年3月11日）

は1万円を割りませんでしたが、震災の翌営業日（２０１１年3月１４日）は、日経２２５先物が1万円から９５００円まで下がりました。「すぐリバウンドするんじゃないか」と言う人もけっこういましたが、自分は、そこから先のデータを持っていなかったので、売買はしませんでした。結果的に、その翌日（２０１１年3月１５日）７８００円まで下がったので、参加しなかったことが吉と出ました。もし損切りしていなかったらと思うと青くなりますね。

過去のパターンを重視するトレード

先物とオプションは、パターン分析ですね。例えば、過去２０年の日足や過去１０年間の分足を全部調べた結果として、ギャップがすごく空いて始まったときにどうなるのかとか、寄り付きからの下落幅によって動きに違いがあるのか、どういう動きになりやすいのかなど、自分の中に利益につながりやすいパターンをたくさん持っているのです。そのパターンを見ながら、忠実に参考にする感じです。

個別銘柄ですと４０００銘柄あるので無理だと思うんですけど、私が調べるのは基本的に日経平均株価だけなので現在も続けています。

株のほうも、そういう意味では、パターン分析に近いです。傾きが出そうな動き（例えば２５日線からの乖離がマイナス○○%の銘柄を狙うとか、ＰＴＳで終値からマイナス○○%以上下落している銘柄を狙うなど）をするときに狙います。他にもいろいろなパターンがありますが、一般の人がやる資産運用のように株を買ったままずっと置いておくようなことは、あまりしないですね。

ほかのトレーダーとの違いは、自分の場合、先物も株も両方しているということでしょうね。

【今回のインタビューの簡単なまとめ】

◆エントリー（ポジション作り）について

◎チャートを確認（高値安値、移動平均線など）
◎過去の動きを調べて、それを参考にエントリーする
◎特殊パターンを狙う（公募増資に関連する値動きなど）

◆投資（トレード）するうえで大事なこと

◎投資の厳しさを知ること。同時に、投資の楽しさも知ること
◎自分の型を作ること
◎損益のバランスを考えること
◎過去の値動きのパターンを調べること

◆出口の考え方

◎利確は利益額に応じて決める
◎ある値段まで逆行したらロスカット
◎逆行しているときは損切り前提で次のプランを考える
◎悪材料が出たときも損切り

8

BBアドベンチャー

～イケルと思ったものは逃さない～

※取材日2012年11月7日

株式投資はおもしろすぎた

マーケットに初めて関わったのは僕が26歳のときです。今(※取材時。2012年11月7日。以下、略)から27年前、ちょうどバブルになる前の、投資を始めるには一番良い時期だったと思います。

新聞の相場欄を子どものころから見ていたんですよ。小学4年生のころだったかな。住金とか新日鉄とかが、まだ50円とか40円の時代です。このころは大型株の値動きはほとんどなく、1円でも動こうものなら、誰が買ったのか、売ったのかと大騒ぎになったらしいです。そのころから興味があったというか、「これは何だろう。会社が儲かると値段が上がるのかな」という感じで見ていた記憶があります。例えば、貝島炭鉱という株が倒産寸前で2円だったことがあって、「1000株で2000円なら自分の小遣いでも買えるじゃないか」と思ったこともありました。ただ、それ以後は株などとはまったく無縁でした。普通の子どもなら当然ですよね。そしてさっきお話ししたように、26歳のときに初めて取り組んでみたというわけです。

株をやろうと思ったきっかけは背水の陣になってしまったからですかね。結婚して、独立して、お金が本当になくなってしまって、何かで稼がなくちゃいけないなという状況になってしまったのです。家賃だけで給料の半分くらい取られてしまうと、あとは残るものがなくて……。それまでは「株なんていうのは、やるもんじゃない」と思っていたのですが、何かやらなくちゃいけないなと思って、いろいろ検討したら、「株が妥当かな」という結論になりました。あと、株をやっている知り合いがいて、その人からよく株の話を聞いていたこともあって自分もやってみようかと思い、始めたのですよ。ちょうど結婚して3カ月ぐらいだったかな。

そんな経緯で始めた株ですが、実は、僕の場合は、いとも簡単に株にのめりこんで本業がおろそかになってしまったのです。初めて買った東電と日通で簡単に儲かって、あっという間に株のとりこになってしまいました。当時のほうが今よりずっと好きでしたよ。怖いもの知らずでしたから（笑）。親からは「株なんてやるな」とよく叱られていましたね。実際、自分でも、株がないほうがまともな人生を送れたのではないかなと思うときもありますよ。仕事中もマーケットが気になってしまって、会社を抜け出してボードを見に行ったこともありました。それはやりすぎでしたね、反省しています。当時はパソコンや携帯は当然ありませんから、証券会社のクイックか、テレフォンサービスで株価情報を得るぐらいしかなかったのです。

今は株一筋の生活をしています。海外旅行なんて「旅行中に何かが起こったら……」とか、「大きなチャンスを逃したら……」と思うと怖くて行けません。朝は7時過ぎに起きて、月並みですけど、日経新聞見て、いろいろなメールマガジンやニュースを購読しているという流れです。だいたい売買の準備は前日に済ませてあることが多いから、朝になってからすることはそんなにないのですが、8時になって、板を見て絶望的になって、指値を変えたり、注文を取り消したりすることはあります。

もちろん、新聞見たうえで大きな材料を発見したり、寄り前の板の状況によっては、すぐ証券会社に電話します。それからはずっとパソコンの前に張りついてますね。昼飯もパソコンの前でボソボソと食べています（笑）。

15時以降でいうと、19時からPTSは必ず見ます。夜間取引のPTS（※PTSの取扱時間は拡大され、夜間以外でも現

【BB アドベンチャー氏のプロフィール】
バブルが始まる前に株式投資のとりこになった後、専業になってもう 15 年。毎日楽しく株価ボードと向き合いつつ、着実に資産を増やしています。自分の投資手法はあまり公開したくないのでマスコミや雑誌には登場しませんが、才能や実績では露出しているトレーダーに負けません。ただ、根っからのセコさが災いして利益をなかなか消費に回せなくて、クルマもいまだに大衆車に乗っています。墓場にお金を持っていけないのが残念です（笑）。

在は利用できます。PTSとは各証券会社がもつ「私設取引システム」のことで、Proprietary Trading System の頭文字をとってPTS。概要を説明すると、証券取引所が取り扱っている時間帯以外でも株式投資を行えるように、証券会社内で株の売買を行えるシステムです）で、買われてるものとか売られてるものはチェックするようにしてますね。マネックスの夜間取引があったころは、17時半には必ず見ていました。今はなくなってしまったので、ヒマになって、やることがなくなった感じですけど。

あとは、引けたら自分の売買データの整理をします。銘柄、買値、売値、手数料などのデータをエクセルに全部打ち込みます。そして損益を出します。専業なら、この作業は当然だと思って日々のノルマにしています。私の売買回数はかなり多いですからね、土日もこの作業に追われています。「株専業は暇だ」なんて言わせませんよ（笑）。

材料に注目して銘柄を選ぶ

銘柄選択については話しにくいこともあるのですが、昔は朝6時から『モーニングサテライト』を見たり、四季報を発売日に買ってきて、隅から隅まで全部読んで、業績が良い銘柄を選ぶことが多かったです。

もう廃刊になってしまったのですが、『月刊ヒット銘柄』という役に立つ雑誌がありました。けっこう良い銘柄を紹介してくれました。確か、東洋経済社から出ていたと思います。伊藤ハムとか、ツガミとか、上がる銘柄を拾ってくれたのでずいぶん助かりました。昔はそういう感じで、業績重視でやっていましたね。

今はどうかというと、もっぱら材料です。仕手が入っているかどうかも確認しますし［※仕手の確認の仕方については、後述する般若の会のホームページを見ることです。最近は更新が少ないですが、いつ出るか、わからないのが仕手です。あとは材料がまったくないのに、突如、出来高を伴って株価だけが急騰していたら（特に業績の悪い小型株で顕著）、仕手が入っている可能性が高い」、加藤嵩（あきら）の「般若の会」とか、M爺さん（現代の福の神・新手の仕手筋・高度で天才的な投資手法を紹介。ヤフー掲示板で人気沸騰）などの情報も需給を見るときに役に立つので目を光らせています。材料として、業績が突然、大きく改善した銘柄や、悪化した銘柄（不祥事を起こした会社等）などもチェックします。

逆に、材料とはあまり関係ない業績などについては気にならなくなりました。今は、会社の中身もそれほど気にしません。何をしている会社なのか知らないこともあります。業績をチェックしていたころは変化率（※経常利益が劇的に伸びているものや、大幅増益、過去最高益など景気の良いもの）や、増益しているかどうか、ＰＥＲ的に割安かなどを見ていました。昔はＰＥＲが２０倍でも割安と言われていたのです。

一番好きだったのは、コーラ株でした。中京コカ・コーラと北海道コカ・コーラなどは、ＰＥＲ１５倍前後だったと思います。出遅れていた食品株の中でもさらに出遅れていたので、昔はコーラ株ばかりやっていました。その２銘柄をじっと見ていて中京コカ・コーラが上がったら、割安になった北海道コカ・コーラを買うとか、そういう感じです。

違う例だと、大手ゼネコントリオの大成建設と清水建設と大林組もよくやっていました。大成建設がバーッと上がったら清水建設を買ってみるとか。常にこの３つを比較して、一番割安なものを選ぶようなこともしていました。

材料については、やっぱりメルマガの情報が基本です。言ってしまっていいのかどうかわからないのですが、フィスコのメルマガとか、投資家のブログとか、できるだけいろいろな情報を見るようにしています。先ほどお話しした加藤嵩（般若の会）やM爺さんのホームページなども、一応、見るようにしています。そこで銘柄が更新されたりすると、買う人が増えますので、その流れに乗っていくこともあります。

投資仲間からの情報もとても参考になります。実は、この情報が一番助かっているかもしれません。この前も、ソフトバンクとイーアクセスがありましたよね。ああいう情報、昼寝をしていて見落とすときがあるから、仲間内の情報は助かります。

IPOについても、有料情報ももちろん役に立ちますが、無料でも良い情報は、探せばいろいろありますよ。例えばIPO関連なら「IPOチャレンジドットコム」や「IPOストライカーの日記」「キムさんのIPO日記」などが役に立ちます。その他のページでもいろいろ探してトータルで見て、総合的に判断すると、これは買いか売りかが見えてくるようなときがありますね。

ポジションを作るときの考え方

ポジションを作るときは、良くも悪くもとにかく大きな材料が出たとき、要するに大きな変動があったときです。極端な例で不謹慎かもしれませんが、リーマンショックとか、東日本大震災とか。ああいう大きく動く相場になると、ポジションが作りやすいです。

大きな材料が出たときは、基本は成行買いです。昔から、基本的に買いのときは指値はしない主義です。「いいかアド君、株はとにかく成行が基本だ、買うゆうたら買う！　売るゆうたら売るんだ！」と先輩から教わった言葉を金言として、それを徹底して実行してきました。

ただ、今は率直に言って、成行がやりにくいです。東証アローズの動きが激しいし、マザーズやジャスダックなどで成行で売ると、とんでもないことになる（※東証1部の大型銘柄と違い、買い板も薄いので、大きい支えがはずれると、一気に下値で約定してしまうので成行きは危険）から、最近は仕方なく指値にすることも多くなってきています。軸となるのは買いから入るケースですが、今は下がりそうなときに売りから入ることもありますね。

結局、利益の源泉はボラティリティ（以降、ボラ）ですから相場の変動が大きいほうがやりやすいですね。今のように死んでいるようなときよりも、バブル末期とかリーマンのときのようにボラがあるほうがやっぱり儲けやすいです。

大きな動きが出たときには、ここぞとばかりに集中的に投資します。ジェイコムで成行買いした人がいますよね。ああいう精神でやっています。

材料がないときは基本的には「休むも相場」で何もしません。そんなに甘いものではないですからね。1日、何もしない日は年に数日はあります。ただ、そういうときも無理してやろうとするなら、やはりその時々の市場のテーマ株や仕手性の強い株を打診買いすることでしょうね。そういう株でＩＰＯ獲得のため、損を覚悟でわざと手数料落としのための売買をすることもあります。

トレードするうえで大事なもの　～トレードを教えるとしたら～

僕自身は、株はギャンブルだと思っているし、実際に株はコワイと感じていますから、株を始めたいという人には最初に「どうしてもやるのか、やらないほうがいいぞ」と言うと思います。それでもやるというのであれば、損はさせたくないので、ＩＰＯや優待など、儲かりやすいものを最初のうちは教えると思います。

あと、教えるとしたら、小さなサヤ獲りですね。少しずつ儲けるやり方を教えて、勝ちグセというか、利益を積み重ねるような形が良いことを学んでもらいます。

同時にリスクも教えるかと思います。「株＝資産株を買え」という考え方自体がなくなりましたからね。今、電力株にしてもあんなことになってしまったし……。

次はＰＯ（公募増資・売出）ですかね。コツコツ投資して、資金が貯まって、資金力が上向いてきたら、ＰＯという投資法がやりやすくなるからです。「絶対だ」とは言いませんが、ＰＯが発表されると、株価がだんだん下がっていく傾向にありますから、確率的に空売りしたほうがいいというのがわかります。今は空売りが禁止されていますけど（※獲得した公募株を空売りの返済に使わなければいいという話です。単に空売りだけなら問題ありません）、値段が決まったあとなら空売りしてもいいですからね（※価格決定日以降であれば、公募株を取得した後でも空売りは可能であるということが一般的な法解釈です）。

最後の最後、自分の真の手法は自分が死ぬ間際に教えます。マル秘のノウハウがあるもので……。自分のノウハウを娘にでも教えて、それでくたばりたいと思います（笑）。

余談ですが、僕は、株式投資に限って言うなら、一番大事なことは銘柄選びだと思っています。ここを間違えてしまうと、取り返すのが厳しくなります。そういう意味では、精神力も必要でしょうね。損したときに耐えられるかどうかはもちろん、耐えるだけが能ではないですから、損切りができるかどうかもね。思っていることを実行に移す力が大切になるかと思います。

出口の考え方　～利食いと損切り～

いろいろ考えたうえでポジションを作ったのに、逆行してしまうこと。最近、けっこう多いです（笑）。この数日間、それに悩まされています。すべてが思惑の逆へ逆へと行ってしまうのです。こういうときは、当然ですが、選択肢は２つしかありません。耐えるか、損切りするかです。いわゆる「ナンピン買い」はお勧めできません。

耐えるか、損切りするかについては、銘柄のクセも考慮します。過去に同じ銘柄を取引していた場合は、「（過去は）どういう値動きをしていたか」とか、「似たような銘柄の動きはどうだったかな」とか、「こういう材料が出た場合、どう動いたかな」とか、「イレギュラーな大口の売りが出て安寄りしただけで、落ち着けば切り返すのではないか」とか、とにかく「あーでもない、こーでもない」と、いろいろ思いを馳せてみます。それらを総動員して、経験則でワンチャンスがあるか、あるいはこのまま持っていてもダメかを判断します。

結果として、「この銘柄だったらワンチャンスがありそうだ」と思えば持っていますし、いつまでも上がらなかったら、損切りも視野に入れます。

絶対に損切りするときは、自分の気持ちが耐え切れなくなったときです。「これ以上、下がったら大損だ」という気持ちが大きくなったら、そのときは成行で全部、処分します。あとで振り返ってみると、「投げたところが底だった」ということもありますけど、それはもうしかたがないと思って、次のチャンスを待ちます。待つしかないです。余談ですが、逆指値も大損を避けるには良い手法だと思います。

ロスカットについては、特にラインを決めていません。材料によって変わります。例えば、業績下方修正のような、「これはもうどうしようもないな」という材料が出たらすぐに切ります。逆に、どうして下がっているのか、いまいち明確ではないとき、例えば需給だけで動いているようなときは、ワンチャンスがあると確信すれば、例えば13時まで持ってみようとか、14時まで我慢しようなどとは考えます。ときには、1週間待ってみようと思うようなときもあります。ただし、自分の考えと違ったら、それはもう損切りですね。精神的に良くないですし、できるだけ塩漬けは作りたくないですから。

このあたりの話は本当に難しくて、最後の最後に頼りになるのは、経験則ではなく、勘だったりすることが多いのではないでしょうか。株式市場には大勢の参加者がいて、さまざまな思惑が交錯します。また駆け引きがあり、いつ突然売りが出るか、また買いが入るか誰にもわかりません。よってここばかりは簡単には身につかないのではないかと思いますし、簡単に教えられるものでもないと思います。僕自身も永遠に身につかないと思いますし（笑）。

　僕は基本的に打たれ弱いほうだから、損を出してしまったら、本当にグタッとなってしまいます。とにかく時間が解決してくれるのを待ちます。銘柄や損した金額は早く忘れるようにします。

　損を出してしまったときには、総合的にモノを考えるようにします。どういうことかというと、「今日損しても、月単位で見て、年単位で見て儲かっていればいいじゃないか」というようなことです。全部が全部、勝てるわけではないですからね。まあ、６勝４敗でいいじゃないかというふうに考えるようにしています。そのレベルなら、焦ることもないですから。

　ちなみに、思惑通りに動いているときでも、あまり欲張らずに早めに利食います。ただ、早過ぎるのか、その後に大きく動いてしまって泣きを見ることも多いです。

最高の思い出と最悪の思い出について

　最高の思い出はエムティーアイ（以下、ＭＴＩ）ですね。これは１９９９年のＩＰＯです。公募価格３３０万円で買ったものに対して、初値が３０００万円でついたのです［補足：ＩＴバブルで沸いた２０００年前後のＩＰＯ人気は凄まじく、１９９９年１０月に上場したＭＴＩは公募価格３３０万円に対して初値３０００万円と、初値騰落率は８０９％（公募価格の９・０９倍）を記録］。

　あのときはびっくりしましたねえ。当時の情報源だった文字放送の株価画面を見てひっくり返りました。まさに一夜成金になりました。ＭＴＩで本当に救われましたね。あれが最高の思い出です。そのあと、その日のうちに４０００万円くらいまで上がったものの、それから一転して毎日毎日ストップ安ストップ安になってしまい、「売れないんじゃないか」と、逆に恐怖感に襲われたのですが、2900万円くらいでやっと値が付き売れました。売れたときはホッとしましたね。初値で売れればよかったのでしょうが、そんな芸当はないし、なによりまさかそんな値段が初値になるとは思ってもいませんでしたからね。しかし、その後、1億円を超えたのはさすがにショックでした（笑）。

逆の思い出としては、楽天のIPOです。公募価格が3300万円だったのに、初値が1900万円しかつきませんでした。「あまりに高い株だから、1日早く振り込んでくれ」と、当たった証券会社に急かされたものの、資金が間に合わず、また頭を下げて親から借金して買ったのにどうしようかと思いましたが、それはある意味、自己責任だし、仕方ないと思っていました。でも、楽天の場合は、その日のうちに上がって、結局、大引けが公募価格くらいになったのではないかなと思います。当時主流だった初値付け方式のダッチ一本値だったら破産していました。これはマーケットメイクという制度に救われた、唯一の例です。楽天株はその後も1日で上下3000万円も乱高下する日がありました。マンション1軒分の値段ですよ。恐ろしい株という印象しかありません。

もうひとつ、苦い思い出があります。エム・エイチ・グループ（以下、MHグループ）です。MHグループについては、IPOの獲得はできなかったのですが、MTIのセカンダリーの値動きを思い出し、初値後に購入しました。フィスコなどでも、「これはMTIと同じような値動きになって、1億円まで行く」という予想になっていましたからね。

でも、とんでもない結果になりました。毎日、ストップ安です。毎日200万円くらい損を出していましたから売ろうと思ったのですが、出来高も5～6株。売るに売れないわけですよ。結局、少し時間をおいてから、1500万円ぐらいで売ったはずです。毎日200万円ずつ資産が目減りしていく様子を見るのはつらかったです。それに比べたら今のIPOは高くても一単元50万円くらい、小粒なので助かります（笑）。

こうした失敗からの教訓として言えるのは、夢を見て初値買いをしてはいけないなど、当たり前のことを当たり前にやっていくことです。それが大事だろうなということですね。

「イケる」と思ったものは逃さないトレード

僕のトレードの特徴は、大きな利益でも小さな利益でも、「これはイケるな」と思ったものは逃さないところだと思います。サヤ取りでもいいし、薄利な売買でもいいので、とにかく儲かるものは逃しません。例えば、ＩＰＯでも大きく儲かるなら、証券会社のバーターに応じることだって「あり」だと思います。投資信託を買ってあげたりすると、ほかの人よりも優位な位置に立てますからね。実際、何百万単位の儲けが見込めると思ったら、積極的に証券会社の言うことを聞くようにしています。「普段はセコく、チャンスのときは気前よく」が僕のモットーです。

大きな欲をかかないことも、実は、僕の特徴かなと思っています。信用取引などを使って、億単位の金額で相場に臨んでいる人もいますが、そういう芸当は臆病な僕にはできません。キャッシュポジションを少なくするような投資は、僕には向いていないのだと思います。

自分で許容できる範囲内での勝負しかしていませんが、それでも利益は残せるものですよ。自慢話になってしまうかもしれませんけど、過去１０年間、月ベースでまったく損をしていませんしね。そういうところは胸を張れますし、他のトレーダーとは違うところだと思います。

でも……。そんな偉そうなことを言っている僕も、１５年前は違っていました。引退させられたこともありますからね。

それは、1998年にアルゼで大損したときです。まだサラリーマンだったときにある証券会社から「これはぜったい儲かる」と言われて2００株買ったのですが、結論から言うと、４００万円ぐらい損したのです。

そのころの４００万円といえば、下手すれば1年分の年収ですよ。コツコツ働いたお金が全部吹っ飛んだわけでしょ。結局、親から借金する羽目にもなってしまいましたし、あのときだけはさすがに株をやめて、真面目なサラリーマンになろうと決意しましたね。実際、株の本も、過去の資料もすべて捨てましたし、保有銘柄も成行で売ってしまいましたから……。

でもね、半年もしたらまた悪い虫がウズいて、市場に戻ってきてしまったのです。ＮＴＴドコモに始まったＩＰＯバブルが再来したらもうダメですよ。駅から会社に行くわずかな途中の道すがらで、１円で買ったＰＨＳで証券会社に電話して値動きを聞いて、注文出したりするような自分に戻ってました(笑)。やっぱり何だかんだ言って楽しいし、好きなんだと思います。今は毎日、楽しくやっていますから、引退などはずっと先の話でしょうね。

【今回のインタビューの簡単なまとめ】

◆エントリー（ポジション作り）について

◎材料を判断基準に銘柄を選ぶ。投資家ブログやメルマガなどを参考に、できるだけ多くの情報にふれる

◎大きな材料が出たときは積極的に出動。エントリーは基本的に成行

◎大きな材料がないときには、時々の市場のテーマ株や仕手性の強い株を打診買いすることもある

◆投資（トレード）するうえで大事なこと

◎投資をする意味を考えること

◎勝ちグセをつけるためには少しずつ儲けるやり方（小さなサヤ取りをする）がよい

◎一番大事なのは銘柄選び。ここを間違えると取り返すのが難しくなる

◆出口の考え方

◎思惑通りに動いている場合でも欲張らないで早めに利食い

◎思惑に逆行したら、耐えるか、切るかの２択を考える

◎逆行している理由が明確でないときは過去の動きなどを調べて、ワンチャンスがあると思えば耐える

◎自分の気持ちが耐えられなくなったら損切り

◎どうしようもない悪材料が出たときも損切り

FX 編

ほったらかしトレードの先駆者
午堂 登紀雄

市場心理を読む女性アナウンサー
大橋 ひろこ

為替界の伝道師
羊飼い

経験値を積み続けているＦＸトレーダー
葉那子

為替界のレジェンド
西原 宏一

無欲トレードの推奨者
まりお

二段構えトレードの達人
YEN蔵

為替界の女性伝道師
奈那子

9

午堂登紀雄

～ほったらかしのトレード～

※取材日2012年11月2日

不動産投資からＦＸへ

10年前の2003年に、初めてマーケットに関わりました。もともと興味はまったくありませんでした。その当時、外資系のコンサルの会社に勤めていて、死ぬほど働かなければいけない状況だったのです。電車で帰宅できる時間までには終わらないし、土日も仕事でしたので、これを続けていたら体が持たないと感じていました。「もう少しラクになれないかなぁ」と考えたとき、出合ったのが「運用したらいいんじゃないか」という考えでした。

最初に始めたのは不動産投資です。種銭は70万円だけ。それが自由になる全財産でした。「なぜ、不動産から始めたのか」というと、会社からですと日中の株の取引ができなかったからです。当時はアイフォンもなかったですし、クライアント先に出向くことも多かったですから、仕事中にマーケットをチェックすることは不可能でした。そんな環境で取捨選択していって残ったのが不動産投資だったというのが本音です。

消去法ではありましたが、不動産投資に興味はありました。不動産投資を知ったきっかけは、ロバート・キヨサキさんの『金持ち父さん　貧乏父さん』の本です。読んでみて「あ～、そういう儲け方があるんだ」と素直に感動しました。それからいろいろな本を読んで研究して、やっぱりまずは不動産からかなと思ったことも事実です。

そのころは、フルローンが可能で、場合によっては、オーバーローンもできました。バブル崩壊からようやく立ち直った時代で、銀行もたくさん貸してくれたのです。ただ、そうはいってもバブルの余韻で、一般には「不動産は怖い」というイメージが満ちていたので、物件は選び放題でした。

私の場合は、いろいろ選べたこと、さらに銀行もお金を貸してくれたことなどが重なってたまたまうまくいった感じです。このときに10軒買って、1軒を今年（2012年）の春に売ったので、今（※取材時。2012年11月2日。以下、略）、保有している物件は9軒です。ひとつが1棟もので、あとは区分です。月に3軒の物件を買ったこともあります。決算期の3月のようなときは、銀行にもノルマがあるので、多少無理な案件でも貸してくれるのです。

比較的順調な不動産投資でしたが、ひとりで3億円くらい借りてしまうと、もうどこも貸してくれなくなりました。必然的に不動産投資以外を探すことになります。

ある日のこと、「不動産のほかに何か運用できるものはないかなぁ」と考えていたときに、たまたま書店でFXの本を見つけたのです。読み進めるうちに「これはおもしろい」と思って、その著者の会社にすぐに電話して会いに行って、そこからFXを始めるようになりました。

今、どの位置にいるのかを把握する

今は豪ドル円とランド円に注目しています。この間、暴動の発生でランドが暴落したので、たくさん買っておきました。豪ド

【午堂登紀雄氏のプロフィール】

1971年岡山県生まれ。米国公認会計士。経営コンサルタントとして、ＩＴ・情報通信・流通業をはじめとした、さまざまな企業に対する経営戦略立案や企業変革に従事。多忙を極める本業のかたわら、貯金70万円から半年で400万円を貯め、不動産投資を始める。時代の流れに乗り、１年で約３億円の資産を形成し、年間1200万円の家賃収入を得る。2004年独立。2006年個人を対象に不動産投資コンサルティングを行う、株式会社プレミアム・インベストメント＆パートナーズを設立。代表取締役に就任。2008年ビジネスパーソンを対象に、「話す」声をつくるためのボイストレーニングスクール「ビジヴォ」を秋葉原に開校。2009年から企業研修事業をスタート。2010年小山龍介氏とともに、コンテンツの企画開発や企業研修、出版コンサルティングを行う、株式会社ブルームコンセプトを設立。共同経営責任者に就任。2011年FXの教育事業、FXマスターズを開講。ビジネス・コミュニケーション力を強化する「ビジコミ」事業をスタート。

ル円はロング目線にしています。仮に読みが外れて損失になってもスワップがつくので、回復するまで待つ感じです。

いつも見ている情報は、ＦＸ会社が提供するニュースです。大相場になりそうなときに限っては、ロイターもチェックしています。ファンダメンタル的な話で言うとこのくらいです。

ポジションを作るときに参考にするのはチャートです。それも2時間足です。

まずはチャートを見て、大きな流れをつかみます。そして、その波の中のどこに自分がいるのかを把握します。

最近の豪ドル円（週足）を例に挙げますと、リーマンショックのあとに少し戻して、今（※取材時）は次ページの上のチャートの点線枠のような形なのです。底が７２円くらいで、天井が８９円くらいの大きなレンジで推移しています。ということは、少なくとも、７２円から８９円の間を通るだろうと考えられます。

ここで、時間軸を落として日足で見てみると、高値が８８円の少し上で、安値が７５円あたりになります。この間を行ったり来たりしているのがわかります（次ページの下のチャート）。週足で見ると７２円から８９円のレンジになっているわけですから、週足のレンジ内である日足の上限のライン（８８円あたり）を下に抜けたらショート、日足の下限のライン（７５円あたり）を上に抜けたらロングという戦略が機能しそうなこともわかると思います。

大きなレンジの中で、日足単位の節目（高値・安値など）を見るのか、4時間足単位の節目を見るのか、1時間足単位の節目を見るのかについては個人の自由です。先にお話ししたように、私は2時間足で節目を探っています。要は、自分にとってエントリーしやすいポイントを探し、大きな流れにおける現在の位置関係を考慮して、位置が高いときには節目を下に抜けたらショート、位置が低いときには節目を上に抜けたらロング、ただそれだけをすればいいのです。安いときに買って、高いときに売るという、相場のセオリー通りのやり方です。

仮に今、８５円くらいのところにいるならば、７２円～８９円のレンジで推移していることを前提にすると、レンジの上のほ

◆豪ドル円週足（２０１２年10月近辺）

◆豪ドル円日足（２０１２年10月近辺）

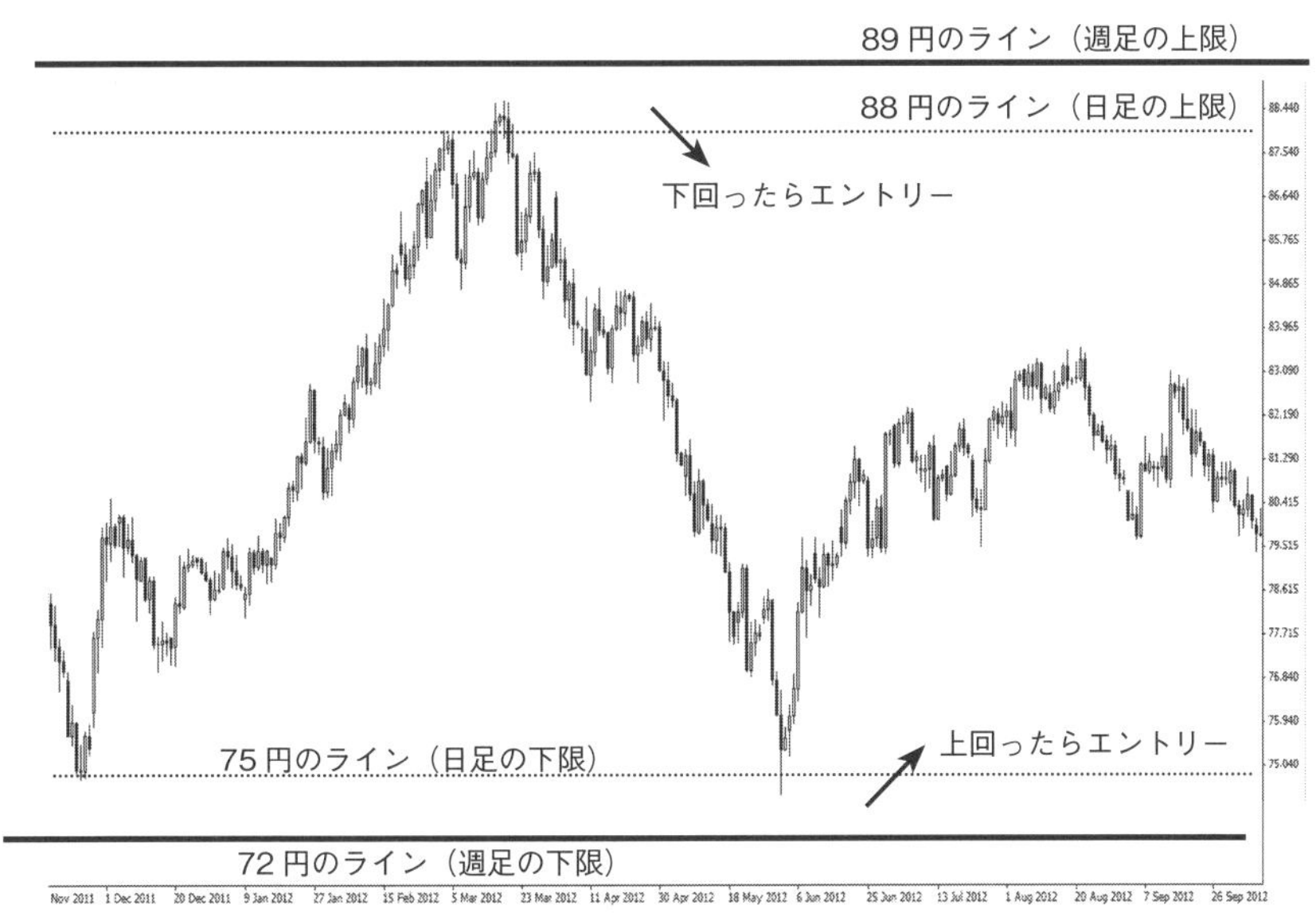

うに位置するので、例えば、2時間足（時間軸は自由）の節目（高値）を下に抜けたらショート、というような考え方が基本になりますね。

仮に真ん中の８０円でロングのエントリーをした場合には、最悪、７４円まで下がる（６円マイナス）ことを想定したポジション量にしておかないといけないわけです。

基本的に「流れ」と「今の位置関係」を見ているだけで、移動平均線とかボリンジャーといった類のテクニカル指標はほとんど見ません。節目を考えているので、「売られ過ぎ&買われ過ぎ」がわかりやすいＲＳＩは見ていますけど、それも参考程度です。なぜかというと、テクニカルで勝てるなら、「皆が勝てる」と思うからです。でも、実際はそうではないですよね。だとしたら、テクニカル以外の何かが必要だと思うわけです。

１０分の１ルールとエントリー&決済について

私が自分に課しているのは、預け入れた資金のなかでポジションを張るのは最大で2割までというルールだけです。例えば、口座に１０００万円入れているなら投資資金は２００万円までです。ただ、私の場合は、今は法人口座で１００倍のレバレッジでやっていますから、ポジションは資金の１０%まで作るようにしています。もし口座に１０００万円入っているなら、１００万円までしか張らないという感じです。「１０分の1ルール」というものです。もっとわかりやすく言うと、仮に３０万円の投資資金を口座に入れたら、3万円までしかポジションを張らないわけです。3万円使えば、残金は27万円です。２７万円の余裕があります。可能性はゼロではありませんが、普通はそこ（＝２７００ピプスの逆行）まで行きません。仮にドル円が８０円だとして、そこから２７円下がりますか？　普通でいけば、あまり考えられないですよね。

10分の1ルールにしていると、多少の変動があっても資金は飛びません。だから、私は基本的に損切りはしません。資金を飛ばさずに待っていれば「いつかは戻ってくる」からです。たぶん、負けている人のほとんどは用意している資金に対してポジションを持ちすぎなのだと思います。

エントリーするときは必ず1枚から入ります。例えば、買いで入ったとして、その後に10銭下がったらそこでナンピンを仕掛けます。このときも1枚です。また10銭下がったらもう1枚仕掛けます。もっと深く下がるようだったら2枚に増やしていきます。この程度の枚数だったら、投資資金を大きく入れていますので、まったく怖くないのです。

保有しているポジションが逆行しても、先ほどもお話ししたように何もしません。ほったらかしです。もちろん、昔は何度か損切りしたときもありますが、今は損切りの必要性がないようにコントロールしているので、損切りはしません。「損切りしない」というと、それだけで邪道だと思う人も大勢いるかもしれませんが、実際に資金調整をしっかり実行していれば、やっていけるものなのです。

ちなみに、注文はイフダン（あるレートになったらエントリーと決済の両方の注文をする機能）です。あとは、何度もお話ししているように、ほったらかしです。

利益確定については、ナンピンのポジションをたくさん持っていることもあるので、50銭から1円くらいを目処にしています。乱高下するパニック相場のときは1円、うまくいけば2円取れることもあるのですが、今のような平穏な相場のときは大きく動かないので、10銭～20銭を目処に利確します。例えば、上がるかなと思っても下がってしまうことが多いからです。少しずつでも資金が増えていると達成感がありますし、モチベーションも上がるので、こまめに利益にしてしまいます。

実は、残高が増えていく様子を見ることが私のストレス解消になっています。疲れてきたからFXやるか、みたいな感じです（笑）。

もちろん、ここに来るまでは試行錯誤の連続でした。始めた当初は順調で元手の２００万円が一気に５００万円になったこともありました。でも、ポジションを持ちすぎてしまうことも多々あったせいか、大きな含み損を抱えて「あ〜、もうロスカットされる〜」という状態になることが頻繁にありました。一時的に、含み損がマイナス７００万円になったこともあります。これほどまずい状況になっても資金を追加していましたから、さらに含み損が膨らんで、挙げ句の果てには足もガクガク震え出す始末に……。

この方法を続けていたら、仕事どころではなくなると、はたと考え直しました。そこで、もう一度、やり方を検討することにしたのです。その後については、すでにお話ししたとおりです。今はもう、ハラハラすることはなくなったので、ＦＸが楽しくて仕方がないです。

トレードをするうえで大事なこと

ＦＸをやろうという人たちは「いかに勝とうか」を考えているかと思います。でも、本当に大切なのは〝そこ〟ではありません。勝つためのルールではなく、負けないためのルールを作って、それを守ることのほうが何倍も、何十倍も大切だと思います。これは、私の経験から言えることです。

例えば、大きな含み損を抱えているときは、実損になっていないとはいえ、正直な気持ちは「負け」ですよね。この負けの意識でいるときとそうでないときでは、その後の対処法にも大きな違いが出てくると思います。なぜかというと、前者は少なからずパニックの状態になっているからです。後者は、言うまでもなく、落ち着いて状況判断できる精神状態です。冷静であればあるほど、正しい答えを導き出しやすいと思います。

次に大事なことは、「お金だと思わないこと」だと考えています。数字を扱うゲームだと認識すれば、私欲がなくなるので、純粋にかつ冷静に対応できると思うのです。「言うは易く、行うは難し」の部類に入ってしまう話かもしれませんが、この考え方に慣れておかないと、いつまでたってもハラハラしてしまうことになるかと思います。

最後にもうひとつ挙げるとしたら、「トレードを楽しむこと」ですね。楽しむ気持ちがなければ、続けることは難しいと思うからです。

余談ですが、過去に「弟子にしてほしい」という人が何人かいました。そのときに教えたことも、今お話ししたこととまったく同じです。1日20万円とか、30万円など、今では私より稼ぐようになった人もいます。

厳密に言うと、もうひとつ、教えたことがあります。それは、自分のお金で勝負しなさいということです。人によって考え方はさまざまかもしれませんが、私自身は、デモトレードは推奨していません。〝実弾〟で勝負することが一番勉強になると思っているからです。

経験に勝る勉強はありませんよ。もちろん、机上で勉強してから実戦に入ったほうが良いという考えも理解はできます。ただ、多くの人は勉強をしすぎなのだという思いが頭を離れないのも事実なのです。私は思います、ある程度まで知識を入れたら、あとは実践しながら学べばよいのではないかと。どうでもよい知識ばかり入れて逆に動けなかったら、それは機会損失につながります。不動産でも、ＩＲとか、わけのわからない数字を出してきて「この指標で分析するんだ」という人もいますけど、賃貸においては、人が入るかどうか、つまり入居者が好むかどうかが重要であって、指標で判断しているのではないんですよ。ごくごく基本的な、お金がきちんと回るかどうかとか、家賃が下がってもプラスになるかとかを押さえておけばよいのではないかと思うのです。

投資という話になると、難しいノウハウにこそ価値があるイメージがついてまわりますが、そんなことよりもシンプルに、「ココを押さえておけば勝てる」と考えておけば、それほど難しくはないと思いますね。

ちなみに、私の投資のポリシーは、どれだけ手間をかけずに儲かる仕組みを作るかです。投資をしたから能力が上がるとか、人格的に成長するということはないので、いかにラクに儲かるかだけを考えています。この考えは、ＦＸにも不動産にも共通していることです。投資がラクになれば、ほかのことをする余裕が生まれますしね。

誤解がないようにお話ししておきますと、知識がまったく必要ではないとは言ってません。本などから、自分のやり方と違う手法を知ったのならとりあえず試してみる。言い訳せずに、愚直に真似してみる。やってみて「何か違うな」と思ったら自分に合うように修正を加えてみる。こういうことは、トレードの技術を上げるうえで、とても大事なことだと思います。

最高の思い出と最悪の思い出について

ＦＸの場合は、リーマンショックの後、豪ドルを６１円、ＮＺドルを４１円で買って、そのあと8円ほど抜けたときですね。ギリシャショックの後、豪ドルを７１円くらいで拾って、ＮＺドルを５６~５７円くらいで拾ったときもその後に大きく抜けました。去年（２０１１年）の欧州債務危機のときも豪ドルが７２円か７４円くらいのときに大きく買って利益を手にできました。ひと月で３００~４００万円くらいの金額だったと思います。やはりパニック相場は儲けやすいなと思います。

不動産については、「コレ！」というのは挙げにくいのですが、ひとつ、東京の外苑前の物件はとても良いですね。利回りは７％くらいで大したことはないんですが、キャピタルゲインが良くて。買ったときよりも１０００万円くらい上がっています。

余談ですけど、不動産投資の場合は、判断が遅いと良い物件を逃してしまいます。早い者勝ちなので。ですから物件情報をもらって、「今忙しいから週末に見に行く」なんて悠長なことをやっていると遅いのです。その日のうちに物件を見に行って、買い付けを入れる、あるいは、入れないを判断しないといけません。

不動産だと金額が大きいので「即決」するには勇気がいります。だから、最初のころはなかなか即決できませんでした。その結果、良い物件をいろいろと逃してしまうことも多くて……。

今は、立地と家賃設定だけで判断しています。余計なことを考えたら決断できませんからね。東京圏に限って言えば、場所が良くて、家賃が適正であれば、まず入居者はいます。家賃の目安については、ヤフー不動産などで調べると、同じような物件が今いくらくらいで募集されているかの相場がわかりますから、そこに合わせます。ときには、家賃は下げずに、礼金をゼロにしたり、更新料をゼロにしたりなど、入居者にメリットがあるようなことをいろいろ考えたりしてみます。

最悪の思い出は、FXの話ではないのですが、CFDの金のトレードで、1週間で900万円損したことです。売りで入って暴騰してしまったのです。

商品先物では1300万円飛ばしたこともあります。2007年から始めて、あまり詳しいこともわからずにやっていたところ、ずっと勝ち続けていたので、あるとき調子に乗って、別の会社でも口座開設してやってみようと思ったのです。実際に別の会社で始めてみたら、担当者がよくわかっていなかったようで、アドバイスをされても、その真逆に相場が動くことがほとんどでした。その最終結果が1300万円の損失です。私自身、不動産やFXと違ってよくわかっていなかったこともあって……。やはり、よくわかっていることをやるべきであることと、自分で判断できないことはやってはいけないと痛感しました。

無理はしないトレードが特徴

私のトレードを一言で言うと、「ほったらかし」です。無理はしません。1枚でエントリーしてからナンピンを重ねていった結果、大きく儲かったりすることもあるのです。

余談ですが、ほったらかしでは下手にショートなどは狙わずに、豪ドル・ランドをロングのみでやるといいと思います。含み損が出ていても、スワップポイントで補てんできます。利が乗ったら、スワップと決済のダブルで儲けられます。

ただし、どんな方法にも弱点は当然あります。ある前提条件があって初めて成功する方法もあると思うので、何を押さえれば勝てるのか、どうやったら負けるのかというメカニズムをきちんと理解しておくことが非常に大切だと思います。

勝てるポイントは結構シンプルなものです。あとは欲張らないことですね。一度に大量のポジションを持ったりしないこと。リラックスしてできる範囲でやることです。

【今回のインタビューの簡単なまとめ】

◆エントリー（ポジション作り）について

◎大きなレンジを確認（例：週足レベル）
◎現在のレートがどの位置にあるのかを確認
◎大きなレンジの上のほうにいるときは節目を割ったらショート、大きなレンジの下のほうにいるときは節目を超えたらロング（安く買って、高く売る）
◎エントリーするときには10分の1ルールを適用
◎イフダン注文を利用。必ず1枚から入る

◆投資（トレード）するうえで大事なこと

◎負けないためのルールを作ってそれを守ること
◎お金（を稼いでいること）だと思わないこと
◎トレードを楽しむこと
◎経験値を溜めること

◆出口の考え方

◎パニック相場のときは1円～2円取れることもあるが、平穏な相場のときは大きく動かないので、１０銭～２０銭を目処に利確
◎逆行しても大丈夫なようなポジション量にしているため、エントリーしたあとは基本はほったらかし
◎逆行が進むようならナンピンもしていく

10

大橋ひろこ

～市場のセンチメントを探る～

※取材日2012年11月2日

番組で老後の資産について考えさせられて……

最初に投資について真剣に向き合うきっかけが訪れたのは2002～2003年ごろだったと思います。アナウンサーとして番組で株や商品の値動きについて専門家に伺う仕事をしていたのですが、それまでどこか他人事で資産運用や投資について具体的に考えたことはありませんでした。ある時、番組の中で経済評論家の方とお話ししたときに聞いた複利で運用した場合の老後の資産の違いに目からウロコが落ちる思いが……。「72の法則」は投資家にとって常識かと思いますが、初めてそれを知ったのがそのころだったのです（笑）。株が儲かるとか、不動産が儲かるとか、そういう儲け話から入ったわけではなくて、特に大きな成功もなく今のままで年を重ねた場合の老後を想像して、「具体的にどのぐらいのお金が必要なのか。そのためには年に何％ぐらいで資産を回していかなくてはいけないのか？」ということに真剣に向き合うきっかけとなったのが番組でした。それで最初にまず株の口座を開いたのです。「何か始めなければ」と急に目覚めちゃったんですね。

最初の投資は、今思えば素人丸出しのやり方でした。株のスクリーニング機能がありますよね。それを使って素人目線でリストアップした銘柄を買っていました。でも株式投資って、割安株をスクリーニングしただけで勝てるというものじゃないですよね（笑）。さらなる判断が必要なことに気づかされるわけです。決算書にも目を通さないといけないですし、何より人気がない銘柄を掴んだらどうしようもありません。そんな基本的なことすら勉強してない状態でしたが、最も愚かだったのはヤフーの掲示板情報を鵜呑みにして買ってみたりしたことかな。もちろん、そんなところに真の情報が転がっているわけもなく、「儲かる銘柄」探しの日々では高い勉強代を払いました。

ただ、チャートだけはそれまで担当していた番組で覚えていましたから、テクニカル分析で買ってみたりもしました。これはそこそこうまくいったように思います。２００６年のライブドアショックまでは株がバブル化しましたので、誰でも儲かった時期でもあったのかもしれませんけれど。ただし、チャート分析を駆使して掴んだお宝銘柄も結局はライブドアショックで塩漬けに……。私の株式デビューは厳しいものとなりました。

株の次に始めたのがＦＸです。ＦＸをやり始めたきっかけもまた番組でした。ＦＸに特化した番組を担当することとなったのです。これをきっかけに今度は外国為替証拠金取引の猛勉強が始まりました。「スプレッドって何？」とか、「スワップって何？」のようなことを、机の上だけではなく、身銭を切ってやらないといけない状況に追い込まれたわけです。ポジションを持つことで初めて知識が身につく、ということを株取引デビューでも思い知らされていましたので（笑）、日々勉強しつつ、番組提供スポンサーさんのところで口座を開いて取引を始めて……。実戦で覚えていきました。

そのときは円キャリートレード全盛期でしたから、ドルなどの外貨を買えば儲かる時代です。私の場合はどうだったかというと、仕事の影響でまわりには為替の元インターバンクディーラーなどのプロが多く、「いや、この上げはおかしい」という目線の専門家が多かったのが災いして、あの円キャリートレード全盛時代に売ってはやられるという、よくわからないトレードをしていました（笑）。あのころは「外貨を買っておけばスワップポイント（金利差分）収入が得られる！」というのが日本の個人投資家勢の主たるトレードテーマだったのです。プロであればあるほどミセスワタナベの猛威に負けていた時代と言われていま

【大橋ひろこ氏のプロフィール】
フリーアナウンサー。マーケット関連、特にデリバティブ関連に造詣が深い。コモディティやFXなどの経済番組のレギュラーを務める傍ら、自身のトレード記録もメディアを通じて赤裸々に公開中。ブログ「ひろこのボラタイルな日々」はブログランキングでも常に上位ランクイン。独自のファンダメンタル分析に定評がある。

す。それほどに日本の個人投資家によるFXトレードでの円売りが膨らんでいました。

ただ、私のトレード成果も悪い話ばかりではないですよ。売り方専門でスタートした私のトレードは、リーマンショックのとき、逆に大きな利益を上げることになったのです。

通貨選びといつも確認する情報について

通貨選びの基準はやっぱり変動率（以下、ボラティリティ）です。ボラティリティが高いほうがよく動きますから、トレードしていておもしろいのです。でも、今（※取材日。2012年11月2日。以下、略）は久しぶりにドル円にもさわっています。というのも通常、ドル円はボラティリティの小さい通貨ペアと言えるのですが、今は動き出しそう気配がするのです。どうなるかはわかりませんけどね。

ただ、ボラティリティのあるほうがいいとはいっても、ありすぎると怖いですよ。ポンドなどはテクニカル分析上の騙しも多くてやりにくいですね。実際、今年は踏み上げ相場となりやられました（笑）。ボラティリティが高すぎてもダメです。

いつも見ている情報ということですが、テクニカルインジケーターでいうと、最近はディナポリチャートを意識していますが、基本は一目均衡表や移動平均線（200日）を使ってトレンドを確認し、RCI、MACDなどでエントリーポイントを窺うスタイルで表示させていますね。

一目均衡表や移動平均線（200日）でのトレンドの確認については、一目均衡表の雲の上なら上昇トレンド、移動平均線の傾きが上でローソク足も移動平均線の上なら上昇トレンドのように基本的な見方をしています。ただ、基本的な見方はあくまでも大局的なものであって、実際にエントリーの目安となるところまで落とし込んでの判断は、一目均衡表の基準線や転換線、あるいは中期移動平均線（40日）を見なければなりません。長期的には一目均衡表の雲の位置や移動平均線（200日）の上か下かを見ますが、中期的には基準線や転換線、移動平均線（40日）を見て流れが変わったか、継続しているのかを判断。そのうえでオシレーター系（RCIなど）を組み合わせてエントリーすべきかどうかを決めます。

この2つのテクニカル（一目均衡表と単純移動平均線）が示す方向は時間軸にもよりますので、ケースによっては一致しなくてもエントリーすることもあります。要は、デイトレなのか、長期ポジションなのかによって、エントリーに採用するテクニカルサインも異なってくるということです。

ファンダメンタル的なものについては、日本経済新聞や、ロイターやブルームバーグなどの経済、金融記事を主に見ています。近日中にあるイベントを控えているとして、それを専門家が「どう見ているのか」が判断材料にされたりしますが、それはあくまでも材料であって、最も大事なことは、その事実よりも、それを受け止めてマーケットが今、どういうセンチメントに傾いているのかを読むことです。

マーケットのセンチメントを感じる便利な方法があります。ロイターなどの場合、「識者はこう見る」というような記事があるじゃないですか。あれがすごく参考になります。グーグルでもヤフーでも検索窓に「こう見る」という言葉を入れるだけで、最近の「〝こう見る〟記事」が一気に出てきますよ。

例えば、今日は雇用統計です（※取材日が雇用統計の発表日でした）から、「こう見る」という記事がたくさん出ていると思います。そういうものを見て、「市場（アナリストなどの専門家ら）は今、強気で見ているから相場が上がっているんだな。ということは、発表された瞬間にこの上昇が終わるかもしれない」とか、「市場は今、弱気に傾いているのだな。だとすると、強い数字が出た場合は逆方向に大きく動くかも」というように相場のセンチメント（地合い）を読むわけです。

また、SNSやツイッターなどで自分のポジションをつぶやいてみたりすることもあります。「皆がどういう反応をするだろう?」ということに関心があるのです。「何故、今買ったんですか？　僕は売りです」とか「私も買ってます〜！」というようにさまざまな反応を頂戴し、本当にありがたい限りですが、その結果、「今、私のポジションはマイノリティなんだ」とか、「皆と同じ考えなんだ」ということがわかります。最初のころは皆の意見に左右されて、自分の信念が揺らいでしまうこともあったのですが、今はだいぶ慣れてきて、そんなことも少なくなってきましたね。今ではマジョリティである場合には警戒が必要、マイノリティである場合には、逆に保有しているポジションへの自信を深めたりするわけです。トレードって基本的に天邪鬼精神が求められるんですよね。ほら「人の行く裏に道あり花の山」って言うじゃないですか。

ポジションを作るときの考え方

私は、どうせエントリーするなら、大きく動くところを狙いたいと思っています。大底や大天井からの巻き返しが起こる大相場の初動と呼ばれるところで入りたいのです。「頭と尻尾はくれてやれ」「トレンドに逆らうな」が相場の王道なのですが、「こういうトレンドフォロートレードはできて当たり前。そのうえで、さらに頭と尻尾も獲ってみたい！」という欲求が出てきてしまいました。

ポジションを取るときに最も意識するのが、ポジションの偏りです。具体例を挙げると、今年（２０１２年）のユーロがそうでした。この年、欧州ソブリンリスク発生からギリシャのデフォルトリスクまで懸念が拡大し、ヘッジファンド勢はこれでもかというくらいショートのポジションを膨らませていました。ところがユーロはある水準で下げ止まってしまった。ギリシャがデフォルトするとか、ユーロが崩壊するという観測が蔓延し、センチメント的には総悲観にもかかわらず、なかなかユーロが下がらなくなっていたのです。１・２０を割ってもおかしくなかったと思いますが、リーマンショック後の安値すら割り込むことができずにいました。

そこで、ヘッジファンド勢がどういう行動に出たのかというと、欧州銘柄として、プラチナを売ったのです。プラチナ価格が下がった背景にはもちろん、需要の減少（※プラチナはディーゼル車の触媒。欧州車が売れないことで需要が減っていた）という事実もあるのですが、ファンド勢の影響も大きかったのです。というのも、ユーロドル相場でユーロを売っても売ってもなかなか1・20ドルが割れずに儲けられない。だから、ユーロに代わる投資先としてプラチナ市場にまで進出してきて「欧州売り銘柄としてプラチナを売る」行動に出ていたわけです。

そういう事情を知っていたので、「ヘッジファンド勢が欧州銘柄としてプラチナを売っているということは、プラチナを買い戻す相場に入ったときにはユーロドルも相当な巻き返しがあるだろう」と思っていました。実際にプラチナ相場でファンド勢の買い戻しが起こったときはものすごい踏み上げ急騰相場になりました。きっかけはドラギECB総裁の「Believe Me」発言でしたが、プラチナが猛烈な勢いで買い戻されるのと同時にユーロの巻き返しも起こったのです。

商品市場でもCFTC建玉明細というのが毎週発表されていますので、投機筋（ヘッジファンド勢）のポジションが確認できます。為替市場でもIMM通貨先物市場の通貨ごとの投機筋の買い越し、売り越しが発表されますよね。ただし、為替市場の取引は膨大なので、IMMのデータは全体の取引のほんの一部分に過ぎません。一方、商品市場は規模が小さいことと、プレーヤーが限定的であることから建玉明細は非常に重要な材料となります。このときは、ユーロと同じようにプラチナが売り込まれていたということで、通貨市場ではそれほど重要視されないIMMポジションでしたが、コモディティ市場でプラチナショートが過去最大にまで膨らむというポジションの偏りから、今後のプラチナ、ユーロがどのように動くか、先を読むことは容易でした。

ポジションの偏りは、大天井とか大底とかのサインにもなり得ると思っています。市場が総強気で買って買って買いまくっているという実態がポジションの偏りから把握できているのに、それ以上上がらなくなってきたということは相場の最終局面なのです。蟻の一穴状態にありますから、何かちょっとした反対材料が飛び出し、ひとたびマーケットが逆回転しだしたら、一気に巻き返され天井となってしまうということが起こってしまいます。

ファンダメンタルがよくわからないという人でも「皆が弱い弱い」と言っているような状況に出合ったら、実際に相場が下り続けているか否か、どんな動きになっているのかを確認するといいと思います。もし弱いと言われているにもかかわらず下がらなくなってきたら……。それは、「そろそろ大底になるよ」というサイン。今年（２０１２年）のユーロはまさにそうだったのです。だから、「皆が弱い」と言っているときに、勇気を持って買いの準備をしようと、私はいつも思っています。

今までお話ししたようなセンチメントを自分なりに把握できたら、次は、テクニカルを見てエントリーのタイミングを計ります。

ただ、天井や底を掴みたいと思っても、それを教えてくれる万能なテクニカルインジケーターはありません。トレンドラインを引く、あるいはフィボナッチ・リトレースメントでおおよその目標ラインを定めておくといった程度です。ＴＤシーケンシャル＆ＴＤコンボなどのテクニカルインジケーターが転換点を示唆するものとしてＭＴ４使いの投資家の間では有名で、私もこれをインストールしていますが、これも万能ではありません。センチメントを読んだうえで、反転のサインが点灯していて、最終的には酒田五法のローソク足で転換となりそうな線（十字線や捨て子線、三兵、ヒゲ）が出たら打診売り、打診買いするというのが主だったパターンです。

トレンドフォローでエントリーする場合、重視しているのはＲＣＩです。例えば、ロングでエントリーする場合は、長期線（５２）と中期線（２６）が上向きに推移、もしくは天井圏に張り付いている状態であることを条件に、短期線（９）が底値圏から上に戻りかけたところです。ＲＣＩは株取引でも重視して使っています。とにかく、中長期線が上向きでない銘柄は徹底的に排除します。一目均衡表については今のポジションが雲の上にあるのか下にあるのか、遅行線の位置がどうなのかを見ているだけですので、エントリーのシグナルとしては使ってないですね。

◆大橋氏が普段見ているチャート

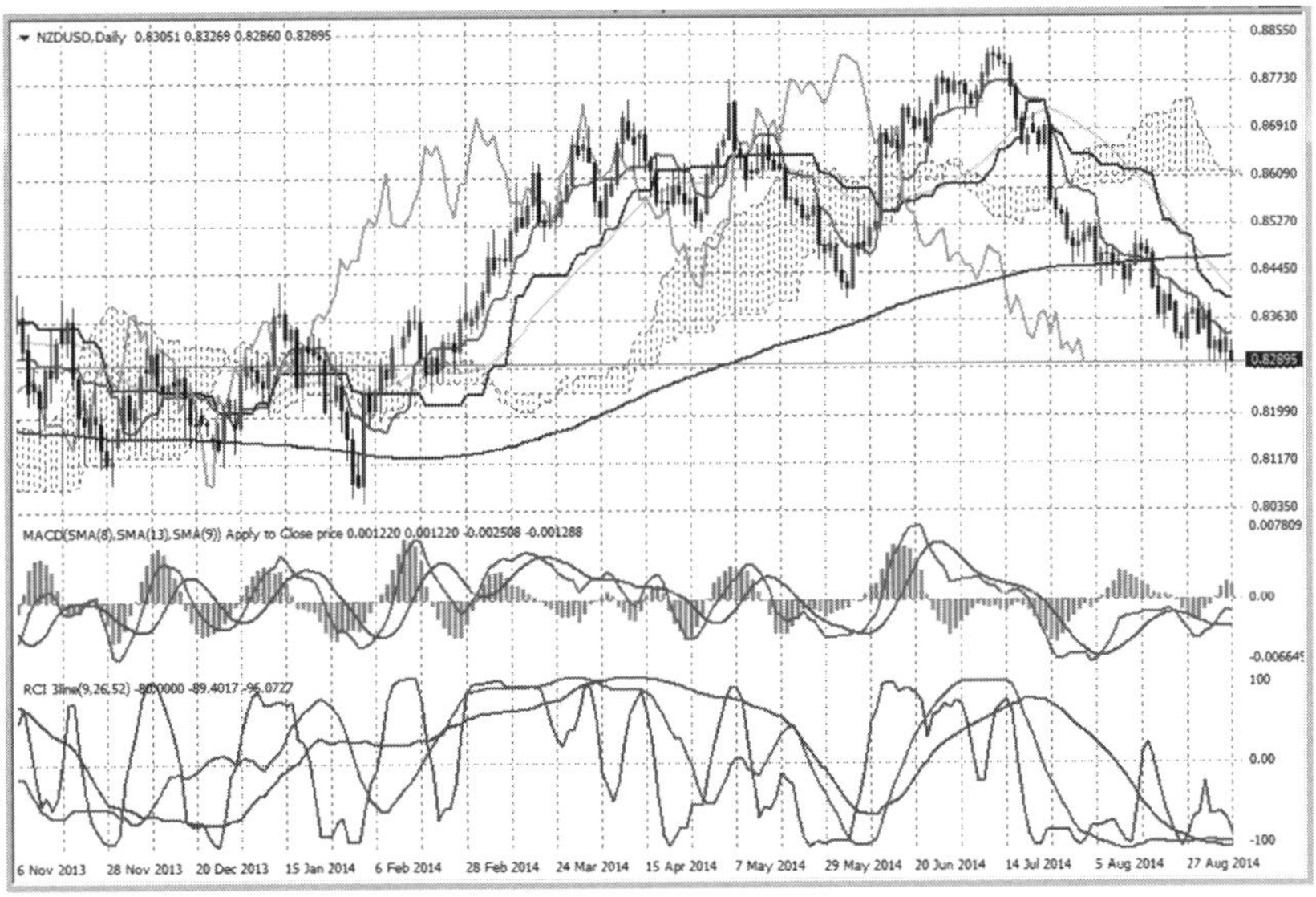

MACD

RCI

トレードするうえで大事なこと

ほかの方々と同じ意見になるかと思うのですが、徹底しているのが「ストップロスを絶対に入れる」ということ。これができない人は100%勝ち残ることができません。トレード駆け出しであるなら最初に徹底するルールとして〝絶対〟にストップロス設定をしてください。トレードで勝つ手法は数多くありますが、勝ち残る手法はたったひとつ、ストップロスを徹底することです。ストップロスを入れずにトレードすると、最後は必ず大きく資産を減らす羽目になると思います。

私もストップロスを決めておかずに資産をなくしたことがあります。FXを始めた当初150万円ぐらいふっ飛ばしてしまいました……。損失金額が膨れ上がってくると、だんだんトレードが雑になってくるものなのです。モニターに表示されているマイナス金額に麻痺しがちになってくるかと思いますが、そういうときは「今日負けて失敗した分のお金を普通に仕事で稼ごうと思ったら、どれだけ働かなくてはならないのだろう?」と冷静に考えてみてください。リアルでその分の札束を誰かに支払うことを考えてみてください。ゾッとしませんか? 私は「こんなに雑にやっていいわけない」とハッと気づくまでにも高い勉強代がかかりましたね(笑)。エントリーのやり方自体は、実はいろいろあります。極論するとどれを信じてもいいですし、どんな手法でもいいんです。ただ、負け方はとても大事。負け方が上手でないと生き残れないのです。

ロスカットの徹底を前提にまず、とにかくテクニカルを勉強するといいと思います。先ほどお話ししたRCIとかね。まず機械的にやってみて、感触をつかむことが必要でしょうね。もちろん、テクニカルだけで勝てるかというと、そんなに単純ではないのですが……。

ファンダメンタルが何となくでもわかるようになるまでは何年もかかります。経験がモノを言うからです。ひとつひとつのニュースが頭の中で結びついて戦略が描けるようになるまでは相当な時間がかかると思います。マーケットに流れるさまざまなニュースから、市場のセンチメントを読み、ポジションの偏りをチェックして偏りがあまりにも大きくなっているようならば、市場とは逆のシナリオを構築してみる。こんなことが楽しめるようになれば、立派な勝ち組投資家でしょう。

出口の考え方　～利食いと損切り～

先ほど、ロスカットが大事というお話をしたかと思うのですが、実は私、すべてにおいて同じルールにしていないんです。通貨とか銘柄によって、ボラティリティも違うし、ロスカットの幅も変えないといけないと思っています。

「ロスカット注文を置かなきゃ」ということを最初に徹底することでぶつかる壁が「ロスカット貧乏」に陥ることです。勝率が悪くなってしまうことで、成功体験もないままにどんどん手持ちの資金が減ってしまう。「これじゃ、最初から負け組投資家じゃないか」と、この矛盾に嫌気がさして退場してしまう投資家も多いでしょう。

ですから、ロスカットラインを決める際、私はチャートのポイントを大事にしています。チャートのポイントというのは、「ここを割ったら投げが出るだろう」とか、「ここを上回ったら皆が買いにくるな」と思える節目です。例えるなら、直近高値や直近安値、何度も跳ね返されているようなポイントです。こういうポイントが見えてくるということは、チャート上から他の投資家の心理を読めるようになった、ということです。こうした水準（投げが出やすいポイントや、ドテン買いで倍返しの相場になる節目となるポイント）が見えるようになるためにチャートの勉強が必要なんです。

だから、むやみにポジションを作りません。チャートから見て、「ここを割れたら私の戦略は失敗だな」というロスカットラインが最初に決まりますから、「このポジションを取ったら、ロスカットまでの損失額より、目標となる利食いポイントが少ない」というときには見送るわけです。つまり、エントリーポイントとチャートの節目（ロスカット）の関係が重要なんですね。ロスカットの考え方は人それぞれだとは思うのですが、リスクとリターンの幅を考えることも私は重視しています。

私の思惑とは逆に動き始めたときは「あれ、私のイメージと違うなあ」とは思いますけど、エントリーと同時にロスカットの注文も入れているので、焦るようなことはないですね。昔は、逆に動くと、損切りしたくないからストップの位置を変えたりしていましたけど、今は、それはやらなくなりました。経験を積んでいくごとに、最初に決めたポイントを変えることはタブーだなぁと感じるようになりましたので。ストップにかかるまではそのままです。

もし、ストップにかかったときはあきらめるしかないです。昔は、負けると熱くなって、資金を倍にして取り戻そうとした結果、さらに資金を飛ばしていましたけれど（笑）、経験を積んだ今、「投資で成功する人って、自分をうまくコントロールできる人じゃないかな」と思うようになったからです。カッとなって熱くなることがどれだけマイナスに働くのか、散々思い知らされましたので、負けたらちょっとは落ち込みますけれど、さっさと忘れて次を考えます。

そうはいっても、損はイヤですよね。心を落ち着かせるというか、平常心を保つために、すぐ忘れるコツはとっとと寝ることです。私、眠るのが大好きで、寝ると嫌なこともスッキリ忘れられるんですよね。単純に出来ていて良かったと思います（笑）。見る夢も楽しい夢ばかり。嫌なことやストレスが溜まると向こうの世界に呼ばれるんですよ（笑）。楽しい世界に行って癒されて帰ってくる感じなんです。寝るためといっても無理に寝ようなんて思わなくて、眠くなるぎりぎりまで読み物をしていたりして、気づいたら眠りに落ちている感じです。「寝なくちゃ」っていう思いがまたストレスになりますから。

思惑通りに動いたときの考え方についてもお話ししておきます。基本的にはフィボナッチ・リトレースメントで目標値を設定していますが、これを徹底して守っているわけではありません。相場の勢いが止まってしまったかなと思われるときに、そこで利食うか、押し目でさらにポジションを増やすかという「利を伸ばすトレード」というのは大変に難しいテーマです。この点については、私はまだまだ半人前です。本当の資産家はトレンドに乗ったら、ポジションをどんどん増やして大きく獲ることができるのですが、このポジショニングがまだうまくできません。負けなくなったというところから、実際に勝てるようにもなりましたが、資産を大きく増やすテクニックはまだまだ勉強中です。

最高の思い出と最悪の思い出について

最高の思い出は、リーマンショックのときのショートで獲れたときです。その当時は「サブプライムショックはたいしたことがない」という見方が多数派でした。でも、私の師匠の大倉孝さんは「これはとても危険な相場だ。大きなクラッシュが来る」と、サブプライムローン問題を警戒し、指摘され続けていました。私も素直に師匠のポジション、このときは少数派の意見に乗ってみたのです。

売りでポジションを保有して、しばらくは数円担がれたりして我慢する日々が続きましたが、思惑通り大きく下がって、結局のところ、ドル円相場は10円以上も動いたのです。ポンド円なんか250円の高値から結果的に120円割れまでと半値以下になりました。これでそれまでの損失を充分に獲り返すことができました。ポジションが大きく偏っていたときですから、下がるときも早いです。ロスカットの嵐が起こるからですね。投げに投げが出て相場はあっというまに崩れました。このときの利益は7桁（※百万単位）を超えています。この成功体験から、ポジションの偏り、センチメントというものが重要なのだということを勉強しました。

最悪の思い出は、やり始めた当時に150万円ほどを飛ばした話ですかね。シティバンクに外貨預金で入れておいた150万円相当のドルをFX口座に移して、そのほとんどをなくしました。あのときはズルズルほったらかしというか、対処方法なんてなくて、日々、お金がなくなっていくなぁという感じでしたね。よく理解しないでやっていたから仕方ないんですけど。このときの失敗の教訓が、さっきのロスカットの徹底ということにつながっています。とりあえず、どこかにストップを置いとけば安心できますからね。原則、ストップ以上の損失はないですから。

私のトレードは市場のセンチメントを感じること

私の場合は、センチメント（市場心理）を読んでトレードすることに醍醐味を感じています。あえて名付けるとしたら、「センチメントトレード」ですかね（笑）。私は相場の空気を感じたいんです。人と違うことに快感を覚えられるところまで来ると、もうやめられないですよ。

あと私の特徴は、ショート（売り）から入ることが多いということですね。仕事（アナウンサー）の関係もあって、商品取引から覚えたということも影響しているのかな、と思います。

投資は今、私にとっては生活の一部となってしまいました。もちろん、投資関係の番組やモデレーターを務めているということもありますが、この仕事のおかげで、さまざまな投資の専門家にお会いできますし、勝ち組個人投資家の方とツイッターで会話できたりして、いろいろな情報が集まってきます。本当にありがたい立場にいると思っています。好きなんですよね、トレード。だから、当分はこのまま突き進むのかなと思います。

【今回のインタビューの簡単なまとめ】

◆エントリー（ポジション作り）について

◎買いと売り、どちらにポジションが偏っているかに注目する

◎テクニカル的には、RCIの中長期線方向に、短期線が向いたとき

◆投資（トレード）するうえで大事なこと

◎ロスカットを置くことは絶対ルール

◎勉強しやすいテクニカルから始めること

◎大きな利益を狙いたいなら、最終的にはファンダメンタルについても勉強すること

◆出口の考え方

◎思惑通りに動いているときは、基本的にはフィボナッチ・リトレースメントで目標値を設定する

◎逆行しても焦らないように事前にストップロスを入れておく

◎チャート上のポイントにストップロスを置く

◎そもそも、エントリーポイントになっていたとしても、守りの部分であるロスカットまでの距離（ピプス数）が遠い場合はエントリーしない

11

羊飼い

～圧倒的な相場観を武器にトレード～

※取材日2012年11月5日

「食べていくため」が入口だった

そもそものきっかけは25歳のときに体調を大きく崩してしまったことにあります。その後も良くなったり、悪くなったりの繰り返しで、働く気力も削がれてきました。というよりも、病気になっている人なんて、企業はなかなか雇ってくれないわけですよ。

ただ、食べていかなければいけませんから、お金だけは稼がないといけません。どうしようかと思っているとき、病気をしたときに出た保険のことを思い出しました。コレを増やそうと思ったのです。その当時、月収20万円ほどでしかなかった僕にとって、この保険のお金は大金だったのです。

資金を増やすことを考えたとき、最初に思い浮かんだのが株でした。2001年、マクドナルドが上場したころの話です。マクドナルドだけでなく、スターバックスも上場したり、反対に、マイカルが倒産したりなど、割と激動の時代のころに投資の世界に足を踏み入れました。

普通に、株＝投資というイメージがあったのですが、増やすつもりで始めた投資が、案の定、なかなかうまくいきません。でも何かに投資しないと、そのお金が増えないわけですよ。事業するような才能もなかったですし、どうしようかと思っているときに「Yahoo!ファイナンス」をずっと見ていたら左上に「為替」の文字があることに気づきました。ドル円というものが118円くらいでずっと行き来しているわけです。このとき「もしかしてこの行き来しているのを買ったり売ったりするだけで儲かるんじゃないか」と思いました。

ただ計算したら、118円で買うにしても、普通に100万円以上はかかるわけで、なんとかならないかといろいろ検索していたら「外国為替証拠金」というものがあることを知りました。そのころは確かレバレッジは10倍とかでしたが、10万円で100万円の投資ができると知ってすぐに飛びつきました。これがFXの始まりです。

このときはまだFXは盛んではなかったです。FXという洒落た名前でもなく、お堅い外国為替証拠金取引という名称でした。扱っている証券会社も、ひまわり証券とイーフォレックスくらいしかなかったと記憶しています。そういう意味では、僕は先駆け的な存在なのかもしれません。

昔は、手法ひとつとっても、今ほど情報がありませんでしたから、「2ちゃんねる」と「Yahoo!掲示板」で情報をつかんでいました。自分のスレッドもあって、いろいろな質問が来たのですが、掲示板にその答えを書いても、掲示板の特性上、時間が経つと流れてしまって、何回も同じ質問に答えることもしばしばありました。せっかく書いたものが消えてしまうのは悲しいので、なにか残るものが欲しいと思って始めたのが今のブログです。ホームページを作ったこともあったのですが、「ブログのほうが楽だよ」というようなことを聞いて、それがきっかけで始めました。ちなみに、羊飼いの、〝羊〟は豪ドル円のことなんですよ、掲示板では。金利で優雅に暮らそうと思って、豪ドル円を買うことが多かったので、「豪ドル円を買う」と「羊を飼う」をかけてみたんですよ。羊飼いの名前はこうして生まれました。

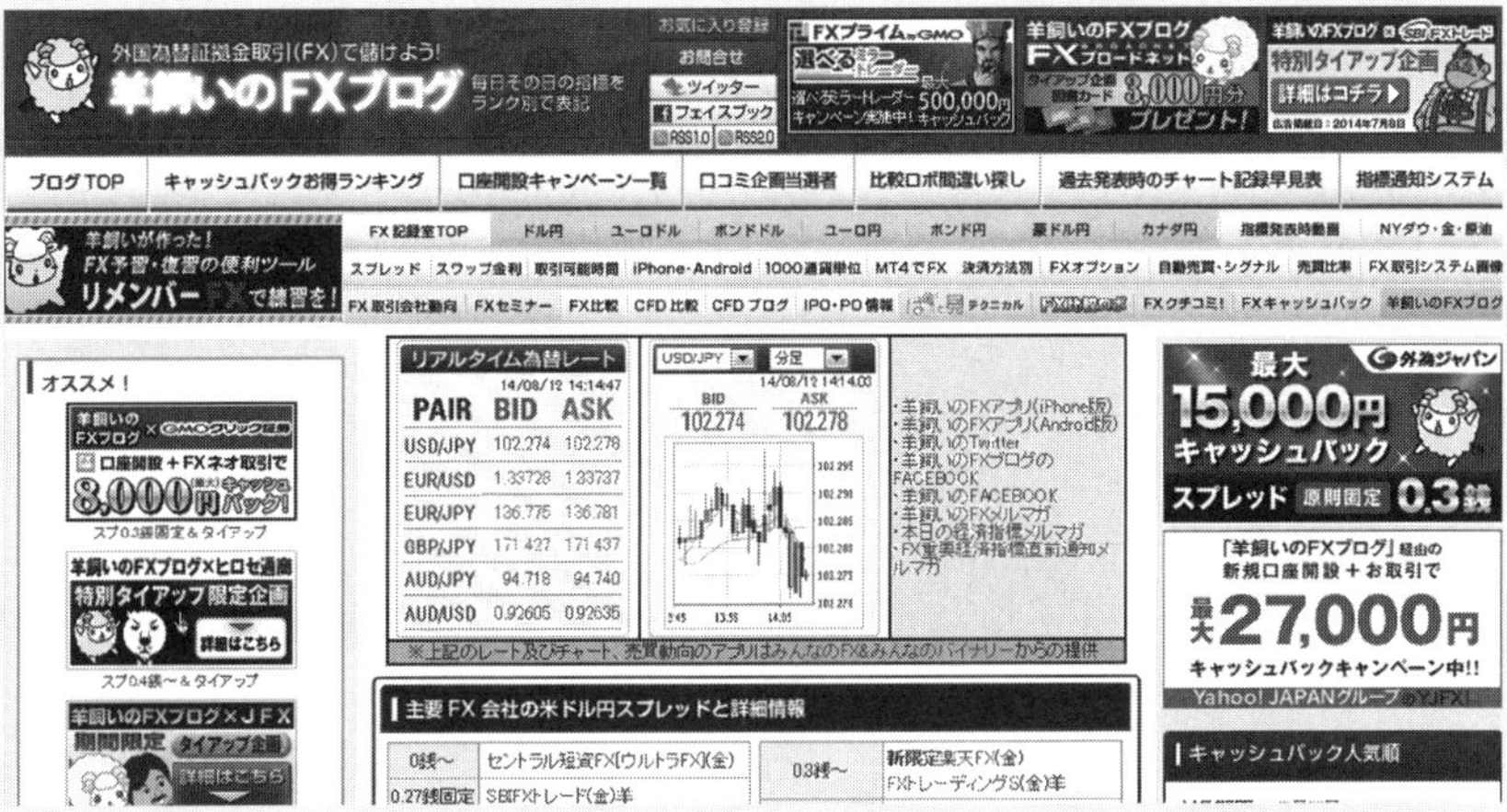

【羊飼い氏のプロフィール】

2001年ごろにFXに出会う。2003年にブログを始める。謎の癒し系FXトレーダー。ブログは羊飼いの相場ノートでもある。毎朝アップされる為替相場に関する記事が人気で多くのアクセスを集める。 趣味はFXで、仕事もFX。ザイFX！他多くのマネー媒体に登場している。まったくの素人から始めたFXだが、ここ数年は100万通貨単位の取引を1日に数百回行うこともある。

普段は、割と自由に動いています。というのも、僕は、まとまった睡眠時間を取らずに、コロコロ寝る人だからです。ある本を読んだときに、睡眠のサイクルは1時間半でひとつだと。だから、僕は3時間サイクルにしています。3時間の睡眠を3回繰り返したり、4回繰り返したりしています。意外と、寝てる時間多いです（笑）。

朝はまず5時に起きます。それはNYクローズを見たいからです。ブログも書かないといけない。そして、ブログを書いて東京のスタートを見たら、また寝ます。お昼ご飯を食べるために3時間後に起きて、そこから仕事したり、メールをチェックしたりして、基本、もう一回寝ますね。すると、夕方ぐらいになるので、そこからは本番です。相場が動き出しますからね。ロンドン市場、ニューヨーク市場を見て、夜中の1時か2時くらいに寝て、また3時間で起きる。そんな生活をしています。

通貨選びについて　～市場を見るとはユーロドルを見ること～

通貨については、昔はドル円メインでやっていましたけど、今（※取材日。２０１２年１１月5日。以下、略）は基本、ユーロドルです。ユーロドルを選んでいる理由は、ドル円よりもボラティリティがあるというのはもちろんですが、それよりも市場がユーロドルをもとに動いていることのほうが大きいからです。

僕は「市場を見る＝ユーロドルを見ることだ」と思っています。そこから派生して、ドルが売られているのか、ユーロが売られているのかを見て、さらにそこからユーロ豪ドルにいったり、ドル円にいったりします。

根底にあるのは、「ドルが強いのか」「ユーロが強いのか」「ドルが弱いのか」「ユーロが弱いのか」です。そこを確認してから、ドルとユーロの関係を見ます。さらに、それだけでなく、強いドル（＝弱いユーロ）と比較してほかの通貨はどうなのか、弱いドル（＝強いユーロ）と比較してほかの通貨はどうなのかというところまで見ていくというわけです。

相場観を養うにあたってお勧めの情報とは

僕には、お薦めの相場観構築方法があります。ぜひ、読者の皆さんにもやっていただきたいと思っています。それは、FXの業者の「FX WAVE」と「GI24」と「MarketWin24」からの情報をひとつのアドレスにメールで飛ばすことです。要するに、全部登録して、ひとつのメールアドレスに集まるようにして、そのメールをひたすらチェックするという作業です。時系列に並べられるし、ガラケーなどに飛ばすとプッシュ式になるので、常に最新の情報を新しいほうから順番に見ることができます。

これの情報を見ながら、まずは相場を3カ月見てください。これだけで、かなりの相場観が養われると思います。もちろん3カ月だけではなく、4カ月、5カ月という具合に、長く続ければ続けるほど、相場観が身につくと思います。

実際、僕はこの作業を、毎日、欠かさずに続けています。始めてからけっこう長いことやっていますよ。トレードしない日でも相場は見ることにしています。1回も休んでいません。ちなみに、この3社は、FXが流行ってできたFX専門のニュース会社です。

経済指標はリトマス試験紙のような感じで、反応すればもちろん、反応しなかったら反応しなかったで、そこには理由があると思っています。そこを探ることも重要だと思うんですよね。

相場観を養いたいなら見ておくべき！

◎ FX WAVE
◎ GI24
◎ MarketWin24

ポジションを作るときの考え方

ポジションの作り方というのは、どんどん変わってきています。今もやっていますけど、昔は今以上にスキャルピングがメインでした。指標発表時の動きにパッとついていくほうがやりやすかったのです。

今はどうかというと、中長期的には、自分の相場観からトレンドを判断して、ロングだと思えば買いだけ、ショートだと思えば売りだけに専念しています。買いもやったり、売りもやったりなどで、あまりトレード回数が多くならないようにしています。トレードの回数が多くなると無駄なトレードというか、集中力が損なわれることも多いからです。

例えば、ユーロドルの流れが加速したとします。このとき、自分の相場観で、前述したＦＸ情報とレートの動きを見ながら、相場がどっちに動きたいかを判断します。ここで、仮に上昇トレンドと判断したときはロングだけです。

僕は、テクニカル分析（以下、テクニカル）についてはほとんど見ません。昔は、一目均衡表が好きで、ほかにもボリンジャーバンドとか、ＲＳＩとかも見ていました。けれども、ダマシに遭うことが多くて、いつのころからか見なくなってしまいました。チャートで意識しているのは高値（直近高値）と安値（直近安値）だけです。先ほど話したように、例えばユーロドルが上に行きたいときであれば、高値を超えたところでロングで入ります。本当に、チャートに関してはその程度です。

入る時間帯は動きの鈍い東京時間はできるだけ避けて、動きやすい欧州時間とニューヨーク時間に絞るようにしています。この時間に、さらに加速しそうなときだけ乗っかります。

動きが加速しそうかどうかについては、ドル（やユーロ）が上がりたい＝下がりたくないのかどうかを見ます。どういうことかというと、例えばユーロドルが上昇トレンドだと思ったとき、欧州の債務不安に関する情報が出たとします。でも、普通なら

◆中長期的にロングを狙う場合（※イメージ）

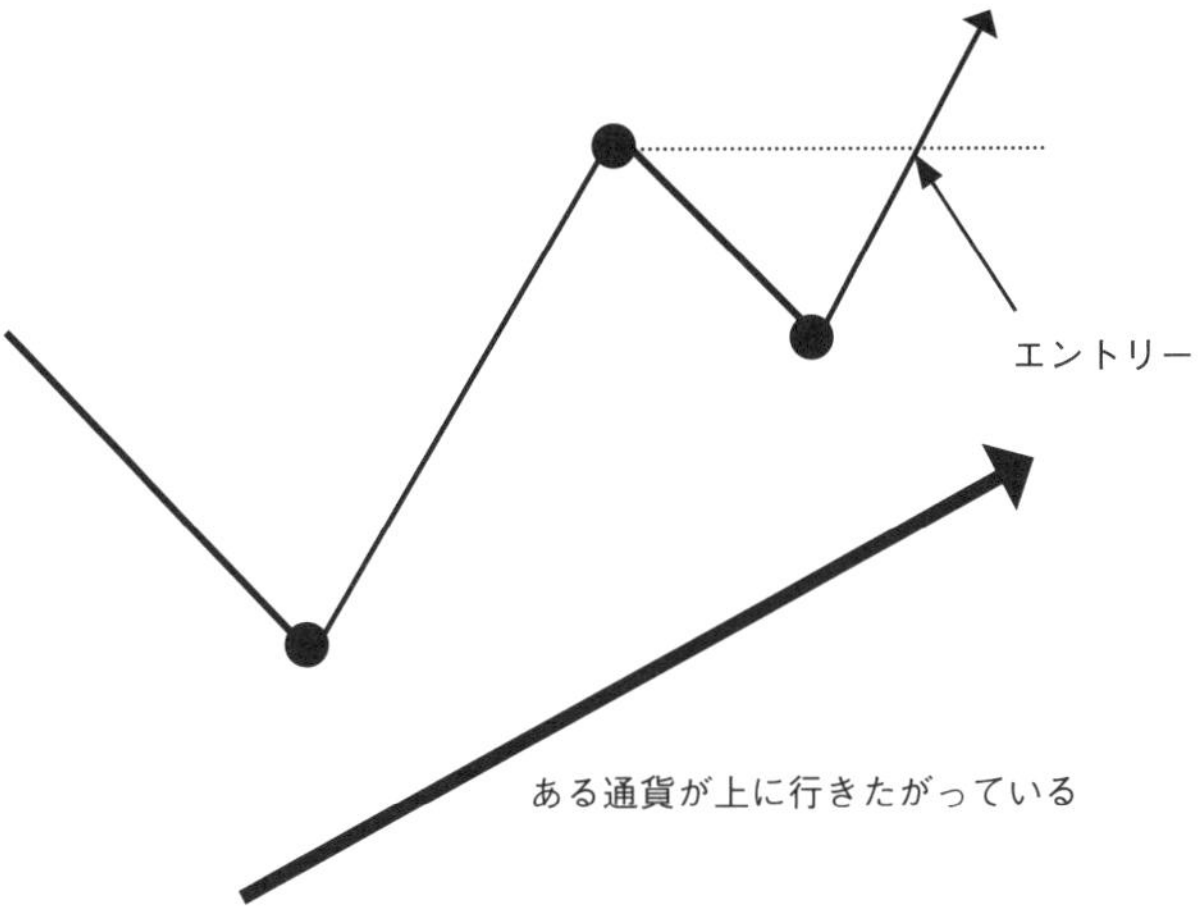

◆中長期的にショートを狙う場合（※イメージ）

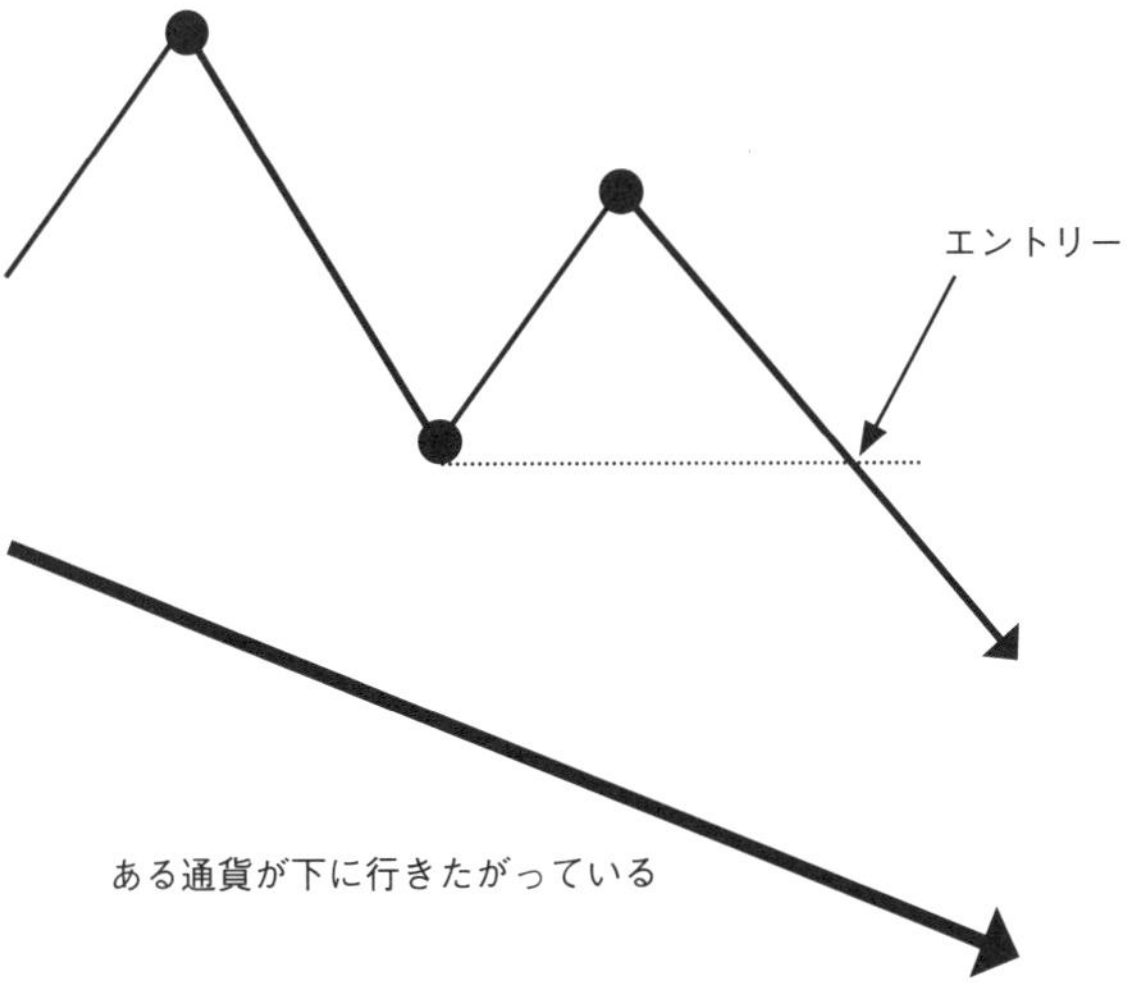

下がってもいいはずなのにユーロが下がらなかったとします。こういうときはたぶんユーロは下がりたくないのです。ということは、ロングでいいという判断になります。

下がりたくないとき、要するに「上がるのを待っているんだ」というようなときに良い情報が出たりすると、音にすると「ピュッ」というような感じで上がったりします。条件反射というわけではないですけど、何かの事象に対してすぐに反応を見せるところなどを見ると、相場は動物というか、生き物といっても言い過ぎではないかなと思っています。僕自身、そういうときは、どうしても当たりハズレがありますから、試し買いとかも検討しながら入ります。基本的にはそういう感じです。

もちろん、今お話ししたようなことだけですべてを判断することはできません。為替はそんなに簡単ではないです。言うまでもなく、いろいろな要素が重なります。そこだけは忘れないでほしいと思います。

ここまで中長期的な話をしましたが、スキャルピングの比重が軽くなってしまったわけではありません。中長期目線でトレードしながら、短期的に細かく回転売買させることはよくあります。

スキャルピングのやり方としては、いくつかありますが、基本的なパターンをひとつ紹介すると、レンジの上下（過去の高値&安値）を狙うものがあります。これは、比較的値動きの少ない時間帯に絞ったやり方になります。値動きの少ない時間帯とは、10時~14時近辺（東京市場）、18時~20時近辺（ロンドン市場）、1時~4時近辺（ニューヨーク市場）です。値動きが少ない＝レンジになりやすい時間帯ですから、想定外の動きにはなりにくいのです。このときに、レンジの下限（安値）でロング、レンジの上限（高値）でショートのポジションを作ります。枚数を多めに、数ピプスを獲っていきます。

◆短期的にスキャルピングを狙う場合（※イメージ）

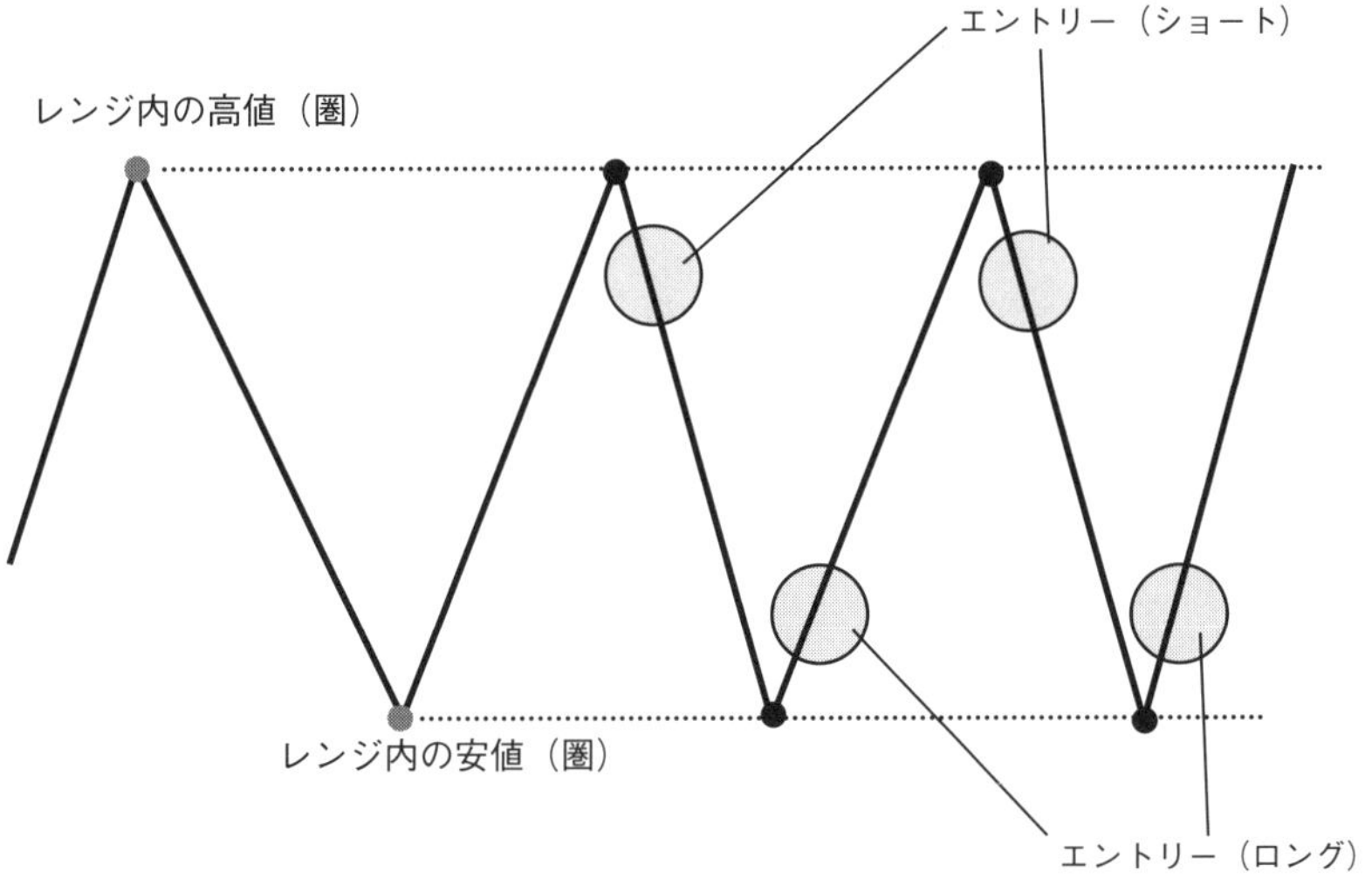

※短期的なトレードでは以下の値動きの少ない時間帯を狙っている

◎レンジでの 10 時～ 14 時近辺（東京市場）

◎レンジでの 18 時～ 20 時近辺（ロンドン市場）

◎レンジでの 1 時～ 4 時近辺（ニューヨーク市場）

トレードするうえで大事なこと

僕は自分のお金でトレードすることが大事だと思います。結局、デモトレード（以下、デモ）から始まって経験を積んでも、それは本当の意味での経験値ではないですから、実際にトレードするところまでなかなかたどり着けないと思うのです。

デモで始めて、試行錯誤してやり方を見つけても、結局、リアルトレード（以下、リアル）に入ったときにまたスタートに戻りますよね。もちろん、練習（デモ）でも勝てないのに、本番（リアル）で勝てるわけがないということはわかるのですが、同じような言い方をするならば、練習（デモ）で勝てるからといって、本当に本番（リアル）でも勝てますか、ということだと思うのです。というのも、デモとリアルでは、トレードに向き合う気持ちが違うからです。リアルのあの緊張感はデモではなかなか味わえませんからね。だからこそ、僕は、まずは身銭を切って相場に向き合ってほしいと思います。

あとは、先ほども少しお話ししたように、少なくとも3カ月は相場を見てほしいと思います。できれば、ただ見ているだけではなくて、実際にトレードしながら、3カ月の間、毎日、先ほど紹介したFX会社からの情報も見ながら、実際の相場の動きを見てほしいと思います。

まず1カ月がひとつの周期じゃないですかね。それを3回ぐらい繰り返して、やっとワンクールかなと思います。ポイントは、ニュースにマーケットがどう反応するか、そういうところを見ることだと思います。

僕は、人によって合っているトレード&合わないトレードというものがあると思うのです。ですから、相場を見ることで何を掴むのかは人それぞれかもしれませんけど、少なくとも「何が起こっているのか」くらいはだいたいニュースでわかるじゃないですか。それと生のレートとの関係を見ていくことが重要だと思っています。

実弾でトレードすること、相場を観察すること以外では、テクニカルについて、ひととおりやってみることを勧めます。

今、僕自身は相場観でトレードしているのでテクニカルをほとんど使っていませんが、だからといってテクニカルを軽視しているわけではないのです。実際、テクニカルでトレードしている人も多いし、もしかしたらテクニカルを勉強することで「テクニカルのほうが向いている」という発見があるかもしれないわけですから。

テクニカルの勉強方法については、これというものはないと思っていて、これぱっかりは自分の好きにしていいと思います。今は昔と違って、テクニカルについて語っている本も出ているので、勉強しやすい環境にあると思っています。僕がFXを始めたころは、そういう本さえありませんでしたからね。

いろいろお話ししましたが、好きなものから始めるのもひとつのやり方だと思います。実際、相場観でやってる人もいますし、テクニカルでやっている人もいますから。「自分はどうする?」というところだと思いますよ。不思議なことなんですけど、勝っている方法があったとして、皆がそれで勝てるかというとそれは違って、人それぞれの勝ち方があるんですよね。でも、負けてる人には共通してる何かがあります。損切りできないことや、自分に適したポジション量がわかってないことなどが良い例です。突き詰めてみると、負けている人の多くはポジション管理と資金管理がうまくないのだと思います。

余談ですけど、昔は裏技がいっぱいありましたよ。すぐ円安に振れていく会社と、そうでない会社があったりとか、止まったレートで取引できたりしたこともありましたね。止まっているから、例えば、指標発表時のときでも、どんなレートでも絶対に注文が通るわけです。今だったら、一気に大きく動くので無理ですけどね。あと、7秒間、レートを固定できる業者とかも普通にありましたからね。

出口の考え方　～利食いと損切り～

利確を考えるときは、もみ合いになったときです。そこから反転するか、そのもみ合いがかなり堅いと判断（※堅いかどうかは、時間的および変動の大きさや、動くべきニュースや経済指標でもなかなか反応しない、加速しないなどで判断）すれば、そこでいったん利確します。そうでなければ伸ばします。

逆行したときには、けっこういろいろ考えています。本当はすぐに損切りしたいのです。でも、損切りしすぎてしまうと損切り貧乏になるので、とりあえず自分の想定していた損切りポイントに来るまでは我慢します。

損切りポイントについては、今は直近安値・高値のちょっと下やちょっと上にしています。そこは、正直、感覚による部分が大きいです。

基本的に、僕はチャートは重要視していませんけど、さっきもお話ししたように、高値（直近高値）と安値（直近安値）だけは気にしています。というのも、例えば、下の図のように、現在値から高値（直近高値）に行くのか、安値（直近安値）に行くかの勝負だと思っているからです。僕は、ＦＸはそういうゲームだと思っています。

ただ、損が確定するのは何度やってもいやなものです。損をしてしまったときには、気分転換に寝るしかないです。あとは、ゲン担ぎで口座を変えてトレードしたり。

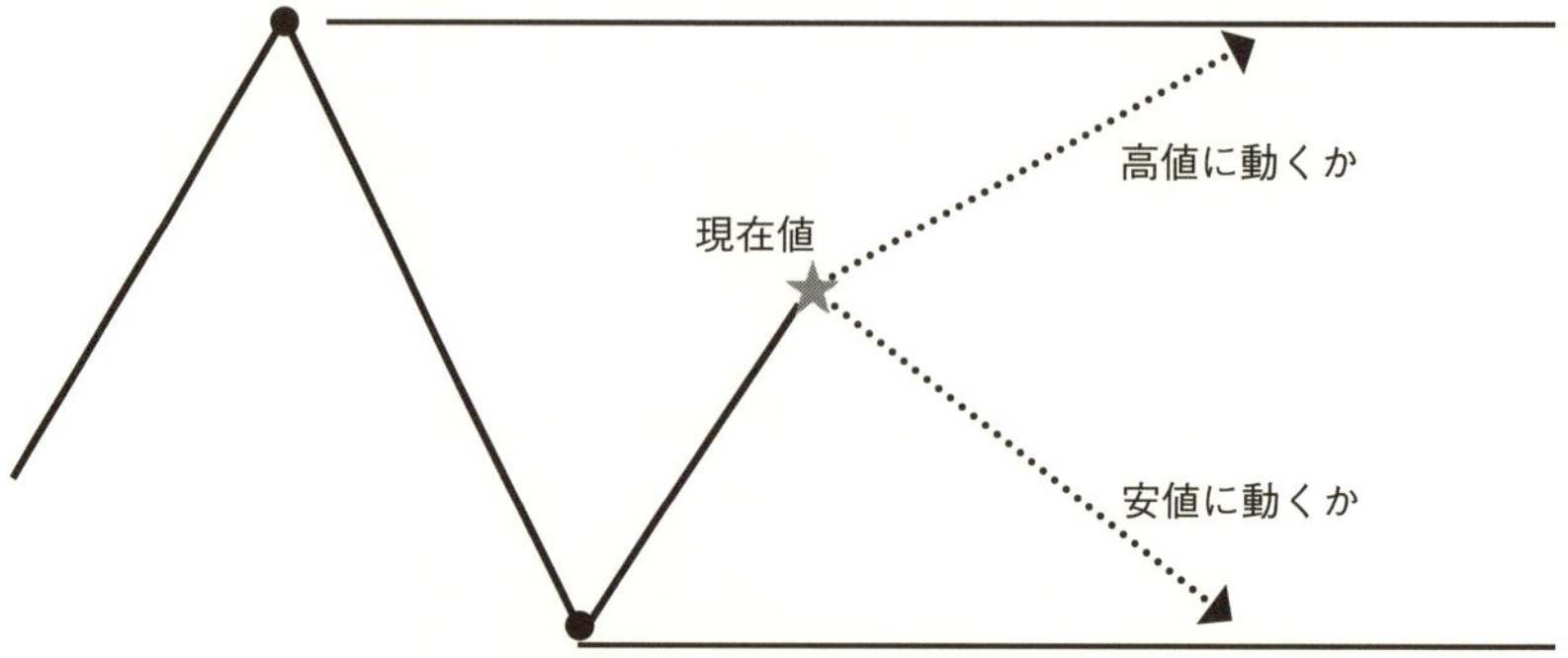

昔は、損したものをすぐにとり返そうと思ってさらに傷口を広げてしまうことがよくありました。今では、そういうことはほとんどなくなりましたが、違う負けパターンが生まれてきました。損切りの話とはずれてしまうのですが、負けたとき倍にせずに、勝ったときに倍にして、逆にマイナスに行ってしまうということがよくあります。結局、何億円も儲けている人も毎日コツコツやっているんですよね。僕は今だに、いつかガツンとやりたいと思っているところがあるので、そこは自分でも意識して注意しておかないといけないところだと感じています。

最高の思い出と最悪の思い出について

ユーロドルでものすごく儲かったときがありました。2010年の1・23あたりから、2011年の1・5に届くぐらいのときだったと思います。その前の2009年の12月からの下落も良い感じでした。そのころは1・5から1・2割れぐらいまで行ったと思います。キレイな波を取りました。いずれにせよ、読みがきれいに当たって、上昇でも獲れて、下落でも獲れたので、思い出として残っています。

最悪の思い出は、けっこうあります。だいたいみなさん大損したときがあると思いますけど、僕の場合は大損だけでは済まずに、これまでに退場も経験しています。まずは、最初に投資した金額がなくなったときです。このときに2回ほど退場させられました。そこからはうまくいったのですが、次は短期売買に疲れてやめました。

そのときの教訓というか、もう日銀の言うことは信じないぞと思いました（笑）。そのころはドル円で「115円を切ると日本経済が破綻する」と言われていたので、それならば買っておけばいいのではないかと思ったのです。でも、蓋を開けてみると、115円を割る展開になっていて……。真っ青になりました。このときから、僕はドル円が嫌いになりましたね。

ドル円では、２００７年の７月ごろから円高トレンドが始まったと思うのですが、この波にもまったく乗れませんでした。このときに、億万長者がたくさん生まれて、一気にＦＸブームになったのですが、僕はずっと疑い続けていたので参加できなかったのです。損をしたわけではないのですが、儲け損ねた感がありました。

でも、この経験で情報との付き合い方が学べました。どういうことかというと、今まで常識だと思ってきたことが覆ったことも多かったので、バイアスというか、そういう決めつけはしないほうがいいなと思ったのです。例えば、ポンドスイス。ずっとレンジでしたから、この先もレンジが続くはずだと決めつけて参加した人が多かったと思いますが、結局、レンジが崩れましたからね。スワップ金利を得ていた人の多くは破産しました。やっぱり「〜のはずだ」と勝手な決めつけでトレードしてはいけないのですよ。

想像できる時間の範囲内でトレードする

僕は、相場を見ているときにイメージしていることがあります。龍のような生き物がいて、それがウネって動いている姿です。ある意味、チャートもそういう動きをしていますよね。僕の場合は、龍の背中がやってくるのを待って、それにちょっと乗っかって、おこぼれをもらって、龍に怒られる前に逃げるようなトレードスタイルなのです。あまり長くポジションを持ちすぎないというか、夢を見ないというか、ある程度のとこで満足して降りる感じですね。

最初にお話ししたように、僕のトレード人生は体調を崩してしまったところをきっかけにスタートしています。このときに思ったのが、先のことはわからないということです。それが長くなればなるほど、わからなくなります。実際、１年後も生きているのか、3年後も生きているのか、5年後も生きているのか、10年後も生きているのか、誰にも予想できませんよね。世界がどうなっているのかもわからない。だから、僕にとって、長期投資はあり得ないのです。想像できる範囲の時間でないと、やっぱりトレードしにくいです。そこは、徹底しているつもりです。

僕、相場は好きですけど、いつも「引退」の2文字は考えています。もちろん、資産が増えていく様子を見るのはやっぱり楽しいですよ。実際、1億円まで資産が増えたらやめる、3億円まで増えたらやめると宣言していた人が、その金額を達成してやめているかといえば、そんなことはまったくないですしね。やめることは機会損失ですから、それを思えばやっぱりやめにくいですし、自分のアイデンティティにもなっていますし。

でも……。そういう気持ちがある反面、やっぱり辛くなってくる部分があることも確かなのです。意外だと思われるかもしれませんが、これが正直な気持ちです。

最後に、僕が思うトレードの上達法をお話ししておきます。「そんなことか」と思われるかもしれませんが、相場を見るのが一番です。見るしかないと思います。僕自身、最初のころは負けていましたけど、1回相場をやめてインターバルをとって相場を見たとき、「あれ、このときはこうなるんじゃないかな」と自然に思えたときがあったのです。それはたぶん、過去に見ていたものが経験則として出てきたのだと思っています。

とにかく続けることです。継続することさえできれば、いずれ大成すると思います。そして、続けるためにも情熱を持ってほしいと思います。「お金がたくさん欲しい」という動機でもいいと思います。熱い思いがあれば、多少の困難は簡単に乗り越えられるはずです。

【今回のインタビューの簡単なまとめ】

◆エントリー（ポジション作り）について

◎相場観からトレンドを判断するのが大前提。それを参考に、一例を挙げると、ロングだと思えば、高値を超えたら入り、ショートだと思えば安値を割ったら入る

◎トレンドに合わせたトレードとは別に、スキャルピングも行う。レートがあまり動かない時間を見計らって、安値（圏）で買い、高値（圏）で売りなど

◆投資（トレード）するうえで大事なこと

◎実戦を重ねること

◎相場を見る訓練をすること

◎テクニカルについて、一通り勉強すること

◎自分の得意なことでやること

◆出口の考え方

◎利確を考えるときはもみ合いになったとき

◎損切りポイントに来るまでは我慢する

◎高値や安値が損切りを考えるポイント

◎損を出してしまったときには気分転換を図る

12

葉那子

～駆け出しトレードで、日々、精進～

※取材日２０１２年１１月５日

タレントの仕事がきっかけで始めたＦＸ

私が初めてマーケットに関わったのは、２０１０年の１０月とか１１月ごろだったと思います。

当時、タレント事務所に所属しておりまして、ラジオ NIKKEI の『夜トレ！』という番組で、私を含めてＦＸのことをまったく知らない初心者の女の子たちが、元ディーラーの方にＦＸを教わるという企画があったのです。このときにＦＸのことを初めて知りました。ですから最初のきっかけはトレードうんぬんではなく、タレント的な仕事だったのです。このころは正直にお話ししますとまったく興味がなくて（笑）。「もっと勉強してください」と怒られながらやっていました。

ところが、半年ぐらいやっていくうちに、感化されたのでしょうか、いつの間にか自分で勉強しようと思うようになっていました。ＦＸに関する本を読み始め、同時に、いろいろな方のブログなどを読ませてもらううちに、チャートの魅力に惹かれ、次第に毎日、チャートを見るようになっていたのです。暇なときは１０時間以上も見ていたと思います。過去のチャートをスクロールして、２年分ぐらいまとめて見るようなこともよくありました。

今はまだ「真似」ている最中

トレードする通貨はドルストレートが主です。具体的には、ユーロドル、ポンドドル、豪ドルドルです。実は深い意味はなくて、参考にしているブロガーさんがドルストレートでトレードしているので、単純にそれを真似してるだけなんです。

私は、テクニカルを見てトレードすることがほとんどです。ただ、ファンダメンタルズについても見ないわけではなく、そこについては西原宏一さんのブログ（メルマガ）を参考にしています。

私のやり方は、あるブロガーさんの手法をそっくりそのまま真似したものです。その方が短期（20）、中期（50）、長期（100）の移動平均線を見ているので、私も同じように移動平均線を見ています。それにプラスしてMACD［MACDについてはバリュー（value）がプラス圏ならロング目線、マイナス圏ならショート目線］も見ています。

今（※取材日。2012年11月5日。以下、略）はデイトレードで、収支はちょっとプラスくらいです。でも、今のところはそれで充分です。ちょっとでもプラスであれば、続けていくうえでのモチベーションになりますしね。でもすごい少額でトレードしているので、西原さんには「まだそれはデモトレードって言うんだよ」と言われています（笑）。

【葉那子（はなこ）氏のプロフィール】

タレント活動をしていたころに出演した、ラジオ NIKKEI の『夜トレ!』という FX 番組をきっかけに FX に興味を持ち始めた。現在は、FX 関連の会社に勤務しながら、チャンスを見つけてマイペースにトレード中。『羊飼いの FX ブログ』で配信している動画や、『夜トレ！』にレギュラー出演するなど、FX 関連で表に出る仕事もやっている。

◎ブログ

葉那子のプロジェクト FX ！

http://875fx.com/

ポジション作りについて

実は、細かく言うとたくさんあるのですが、一番単純なものを紹介しますと、先ほどお話しした移動平均線を見たやり方があります。１５分足、１時間足、４時間足、日足をメインで見ていて、ロングの場合であれば、１時間足と４時間足の移動平均線が３本ともきれいに並んでいて（上から順に短期、中期、長期）、かつ、ローソク足がその上にある状態のときに、１５分足を見て、東京時間か欧州時間の高値を越えたとき（ブレイクしたとき）に入るやり方です（次ページ参照）。

比較的うまくいくことのほうが多いのですが、ダマシに遭う回数も頭で考えているより多いので、まだ困っています。ダマシを回避するために細かいルールを入れると、今度はエントリーできなくなってしまったり……。今はまだ試行錯誤しているところです。

ＦＸは簡単ではない

まだＦＸを始めたばかりですので、私からどうのこうの言えないのですが、初心者の私から見て思うことがひとつあります。それは、ＦＸというものを「簡単に儲かるものだ」と思って参加する人が多いということです。実は、この仕事を始めてから、友達に「ＦＸをやってみたい」と言われることが多くなってきました。そういうときは「やめたほうがいいよ」とまず答えるようにしています。ＦＸを経験したことのある人ならわかることだと思うのですが、ＦＸってそんなに簡単に儲かるものではないですし、逆に生半可な知識や態度で参加してしまうと資産を減らしてしまうことのほうが多いと思うからです。

実際、本当に始めたいと思っている人にはロスカットの重要性とか、毎日チャートを見て勉強だよとか、そういうことは伝え

1時間足や4時間足

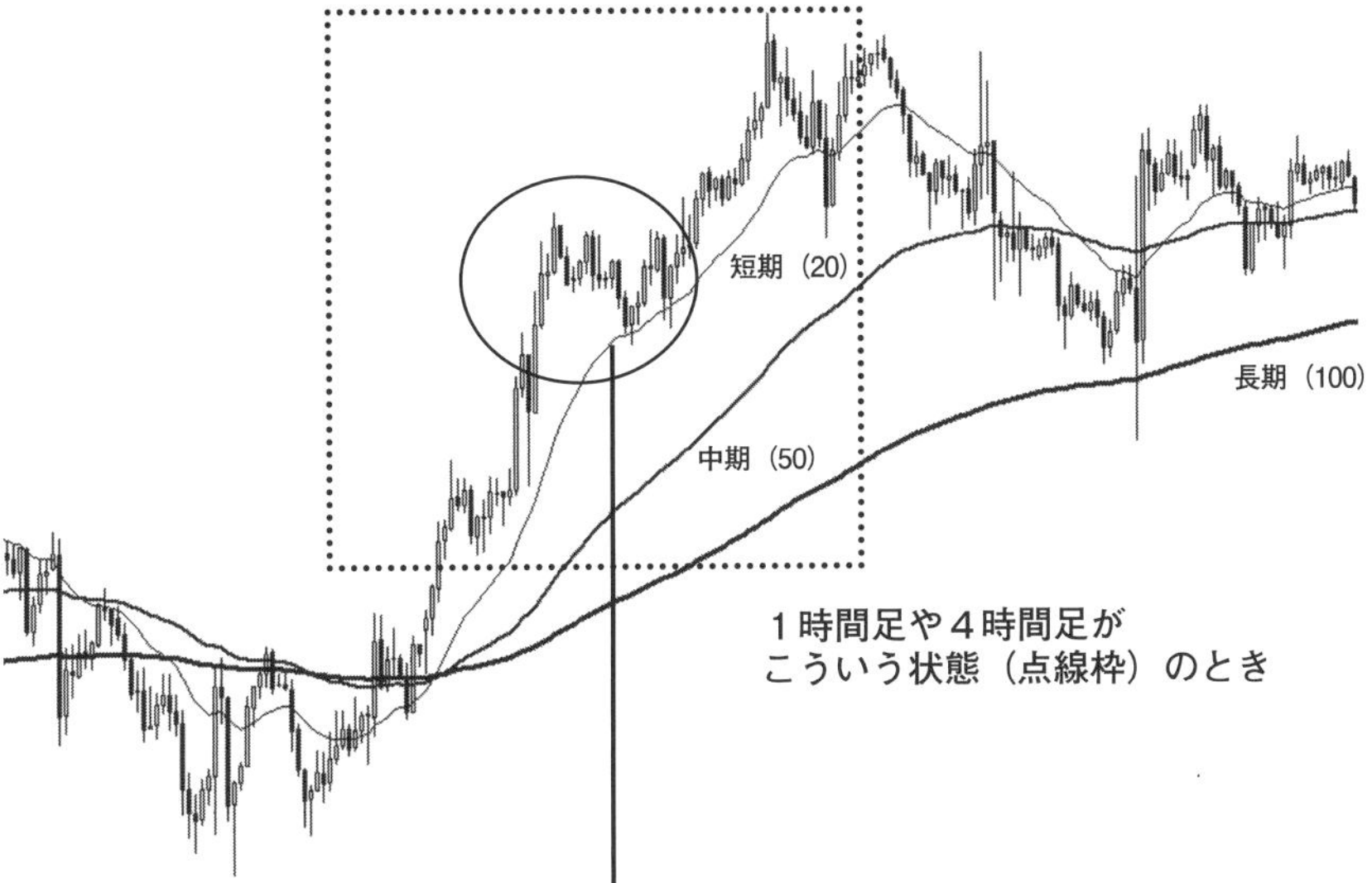

15分足

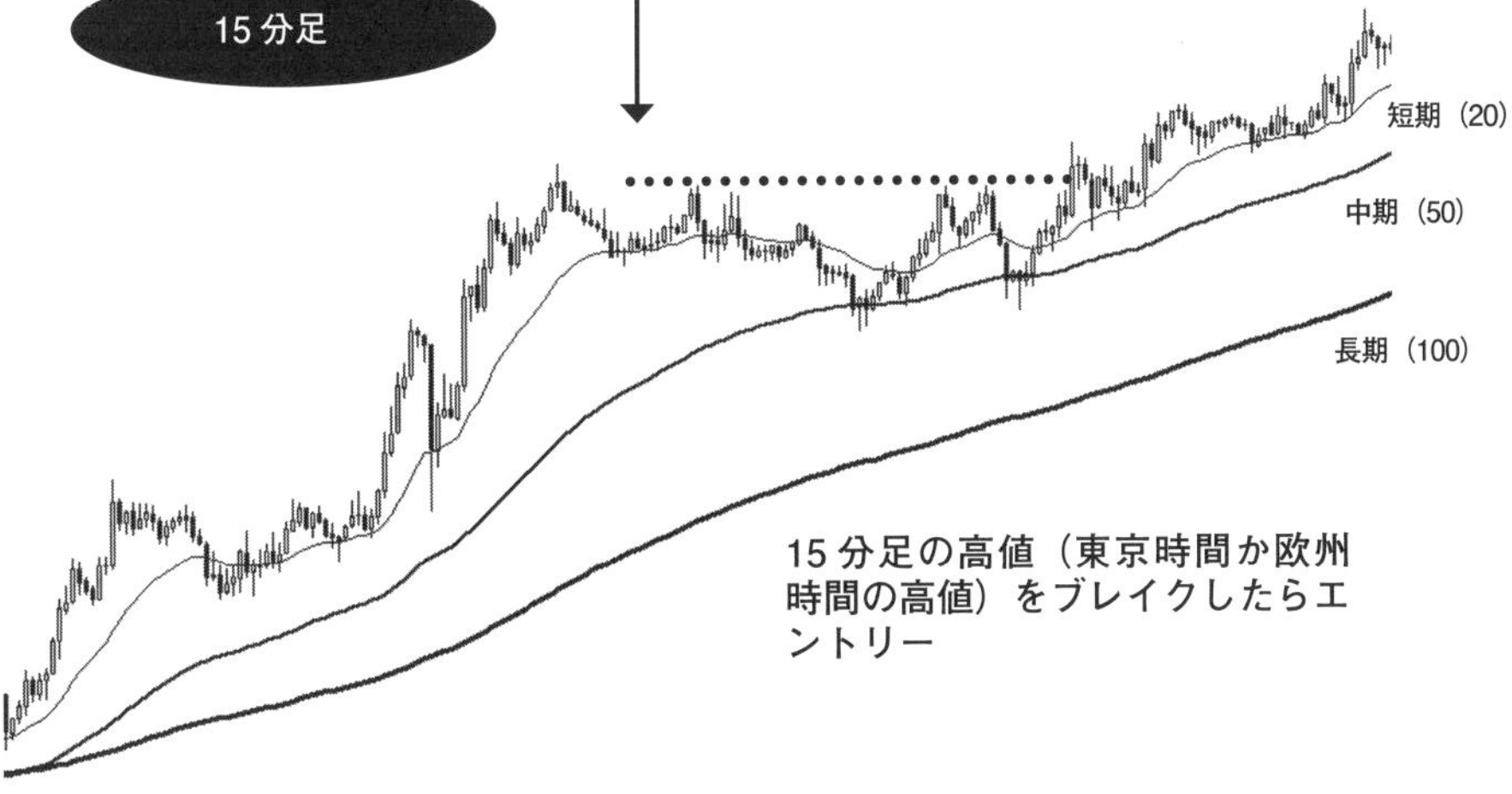

※注：このチャートイメージです

ますけど、「そんな時間はない」とか、「もっと単純なのかと思った」と言われてしまうことがほとんどです。ＦＸは簡単ではないということが大前提でないと、この世界に入ってはいけないんだろうなと私は思っています。

私の場合はどうだったかというと、最初のきっかけが仕事だったということが大きく関係していましたから、まずは「勉強しなきゃいけない」という気持ちのほうが大きかったです。ＦＸをやろうというような人は「儲けよう」と思っているはずですから、最初からガンガン資金入れてトレードをしていくのでしょうが、私には「簡単に儲かる」と思うような傾向はありませんでした。

私にとってラッキーだったのは仕事を通して、ゲストで来ていたディーラーさんや、個人トレーダーの方から、「いかに損をしたか」について〝生の話〟を聞けたことです。いろいろな方の話を聞くうちに、「ＦＸ＝損をする可能性が高い」という意識が高くなっていたので、最初からエントリーと同時に逆指値（ロスカット）を入れるクセがついています。損切りは私にとっては当然のことなんですよね。ただ、損を切れることは切れますけど、損切り貧乏になることも多くて、そこは今後の課題です。

出口の考え方について　～利食いと損切り～

私の場合、利食いについては、エントリーポイントから６０ピプスに固定しています。ただ、もっと伸ばせるときもあれば、（指値に届かなくても）早めに利食ったほうがよいときもありますからね。その見極めはまだ難しいです。

ポジション保有中に、自分の思惑と反対方向に逆行しても、逆指値（ロスカット）を設定していますので、そこに引っかかるまでは静観しています。

リミット（指値）も固定で入れていますから、本当はエントリーしたらもうパソコンを閉じてもいいくらいです。そのあたりは機械的にできてしまうので、今のところ、大ケガはしていません。ただ、チクチク痛いのが続くので、それはなんとかしないといけないと思っています（笑）。

逆指値（ロスカット）については、最初は10ピプスで入れていました。ターゲットが60ピプスで損切りが10ピプスだったんです。でも10ピプスだとすぐ引っかかるんですよ。

最初は「すぐに損切りになるな」と思いながらも、「まあいいや」と楽観的に構えていたのですが、テクニカルなどをきちんと見ると、単純移動平均線で反転しやすいとか、そういう兆候が次第に見えてくるようになりました。そこで、よく考えた結果、今は最高で20ピプスまでの損は許容するようにしています。ただ、逆指値（ロスカット）をエントリーポイントから20ピプス逆の場所に入れてはいますが、テクニカルなども加味して、そこまで行かないうちに切ることがほとんどです。例えば、ロングでエントリーしたけど、逆行している途中に単純移動平均線があって、そこで反転しないでブレイクしてしまったら切るとか、あとは、直近の高値とか安値とかも見て、高値ブレイクのロングで入ったら、直近の安値あたりでロスカットを考えてみたりなど、当初に比べて、損切りのパターンも増えています。

ただ、やっぱり大ケガはしたくないので、できれば20ピプスまでの損に抑えたいと、今は思っています。ですから、仮に「高値ブレイクでエントリーして、直近の安値でロスカットする」というルールを適用するのであれば、高値から直近の安値まで30ピプスある場合はエントリーを見送るかもしれません。エントリーチャンスではあっても、逆行したら私の許容範囲を超えてしまうという不安のほうが強いからです。もちろん、エントリーしたところから20ピプスで切ってしまうという手もあるのですが、それだとエントリー&決済ルール（高値ブレイク、安値ロスカット）を破ってしまうことにもなるし、20ピプスで切ったときに限って、安値まで到達しないで、そこから狙っていた通りの動きに行くようなこともありますからね。こういうところはFXの難しいところです。トレードの上手な人はうまく乗りこなせるのでしょうが、私にはまだその技量はないので、今のところは不安を覚えたらやらないように心がけています。それでも、入ってしまうことはあります。けど、そういうときの成績はやっぱり良くないです。

実際に損を出してしまうこともありますが、そのときは過去のチャートを見て、「なぜ、こうなったのか」について、もう一回、必ず分析します。2回損したらもうその日はトレードはしません。過去を見て、ひたすら勉強です。

私の場合はトレード額が少ないこともあって、損してもあまり気分は変わらないです。「まあいいや、また明日やろう」という感じです。ちなみに今は、5000通貨でやっています。最高は2万通貨ですから、負けても痛くはないんです。

凄腕トレーダーの真似をして、学んで、経験値を積む

トレードを始めてからまだ2年間ですし、金額も少ないので、正直にお話しすると、これといって最高と言えるトレードもなければ、最悪と言えるトレードもないんです。利食いになっても、「利食ったか」という感じですし、覚えているトレードがないんです。淡々と勝った、負けたという感じです。

始めた当初、デモではあったのですが、雇用統計でトレードをしたときに、あまりにスプレッドが開いて、さっくりポジションがなくなったときはビックリしました。「あれ、なんでなくなってるんだ?」と。でも、やっぱりそのくらいですね、記憶に残っているのは……。

自分のトレードは先ほどもお話ししたように「ブレイクアウト手法」です。人の手法を真似しているだけですけど、今はこれ

をマスターすることに専念しています。真似るは学ぶの語源ですからね。

私の環境自体は恵まれていると思っています。すごい人にラジオで会えたり、インタビューもできたりなど、他のトレーダーさんが味わえない環境にいるから、勉強できる機会もたくさんあります。

例えば、うちの会社で西原宏一さんのブログを管理しているので、週2回、午前中にその日の西原さんの相場観を聞いて、記事にする仕事があります。私はもともとファンダメンタルズがあまりよくわかってなくて、わからないから無視していたのですが、西原さんがお話しされる全体的な流れを頭に入れながらチャートを見てみると、言葉では表しにくいのですが、今まで見てきたものとは何かが違うような気がしてきたのです。テクニカルでの判断も、西原さんの見方と同じ方向にサインが出たら、「これはいいかもしれない」と思って、自信を持って入れます。実際にうまくいくときも多いです。

自分の考えがまずあって、西原さんの考えと一致したら自信を持って入るというイメージですね。西原さんの情報は私にとって後押し材料です。こういう恵まれた環境にいるわけですから、それをフル活用して、ひたすら勉強しながら、経験値を積むしかないと今は思っています。

余談ですけど、お会いする方々によくアドバイスされるのが「もう少し欲を持ちなさい」です。最初から1000通貨とかでやっているので、まだ欲がないんですよ。でも、それが良くないとも言われるのです。「きちんとお金で儲かるようになって、それがモチベーションにならないと、ただのゲームで終わっちゃうよ」と言われています。

でも、私はまだ自分がFXで儲けられるとは思っていなくて……。「コレだ」というものを見つけることが、これからの課題でしょうね。

素人同然の私ですから、本当はこんなところで発言できる立場ではないと思っています。というのも、もっともっと理にかなった方法があると思っているからです。

ただ、私がやっていることそれ自体は読者の皆さんの参考にはならないかもしれませんが、「昔は私もそうだったな〜」とか、初心を思い出してもらえたらうれしいです。

【今回のインタビューの簡単なまとめ】

◆エントリー（ポジション作り）について

◎移動平均線を基本にしたブレイク手法
◎４時間足と１時間足の移動平均線がパーフェクトオーダーで、かつ、移動平均線の上にローソク足がある場合（ロング）、15分足を見て、東京時間か欧州時間の高値を超えたらエントリー

◆投資（トレード）するうえで大事なこと

◎FXは簡単ではないということを大前提にすること
◎損切りは当然のこととすること
◎人（凄腕トレーダー）の真似をしながら勉強して経験値を積むこと

◆出口の考え方

◎利食いについてはエントリーの場所から60ピプス（pips）固定
◎エントリー場所から20ピプス（pips）逆行で損切りが基本
◎テクニカルなど、そのときの状況に応じて、臨機応変に対応する

13

西原宏一

～孤独なポジションでタイミングを図る～

※取材日2012年11月20日

トレーダーになりたかった

僕は、もともと、シティバンクの銀行員でした。トレーダーになった直接のきっかけはシティバンクに入行したからということになるのでしょうが、実は、僕はトレーダーになりたかったのです。

うちのオフクロは線の細い人で、うちの親父はガタイのデカい人なんですよ。住友金属鉱山の関連会社の社長をやっていましたから、海外にも駐在していました。海外といっても、ロンドンとかニューヨークではなくて、ナイジェリアとかインドネシアなどに単身で行くわけです。肉体派というと語弊があるかもしれませんけど、そういう力強さで戦ってきた人なんです、親父は。

親の背を見て育ったからというわけではないのですが、最初、就職するときに親父がやっているような仕事は商社に行けば海外に行っていろいろなことができるのかなと何となく感じていました。でも、話を聞くと、発展途上国で、井戸を掘ったり、けっこう体育会系の部分も多く、ちょっと自分には無理かなあと。

そこで鉱山会社とか、商社とかでもなく海外で戦える職業はないかと探したら「為替トレーダー（為替ディーラー）っていう仕事がいいんじゃないかな」と思ったのです。

ただ、その当時、為替ディーラーというのは失敗して損失を被るとすぐクビになるっていううわさになっていたので、「失敗したらえらいことだなあ～」とも思っていました。でも結局、シティバンクでトレーダーとしてスタートを切ることになります。

今（※取材時。2012年11月20日。以下、略）は、朝は8時ごろ起きて、昼は打ち合わせをしたり、セミナーをやったり。寝るのは2時くらいです。昔と違ってアイフォン(iPhone)でもトレードできるので便利ですよね。最近では、レポートもアイフォンで読んでしまいます。

いわゆるスキャルピングをするときには集中しないといけないので、パソコンの前に座ったりすることもなくはないのですが、最近は、スキャルピングでさえも携帯でできてしまいますからね。文明の力はすごいなと思いますよ（笑）。

今は自分で時間をコントロールできるので、それも僕のトレードを楽にしています。銀行員のときは、チーフのくせに、遅れて出社することも多かったです（笑）。どんなに遅くまでトレードして起きていたとしても8時までには行かないといけませんでしたが、今は、徹夜しても昼ごろまで寝ることができますからね。

とにかく、ＩＴの進化でトレードがやりやすい環境になったことは大きいです。もう十何年前の話になりますけど、銀行員のときは、プロであっても銀行にわざわざ電話してオーダーしていましたからね。１５年くらい前からセキュリティがしっかりしてきて自分のパソコンでもできるようになってきて、今では、アイフォンでできるんですからね。

【西原宏一氏のプロフィール】

青山学院大学卒業後、1985年、大手米系銀行のシティバンク東京支店入行。1996年まで同行、為替部門チーフトレーダーとして在籍。その後、活躍の場を海外へ移し、ドイツ銀行ロンドン支店でジャパンデスク・ヘッド、シンガポール開発銀行シンガポール本店でプロプライアタリ・ディーラー等を歴任し、現在、株式会社CKキャピタル代表取締役・CEO。ロンドン、シンガポールのファンドとの交流が深い。

動く通貨を狙うのが原則

トレードする通貨は特に決めていません。動くのであれば(テーマがあるのであれば)、どの通貨ペアでもやります。例えばオージー（オーストラリアドル）が買われていても、オージーキウイ（※オーストラリアドルとニュージーランドドルのこと）でオージーを買えばいいのか、オージー円（※オーストラリアドルと日本円のこと）で買えばいいのか、オージードル（※オーストラリアドルと米ドルのこと）で買えばいいのかをまず考えます。

以前は、オージーが買われているときは、オージーがすべて買われるという展開だったのですが、今はオージーキウイは買われるけど、オージー円は売られているというように、動きがバラバラなので、「何が一番テーマになっているのか」については常に考えています。その結果、オージーが注目されているならまずはオージーをやると決めます。

その次に、チャートを見て一番効率が良いというか、隙がありそうな通貨を選びます。わかりやすく言うと、買われ過ぎているとか、売られ過ぎているとか、押し目はどのレベルであるのかなどをチェックするわけです。

ちなみに、チャートで見て明らかに買われ過ぎの状態になっているときは、仮にファンダメンタルズ的に「買い」だと思っても下落するまで待ちます。

仲間からの情報がとても役に立つ

いつも見ている情報はたくさんあります。自著にも書いてあるように「ニュースモーニングサテライト」や「グローバルインフォ２４（GI24）」「MarketWin24」「FX wave」などは、「今、市場が何に注目しているのか」を探るのに役立ちます。

ただ、あくまでも「僕にとっては」という意味で言うと、一番大きい情報源は「トレード仲間（友人）」です。信頼できる仲間を作っておけば、迷ったときに意見を聞くことができます。これが重宝するのです。実際、自分がやろうとしていることに対して一呼吸置くこともできますし、後押ししてもらえることもあります。

ファンダメンタルズもテクニカルも欠かせない

今はマーケットが大きくなりすぎています。例えば、すごい大きなプレイヤーが出たからといって、それを真似して買ったり売ったりして儲かるような時代ではなくなりました。野村証券が売ったから、ジョージ・ソロスが売ったから、一緒に真似して売ったら儲かるという時代ではないですから。

さらには、僕らのような裁量のトレーダーが機械［システム売買（人工知能ロボット＝ＡＩ）］との戦いにおいて優位に立つ意味でも、ファンダメンタルズとテクニカルは欠かせません。機械では0・0何秒で5銭刻みを１００万枚売買して儲かるような仕組みになっていますが、僕らにはそれはできません。だから、戦略で勝負するわけです。この戦略を練るときに必要なのがファンダメンタルズとテクニカルです。

見ているファンダメンタルズについて

それなら「ファンダメンタルズにおいて西原は何を見ているんだ」という話になるかと思うので、そこについてもお話ししますと、今だと、ユーロ圏のギリシャがどうのこうのということは見ます。ただ、どちらかというとヘッドラインリスクで終わってしまうことが多いので、ファンダメンタルズを考えるときに僕が一番重視しているのは「金利」になります。金利は政策金利だけじゃなくて、国債の金利などにも注目します。例えば、イタリア国債の金利が７％になったらユーロを売ろうとか、そういう感じです。

金利は数字で出るのでいいのですが、「地政学的リスク」などの話題はヘッドラインリスクで終わってしまうことが多いので、あまり信用はできません。情報としては紹介しますけど、トレーディングとしてはまったく重視していません。

見ているテクニカルについて

次に、テクニカルについては何を参考にしているかというと、僕の場合、メインはデマークです。２番目がディナポリ・チャートです。デマークの場合は、正式版を使うには買わないといけないのがネックです。僕は毎月１５万円ほど払っています。正式版はやっぱりブルームバーグかＣＱＧです。

メインのテクニカルについては、今はその２つで、あとは一目均衡表やＲＣＩ、移動平均線（２００日線とか１００日線）なども補助的に見ています。

デマークについて具体的にお話しすると、メインは「ＴＤシーケンシャル」を見ています。これは、トム・デマークが開発したインジケーターのひとつです。このインジケーター、正規版を使うには、それなりの使用料を払わないといけません（※編集部注：ＭＴ４用のものもフリーでダウンロードできるようですが、それは正規版ではありません）。でも、対価を払ってでも使いたい理由があります。「いつ、トレンドが反転するのか」がわかりやすいからです。

ＴＤシーケンシャルについては、コピーライト（著作権）の関係で、ロジック的な話ができませんので、簡潔に使い方をお話しします。ＴＤシーケンシャルでは、「９」と「１３」の数字に注目します（※画像は掲載できませんが、実際に使ってみればすぐにわかります）。「９」が出たらトレンドが調整される可能性あり、「１３」が出たらトレンドが終焉する可能性大と覚えておけばいいかと思います。デマーク（ＴＤシーケンシャルなど）について詳しいことが知りたい方は、デマークの本『デマークのチャート分析テクニック』を参考にされるといいかと思います。

ディナポリ・チャートの使い方についてもお話ししておきます。これも本気で説明すると長くなりますので、基本を簡単に紹介します。

チャートに表示させるのは３本の移動平均線とＭＡＣＤ、ストキャスティクスです。このうち、独特なのが移動平均線です。ＤＭＡという移動平均線を先行させたものにしているのです。３本の内訳は「３×３」「７×５」「２５×５」です。「３×３」の意味は「過去３本分のローソク足で計算した移動平均線をローソク足３本分だけ先行させる」になります。

次にやることは、スラスト（次ページの点線円）を見つけることです。スラストとは、ローソク足の終値が３×３ＤＭＡを割る（超える）ことなく動いている状態を指します。

例えば、強い上昇トレンドが発生すると、ローソク足は３×３ＤＭＡの上側を推移し、強い下落トレンドが発生すると、ローソク足は３×３ＤＭＡの下側を推移します。このとき注目するのが、３×３ＤＭＡの上側（もしくは下側）をローソク足が何本

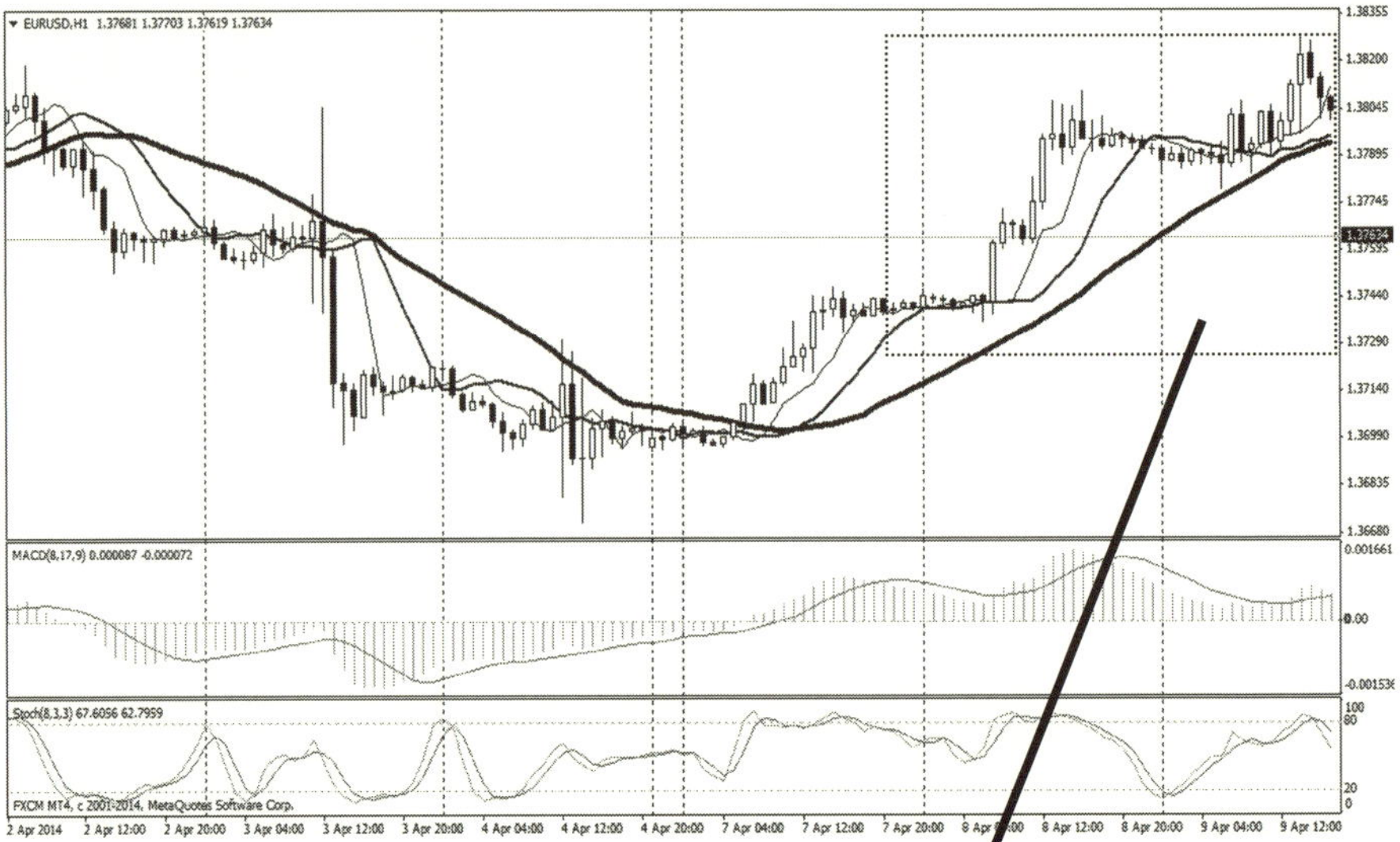
EURUSD,H1 1.37681 1.37703 1.37619 1.37634
MACD(8,17,9) 0.000087 -0.000072
Stoch(8,3,3) 67.6056 62.7959
FXCM MT4, c 2001-2014, MetaQuotes Software Corp.

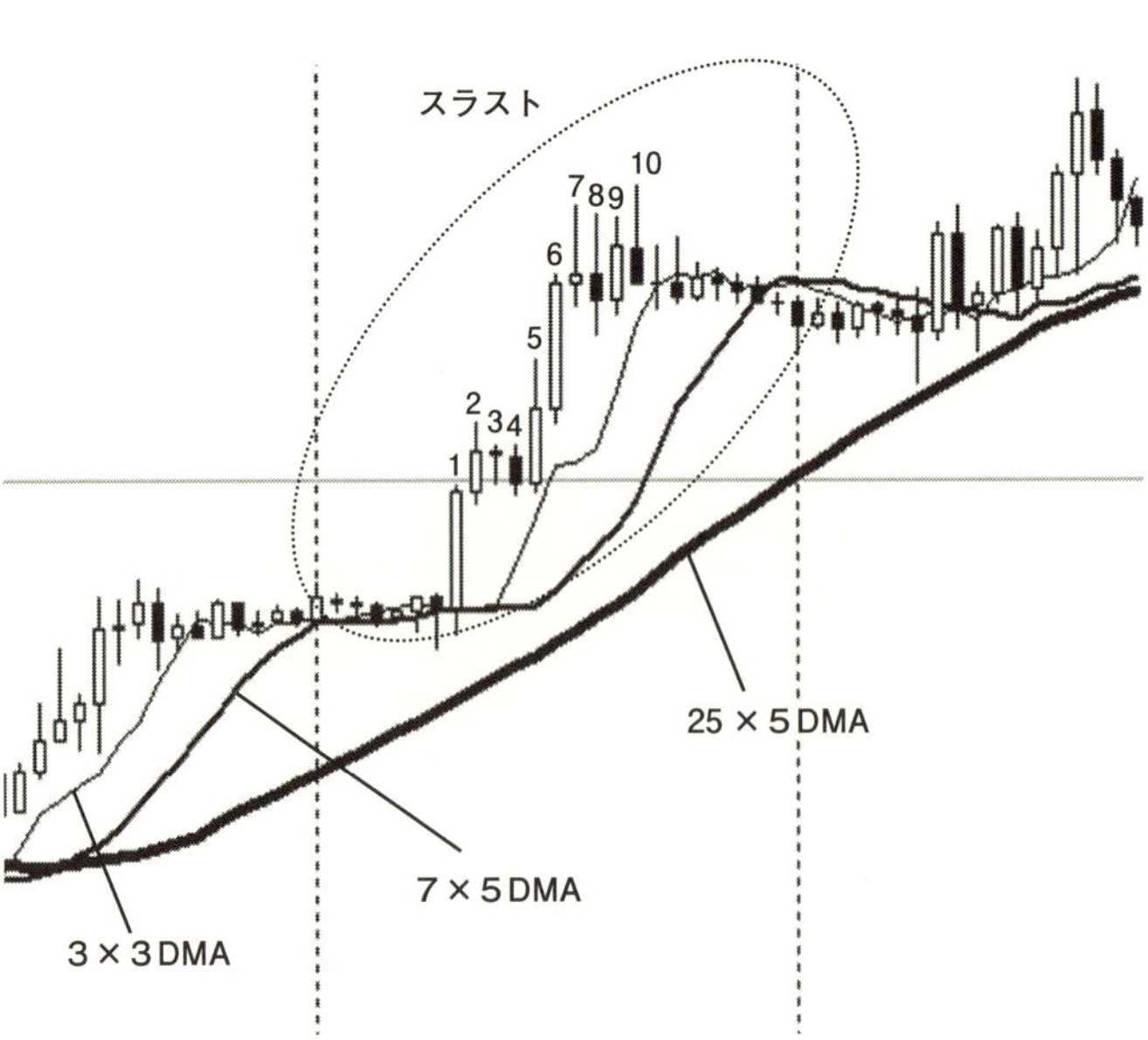
スラスト
1
2
3
4
5
6
7
8
9
10
25×5DMA
7×5DMA
3×3DMA

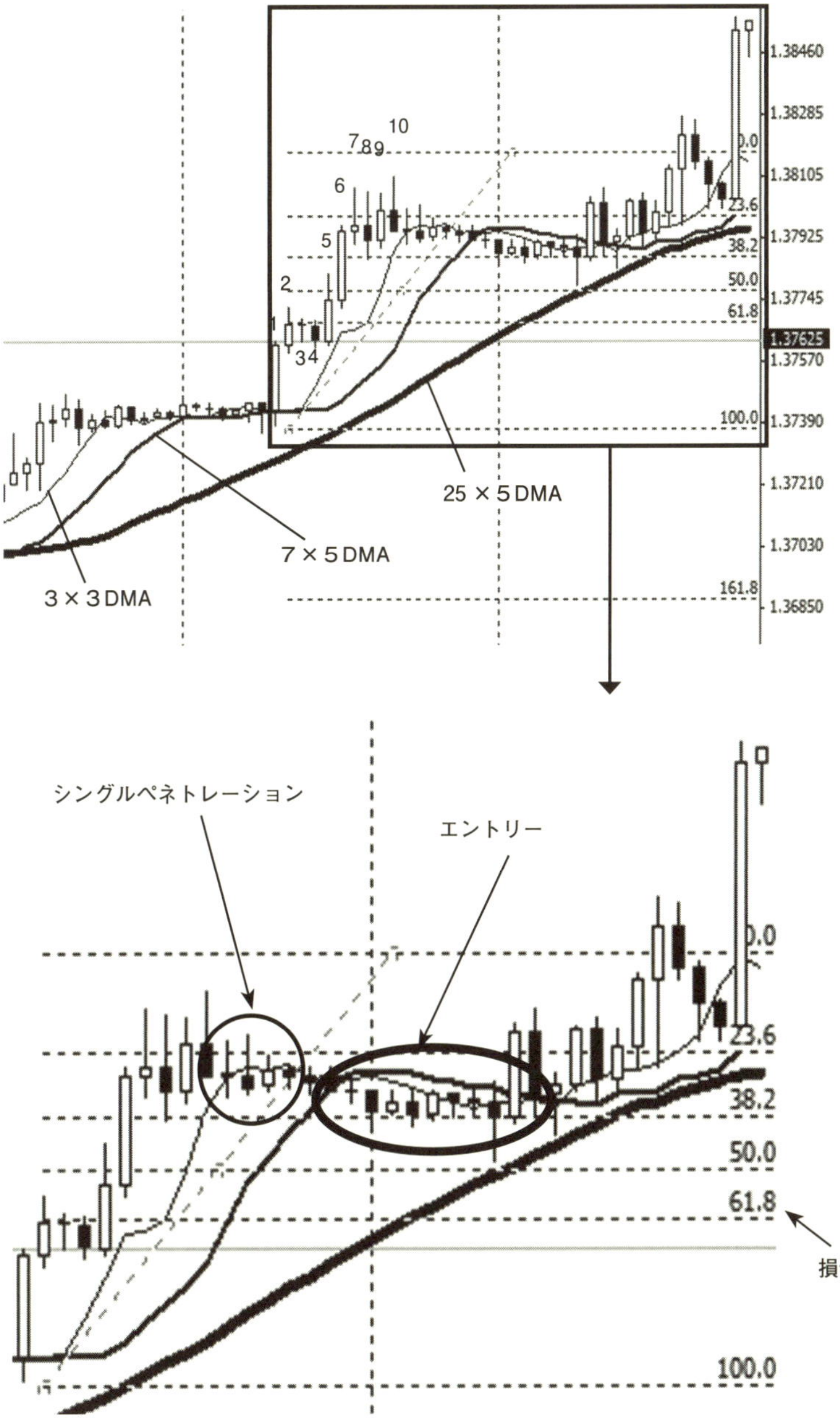
1
2
34
5
6
789
10
0.0
23.6
38.2
50.0
61.8
100.0
161.8
1.38460
1.38285
1.38105
1.37925
1.37745
1.37625
1.37570
1.37390
1.37210
1.37030
1.36850
25×5DMA
7×5DMA
3×3DMA
シングルペネトレーション
エントリー
0.0
23.6
38.2
50.0
61.8
損切り
100.0

分動いているかです。僕は少なくとも「8本分」の推移が見られたかどうかをチェックしています。言うまでもなく、推移するローソク足の本数が多ければ多いほど、信ぴょう性が増します（194ページ参照）。

その次にやることは、シングルペネトレーション（※ペネトレーション＝貫通）になるのを待つことです。これは、3×3DMAを割ること（超えること）を意味します。その後は、フィボナッチ・リトレースメントを引いて、「38・2％」のところで押し目買い（戻り売り）、「61・8％」のところでロスカットです（195ページ参照）。

先述したように、ここまでお話ししたことはあくまでも基本です。ですが、僕はこの基本をしっかり実践することができれば、究極、それ以上のことは興味がある人だけやればいいと思っています。別に難しいことをやる必要はないのです。

ちなみに、基本以外で言うと、ダブルレポ（シングルペネトレーションしてからローソク足10本以内に2回目のシングルペネトレーションが起こり、かつ、その2つの高値もしくは安値が近いこと＝方向転換の可能性大）や、2つのフィボナッチ・リトレースメントを利用した方法などもあります。

最後に、一目均衡表とRCIについても軽くふれておきます。

一目均衡表については、使い方自体は基本に忠実です。特に目新しいこともありませんが、注目しているのは三役好転（転換線が基準線よりも上＆遅行スパンがローソク足より上＆ローソク足が雲の上）と三役逆転（転換線が基準線よりも下＆遅行スパンがローソク足より下＆ローソク足が雲の下）です。なぜなら、相場転換の前兆になるからです。一目均衡表は相場のトレンドを把握するうえで役立ちます。

一目均衡表で流れを確認したあとは、エントリーのタイミングを図ります。そのときに確認するのがRCIです。RCIは3本表示させています。パラメーターは「9」「26」「52」です（次ページの下図参照）。

使い方については、長期線に短期線を合わせるようにします。例えば、「52」の長期戦が上を向いていたら、「9」の短期線が上を向くまで待ちます。上を向き始めたらエントリータイミングです。「52」の長期戦がずっと天井圏で張り付いているようなときも同じです。天井圏で張り付く＝上昇トレンドが強いということでもありますので、「9」の短期線が底を売って上に向くまで待ちます。上を向いたらエントリーです。

実際にポジションを取るとき

まずテーマがある通貨ペアというか、強弱のはっきりしている通貨ペアを探すのが前提です。その後で、タイミングを図ります。具体的には、週足、日足、4時間足、1時間足、30分足という感じで時間軸を落としていって、一番、隙のありそうなところでエントリーします。

エントリータイミングは、先ほどお話ししたテクニカルを参考にしていますが、いつもベストのタイミングでエント

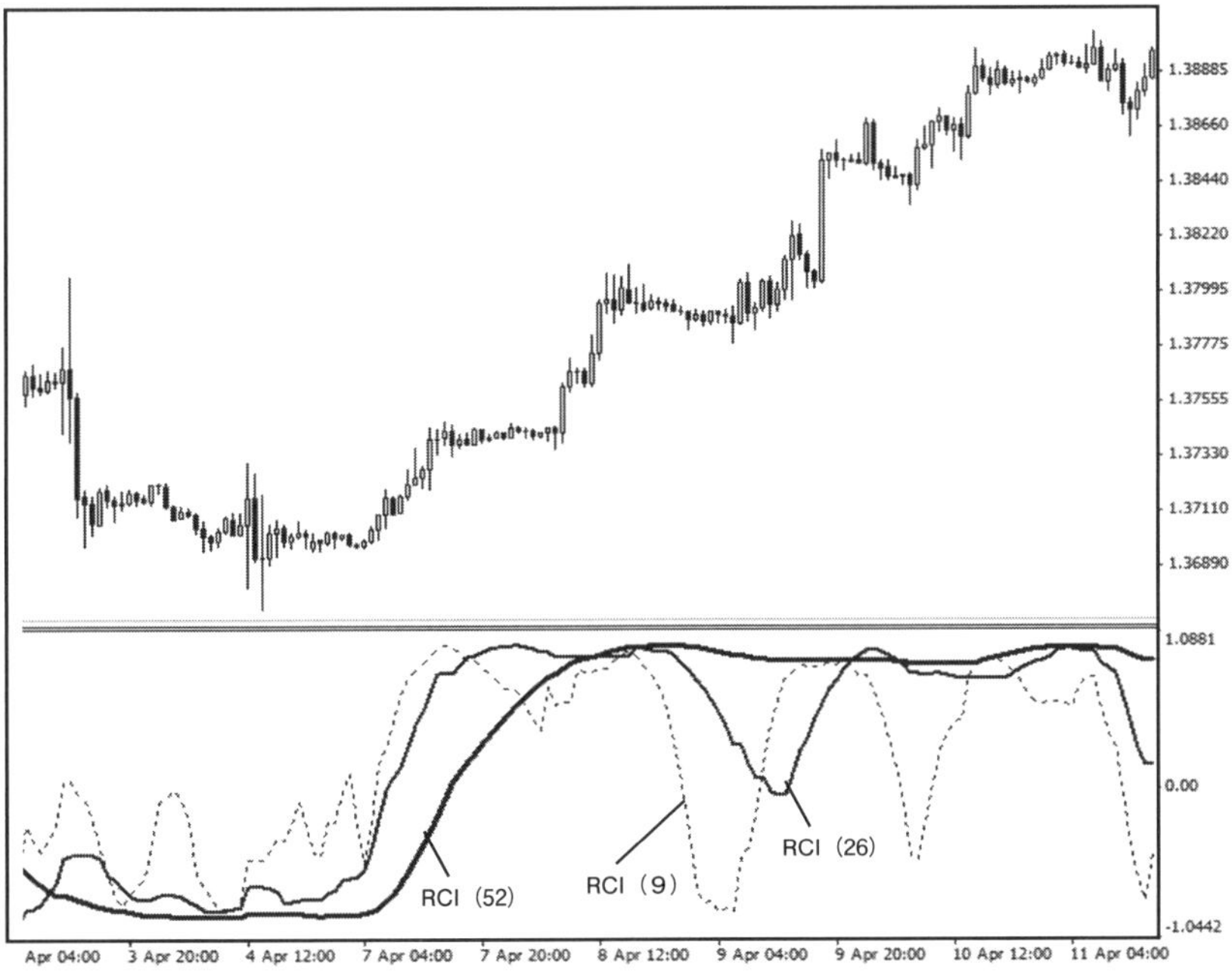

リーできるわけではないので、例えば、ロングで入りたいときにはとりあえず打診買いしておきます。そのあとで、下がったら買い下がり、上がっていけば追撃買いなど、臨機応変に対応していきます。

本当は、最初のエントリーがぴったり当たるといいのでしょうけど、こればっかりは……。例えば、先ほどお話ししたＴＤシーケンシャルで「１３」が出たからそこでいつも反転するかといえばそんなことはありませんしね。どういうことかというと、ずっと上昇トレンドが続いてきて「１３」が出たとしても、ファンダメンタルズ的に見て、まだ買いの勢いが強そうなら「売り」でのエントリーはできません。「１３」だけしか見ていないと、大やけどするわけです。トレードは欲との戦いでもあるので、口で言うほど簡単ではないですけどね。

ポジション作りで言うと、僕は、だいたい日足で方向性を決めて、4時間足とか、1時間足くらいに落としてエントリーのタイミングを図ります。このとき、1時間足でポジションを作ったら1時間足のチャートで、4時間足でポジションを作ったら4時間足のチャートで、完結させます。

あと、ポジションを作る前に、時間帯も考えたりします。ニューヨークタイムですと、動き出すと一方向に行くので、上がったら買い増し、下がったら売り増しする戦略も有効です。ロンドン時間ですと、行ったり来たりが多くなって、東京時間はほとんど動きません。そういう特徴があるので、それに合わせてポジションを作るようにしています。

トレードするうえで大事なこととは

トレードするうえで一番大事だと考えるのは「タイミング」です。この間、ゲーマーの梅原大吾さんという世界チャンピオンと会ってお話ししたときにも痛感しました。彼が話すには、「こうなったらこういうふうにするというルールを決めて、そうなったらそうするわけで、いつやるかがすべてです」と。

「やるべきことを決めて、それをいつやるのか」。世界チャンピオンもそう言っていましたから、そこに真理があると思っています。ルールが決まっていたとしてもタイミングがズレてしまえば、結果も当然違ってくるわけですし。

2年前（※取材したときから2年前）のユーロドルは、ファンダメンタルズで見ても、チャートで見ても、すべて下落目線で、新聞でもユーロは落ちると報道されていて、実際にそのまま落ちました。こういう相場は、甘く入ってしまったとしても、仮に200ポイントぐらい戻ってしまったとしても、ほっといたらまた落ちてくるので、意外と簡単なのです。そんな簡単なマーケットでも入るタイミングが悪いと、下がり出したから売ったのに一時的な調整で上がってしまって、結果、ポジションを切らされてしまうということが連続で起こることもあります。

僕の友人で、いつもドル円を買いから入る人がいます。こんなにドル円が落ちているマーケットでも買っています（※取材日は2012年）。理由は「ずっと一直線に落ちることはないから＝落ちるにしても上げ下げを繰り返しながら落ちていくから」です。もちろん、落ちすぎたらポジションを切りますけど、彼は上がると思っているので、落ちてもタイミングを見てまた買います。そして、同じく、利が乗ったところでタイミングを見て売ります。

オプションの考えでも似たようなものがあります。ロングを持っていて、上がってきたら決済して、また下に下がったら買ってというように、「必ず買いでしか入らない」と決めているとあまりやられないんですよね。どうしてかというと、方向を決めているから、つまりやるべきことが決まっていて、そのタイミングだけを見ているからです。でも、「買いも売りも両方やります」となると、その分、チャンスがたくさんあるように見えますが、逆に、迷いも多くなってくるのではないかなと。結果、タイミングもうまく取れなくなってしまうのではないかと思うのです。

僕の場合、タイミングの取り方自体は、デマークやディナポリ・チャートなどのチャートを見ることはもちろん、長年の経験則をもとに考えます。このあたりは、人それぞれだと思いますが、やるべきことは決まっていますから、あとはタイミングを見て出動するだけです。

タイミングについてもう少しお話しすると、「いつ買う（売る）のか」も大事ですけど、個人的には、「いつ勝負に出るのか」のほうが重要度が高いと思っています。例えば、儲かっているディーラーはどういうタイプかというと、普段は勝ったり負けたりでも、いざというときに大勝負できる人なのです。ここぞというときに一気に力を注ぐというイメージですね。ただ、その「ここぞ」というのは、普段やっていないとわかりません。だから、大きく勝つためには小さく負けておくことも必要なんですよね。

タイミングのほかに大事なのはポジション管理と資金管理です。ポジション管理というのは、「ここぞ！」というとき、例えば、普段は１０万ドルしか張らない人が１００万ドル張ることを指します。資金管理というのは大勝負に出てやられてしまったときに、深手を負わないうちにうまく撤退することです。

ポジション管理と資金管理ができれば、上がるだろうとか、下がるだろうとかいう方向性はあまり関係ないと思っています。例えば、これからドル円が上がるだろうという意見を持っている人もいれば、反対に下がるだろうという意見を持っている人もいるわけで、それは参考にはするけど、トレーディングにはどうでもいいと思っています。上げ下げを気にするくらいなら、どういうときに儲かるのかを知ることのほうがよっぽどよいと思います。

為替というのはゼロサムゲームですので、みなさんがロングを狙ってジワジワ上がっているようなメイントレンドのときは大して儲からないのです。むしろ、買いが溜まってきているときに、大きなストップロスが出てドカンと落ちるとき、例えば何カ月もかけて上げていたものが一日で落ちたりして、メイントレンドが崩れて、皆が損切りしているときのほうがおいしいのです。こういうときに、ポジション管理と資金管理を考慮しながら、うまいタイミングで入れるかどうかがトレードの巧拙だと思います。

キャリートレードで儲かったという人もいますけど、どちらかというと、個人の方で大儲けした人というのは、リーマンショックで崩れたときとか、一日でオージー円が10円落ちたときに資産を築いた人ではないかなと思います。それは儲かりますよね。あとは、儲けやすいというと語弊があるかもしれませんが、指標発表時も注目です。ここで大事なのは、何時何分に重要な指標があるということではなくて、その指標の発表に「サプライズ」があるかどうかです。サプライズがあるとマーケットは驚きます。そこに勝機があるわけです。

そのほかでは、いわゆる「セル・ザ・ファクト（事実で売る）」のようなものもマーケットを動かす要因となるので、注目に値するものだと思います。

余談ですけど、例えば、皆が買うときに裏に行くのは、僕のようにトレードと語り部の両方をやっている人には困るんですよね。そのときに「これは落ちる」と思っていても、チャート的に落ちるような材料がなければなかなか言えません。皆が上がると思っているときに「売りだ！」と宣言するのは勇気がいります。

ファンダメンタルズ的に見て明らかにドル買いのときに、買いが集まりすぎているから「これは落ちる」と思っていても、すぐにはそうならなくて、だいたい1～2回は踏まれてしまうことのほうが多いのです。そういうときに個人投資家さんからの目から見ると、私はすごくバカな奴に映るわけです。明らかにドル円は上がるという雰囲気のときに売って、プロの人がバカみたいにやられたとなったら滑稽に見えてしまうはずです。それから2～3日経って、ドカンと落ちることのほうが多いわけですが。

そういう意味ではデマークの「13」などは、誰が見ても変わりはないですから、僕の考えを伝えやすいです。「13」が出たから絶対に反転するというものではないですけど、数字を出すことで客観性のあるものになるので使い勝手はいいですね。

出口の考え方　～利食いと損切り～

エントリーするということはストップの位置も決めて入っています。ストップの位置は、デマークやフィボナッチなどを参考に、チャートの形で決めています。

ただ、逆行した場合、その位置まで耐えることは少なく、あっさり切ることのほうが多いですね。逆に利益確定の場合はできるだけ耐えて、利益幅を拡大させようとします。

例えば、デマークの「１３」で言うと、「１３」が出たとはいっても、そこできれいに反転しないこともあります。そこからさらに逆行することも想定しています。これは、ある意味、クセなのです。こういう状況を見ながら「いつもと違う」と思えば、即、損切りです。ちなみに、デマークに限っていうと、リスクレベルというものがありまして、基本的にはそこを割ったら損切り決定です。

ストップロスは何らかの形で入れておかないと危険ですよね。何が起こるのかわからないですから……。リーマンショックや９・１１（２００１年9月１１日／同時多発テロ）のようなことがあったときに、ストップがないとディーラー人生が終わってしまいますからね。

去年（２０１１年）のユーロスイスの上げとか介入とかで大きく負けてしまった人もたくさんいました。3年分の利益を一瞬で飛ばしてしまった人もいたようです。だから、ストップを置かないという選択肢は絶対にないと思います。

精神安定上、まずは、許容できる最大のストップを置いておく。そのあとで、状況を見ながらストップの位置をずらしていく。それをするだけで、資産を守れると思います。

実際に損が確定すると、それはやっぱり嫌なものです。特に、「ここが勝負だ」と大きく張ったときにやられるとやっぱりダメージが大きいので、それなりにヘコみます。でもね、それは「しょうがないな〜」という感じなんですよね。だから、損を取り戻そうと躍起になることもないです。

僕は、躍起になって、取り戻そうとしてしまうと痛手がさらに大きくなるとわかっています。例えば人生もそうですけど、1回目の失敗は平気なんですよ。ところが、それを取り返そうと思ってやってしまう失敗が問題であって、2回連続で失敗したら完全に平常心ではいられなくなります。そこでも熱くなって、またポジションを作って失敗する。2回目より3回目、3回目より4回目というように、ポジションを作れば作るほど、大きく張るようになって、どんどんドツボにはまっていくパターンになったら最悪です。

だから、損をしてしまったときには、簡単に取り返そうと思わないほうがいいのです。例えば、100万円やられましたということになったら、すぐに取り返そうと思わないで、1年とか、2年とか、3年とか、長い期間をかけて取り返すように予定表に書いたりすると冷静になれます。実際に、そこまで時間をかけなくてもいいわけで、大切なのはとにかく熱くなった気持ちを冷ますことなのです。今日中に取り戻そうとか、今週中に取り戻そうとか、今月中に取り戻そうとか、短期的なノルマを決めてしまうのはもってのほかです。

100万円やられたとしても、仮に1年365日計算で考えると、取り戻す額は1日あたり約2740円です。250営業日計算でも5000円です。こう考えると、熱くなる必要がないとわかると思います。取り戻す間には、お金では買えない経験値も溜まるでしょうしね。

「やられてしまった、だからすぐに取り戻そう」。これが、実は魔のトラップなんですよね。

最高の思い出と最悪の思い出

最高の思い出は、実際、あえてお話しするほどのものはないです。そのくらい、普通に、欲張らずにトレードしていますというか、トレードしているつもりです。

ただ、最悪の話はありますよ。銀行のディーラー時代の湾岸戦争のときの失敗が強く記憶に残っています。それは、「Buy the rumor, Sell the fact（うわさで買って事実で売れ）」でした。

湾岸戦争が1991年1月に起こる前の年の8月に湾岸危機がありました。そのときは中東情勢についてよくわかっていないときで、いきなりイラクの戦車がクウェートに侵入してきたというニュースが出て、ドル円が上がり出しました。

実は、それまではドル円ショートでずっと儲かっていました。でも、クウェートに侵入したというニュースが流れてドル円が上がり出し、2円ほど損します。ここで、それがなんなのかよくわからなかったけど、ドル買いだと感じたので、ポジションをひっくり返したら大儲けしてしまったのです。いわゆる、有事のドル買いだったわけです。ショートでも儲かるわ、ロングでも儲かるわで、自分のことを天才だなと思いましたね（笑）。

こうなると、怖いものはありません。そのまま、10月、11月、12月と月日は流れ、次第に情勢があやしくなってきて、翌年1月になるとついに湾岸戦争が始まりました。テレビを見ると、スカッドミサイルが空を飛んでいるわけです。

僕の頭の中には湾岸危機のときの「有事のドル買い」がありましたから、目線はドル買いでした。戦争が始まった瞬間、思惑通り2円か3円ほどレートが上がったのですが、それも一瞬で、その後は大暴落です。結局、一気に10円ほど下げてしまいました。

それまで儲かっていたので、上司に「お前、死ぬまでやれ」と言われていたのですが、この暴落で滅多打ちにされてしまって、さすがにショックが大きく、「すいません、ちょっと退場させてください。冷静になりたいです」と言って、その場からは一時、撤退することにしました。

後から考えると、すごく簡単なことでした。湾岸危機のときは、それがいきなり発生したので「有事のドル買い」がその場で効いたのです。でも、湾岸戦争の場合は、湾岸危機とは事情が違います。3カ月も4カ月も前から「そろそろやるゾ」と言われてきたわけです。事実、ドルもジリジリ上がっていました。

そして、湾岸戦争勃発です。「やるやる」と言われていたものが実際に始まり、利食いのドル売りが殺到したわけです。「うわさで買って、事実で売れ」が見事に実現されてしまった、ということです。

でも、この大失敗のおかげで、「Buy the rumor, Sell the fact（うわさで買って事実で売れ）」が相場の真理だという、大きな教訓を得ることができました。

目先の動きにとらわれないトレードをする

基本的にトレンドフォロワーですけど、そればかりではなく、カウンタートレードも狙っています。ひとつのやり方でずっと生き残れるとは思っていませんので、そういう意味では、もう少しやり方を広げてもいいのかもしれません。

僕は、できるだけ目先の値動きにとらわれないように心がけています。とらわれないというと語弊があるかもしれませんが、例えば、上がっているときや上がりそうなときには、「そろそろ終わりそうなんじゃないかな」という見方をしてしまうことが多いです。

僕の場合、デマークを使わないときから、自分の感性で早めに入ってしまうことが多かったです。早めに入ったときに「まずいかな」と思うときは切ります。でも、そういう姿は傍から見ているとバカにしか見えないと思います。もっと言ってしまうと、逆張りすること自体、滑稽に見えると思うのです。でもね、結局、人から見て滑稽なものでないと勝てないんですよね。

いろいろな人と話して気づいたのは、「勝てるものはだいたい孤独なポジションである」ということです。「俺、買おうと思うんだけど」と言って、「お前も買うなら、俺も買うよ」というようなときは、皆がそう思っている以上、いずれはやられますよね。そのあたりの人の心理というか、マーケットの心理を読むのはわりと得意です。

皆が上がると思っているときに、ひとりだけ、下がるという判断をすることが滑稽なことはわかっているのです。その後も、実際に上がっていたらなおさらです。だから、孤独な行動をするには勇気がいります。そういう意味では、テクニカルの裏づけがあると背中を押されやすいです。

皆が買うと言って、本当に上がるなら、皆が買うとき買えばいいやという話になりますよね。でも、実際はどうかというと、そんなことはないわけです。だから、目先の動きに惑わされずに、その先を見据えた行動が求められると思っています。

【今回のインタビューの簡単なまとめ】

◆エントリー（ポジション作り）について

◎今動いている旬の通貨を選ぶ
◎日足で方向性を決めて、4時間足とか、1時間足くらいに落としてエントリーのタイミングを図る
◎エントリーのタイミングはテクニカルを使う。具体的には、ディナポリ、デマーク、一目均衡表、RCIなど

◆投資（トレード）するうえで大事なこと

◎一番大事だと考えるのはタイミング。「やるべきことを決めて、それをいつやるのか」が大切
◎「いつ勝負に出るのか」も重要度は高い
◎ポジション管理と資金管理も忘れてはいけない

◆出口の考え方

◎利益確定については、できるだけ耐えて、利益を伸ばすようにする
◎損切りポイントは必ず設定しておく
◎実損を出したときには、すぐに取り戻そうとは思わずに、徐々に取り戻すようにする。熱くなった気持ちを冷ますことが大切

14

まりお

～無欲のトレードで脱出を図る～

※取材日2012年11月22日

簡単だと思ったのは勘違いだった

最初にマーケットに関わったのは2002年とか2003年くらいです。僕は、株から始めました。きっかけは、もともと株をやってみたいと思っていたからです。その年にたまたま結婚して、ご祝儀がまとまって入ったので、「ああ、これで株をやってみよう」と思った、というわけです。友人が株で1000万円儲けたという話を聞いたことも、僕のやりたい気持ちを加速させました。

ただ、株について、詳しいことは知らなかったので、株の本を片っぱしから買ってきて、何十冊も読みました。まあ、本を読んだだけでは勝てないことはこのあとで知ることになるのですが……。

最初の資金は30～40万円くらいです。デイトレードでした。初めのうちはおそるおそるやるしかなかったのですが、比較的慣れてきたので、途中からは信用取引もやり始めました。最初に買った銘柄は覚えていませんが、あの当時はネット関連を中心に売買していた覚えがあります。でも、ライブドアではありませんでした。

最初は「こんなに簡単なのか」「こんなものがあるならもっと早くやっておけばよかった」と思いました。その当時は、何を買っても上がったからです。半年くらいで資産が4倍になりました。でも、良かったのはここまでです。

当時は、ある人のやり方で、実際にけっこう勝てていたのです。でも、途中からどうしても勝てなくなってしまって……。その手法は、失敗した場合には大きく負けてしまうものでしたから、資産がどんどん目減りしてしまって。最終的には、資金が10万円ぐらいになってしまいました。最初に「こんなに簡単なら……」と思ったのは僕の勘違いだったということですね。

10万円では株なんてできません。結果、たどり着いたのがFXでした。10万円でもできる資産運用は何かと考えたら、FXくらいしかなかったのです。2006〜2007年ごろ、FX投資家が増えてきて、まわりに勧められたからという理由もありますけどね。ただ、僕がFXを始めたときにはもう良い時代は過ぎていた気がします。皆がやり始めた後だったので。

株同様、FXのことは何も勉強していませんでしたから、最初から強制決済を何度も食らいました。当時は、高いレバレッジを利用して、がっつり勝負していたためです。ただ、損はしていましたが、ハラハラドキドキで、すごくおもしろかったです。あっという間に何十万円も儲かることもあればその逆もあったり……。ちなみに、強制決済は30回ぐらい食らっています。

私は不動産投資もかじっています。始めたのは今（取材当時2012年11月22日）から3年前の2009年ですね。初めは、区分所有を現金で買いました。約90万円でした。その後に4000万円の物件を一棟買いました。やっぱり区分所有よりもスケールメリットがありますからね。でも、今はもうありません。失敗したので、全部売ってしまいましたよ。

【まりお氏のプロフィール】
1974年長野県生まれ。2006年から株の運用を始め、その失敗談をブログに漫画で描き始めて人気が爆発。不動産投資を始めた経緯を『めちゃくちゃ売れているマネー誌ZAiが作った　恐る恐るの不動産投資』(ダイヤモンド社)として、ザイ・オンラインに連載した「リンクonまりおくん」season1を『リスクオンまりおくん　-FXの無間地獄-』(ダイヤモンド社)として発売している。

ブログ：「僕と投資と樹海の日々」：http://donzoko.livedoor.biz/

欲を捨てたら数字が良くなってきた時期があった

ある意味、〝勘違い〟の時期を経て、「このままではマズいと思い、何らかの対処をしないと……」と思いました。結論から言うと、欲を捨てることにしたのです。

以前は、月間で30〜40％増やそうと思っていました。月間で倍（200％）を狙ったこともあります。でも、たくさんの凄腕トレーダーと出会ううちに、そういうことができるのは才能のある人だけだと気づくようになったのです。

その結果、行き着いたのは、「大儲けは無理だとしても、月に5％だったら、僕みたいな下手くそでも簡単にできるのでは？」という考えでした。その後、紆余曲折があって、元手の少ないFXで「5％」を目標にして、資金に余裕を持たせ、枚数を少なめにしてナンピンするやり方を採用しました。欲を捨てたのが良かったのか、成績も安定してきたのです。

40％とか50％とかを狙うと、必ずどこかで失敗するんですよ。ずっと勝っていたとしても、どこかで一気にやられてしまう。でも、FXで月に5％なら、本当に簡単でした。その後、このナンピンのやり方ではなくなるのですが、今でも、無理をしない場所で仕掛けることには変わりはないです。

ちなみに、取引する通貨は安いものを狙っています。具体的には、米ドル、豪ドル、ニュージーランドドルを狙っていますが、ニュージーランドドルと豪ドルについてはショートのポジションを入れたくないのです。どうしてかというと、ロングの金利が良いからです。これらの通貨はロングのポジションを入れるときだけ使って、ショートのポジションを入れるときにはドル円をやるようにしていました。今（2014年9月）はドル円は上昇基調なので、ロング中心になっています。

ポジション作りについて　〜エントリーよりも大事な張り方〜

ずっとトレードをしていくうちに、次第に、ポジション作りについて疑問を持つようになってしまいました。一般的に、ＦＸの場合、エントリーするときは少なからずテクニカルでタイミングをとることが多いと思うのですが、そもそも、「テクニカルを使ってのエントリーって本当に重要なのかな」と思うようになってきたのです。テクニカルよりも大事なものがあるのではないかと感じるようになった、というわけです。

そう思うようになったきっかけは、大きく稼いだことのある人のお話でした。僕には、役得というわけではないのですが、いろいろな人からトレードのやり方を教えてもらう機会がよくあります。そのときも、ＦＸから株に移行してしまって、今はもう、ＦＸをやめてしまっている人たちからトレードのやり方を教わっていました。ＦＸという世界を離れてしまっている人ですから、「本当のこと」を教えてくれるんですよ。「今まではメシの種になるから誰にも教えなかった」という前フリから始まった話の中で、興味深いと思ったやり方が２つあったのです。

ひとつは、香港時間（日本時間の１０時〜）に行うトレードです。香港時間には大量の売りや大量の買いが入ることが多いため、一方的に動くことが頻繁にあるそうです。その動きを利用したやり方です。例えばの話になりますが、下に動き始めたとしたら、５００枚のショートポジションを用意して、３ピプス下に動くごとに、１００枚ずつ利確していくそうです。一方的に動くとは言っても、多少の戻しがあるので、そのときには、持っているポジションを全部決済し、その後、さらに下に動くようであれば、ポジション量を半分にするなど少なくしてから入り直すそうです。一方的に動くことが大前提のやり方です。

もうひとつは、実際に僕もやっていて、調子が良い手法です。確実にレンジのところでトレードをやるというものです。確実にレンジのときとは、ニューヨーク時間が終わったあとや、昼間でも指標がないときなど、方向性がないときを意味します。確実なレンジかどうかについては、時間帯だけでなく、さらに高値圏と安値圏に水平線を引いてみて、その中に収まっているかどうかで判断します（次ページの上段のチャート）。

やり方についてお話ししていきます。次ページの下段のイメージ図を例に挙げるならば、まず高値圏から確実に下方向に方向性が決まったと思ったところでショートのポジションを入れます（ショートエントリー）。そのまま、思惑通りに下がっていけばそれでよし、逆行したら、ナンピンしていきます。特徴的なのはナンピンするときの「張り方」です。（ナンピンするときは）最初にエントリーした枚数に「ある数値」を掛けていきます。この詳しい数値については公開できませんので、そのヒントになる話をします。

例えば、１０００通貨で１０枚、ショートでエントリーしたとします（次ページ下段のイメージ図の①）。そこから3ピプス逆行したら、次は１２枚でエントリーします（②）。そこからさらに3ピプス逆行したら、次は１４枚（③）でエントリーします。その後も、３ピプス逆行するたびに、１７枚（③）、２０枚（⑤）という具合にエントリーします。

レンジが大前提ですから、いずれ思惑通りの方向に戻ります。そこで、決済するという流れになります。ただし、レンジの上限（もしくは下限）を超えるような動き（例えば、勢いよく抜けたようなとき）になってしまったら、そのときは損切りです。が、確実なレンジで勝負していれば、損切りになるようなことはほとんどありません。

ちなみに、「何ピプス逆行したらナンピンするのか？」については、そのときのレンジの幅によって変わります。「3ピプス逆行したらナンピン」のときは、だいたいレンジの上下に３０ピプス程度の幅があるときの話だと思ってください。

この話で僕が言いたいのは、テクニカルを意識したエントリーではなく、張り方（賭け方）のほうが大事なのではないかなということです。億を稼ぐような人の話を聞くと、張り方に特徴があるのです。ボリンジャーバンドやＲＳＩといったテクニカルは見ていません。見ていても移動平均線で方向を探るくらいです。実は、ここに真理があるのではないかなと、今は考えています。

◆レンジのイメージ

◆張り方のイメージ（※あくまでもイメージです）

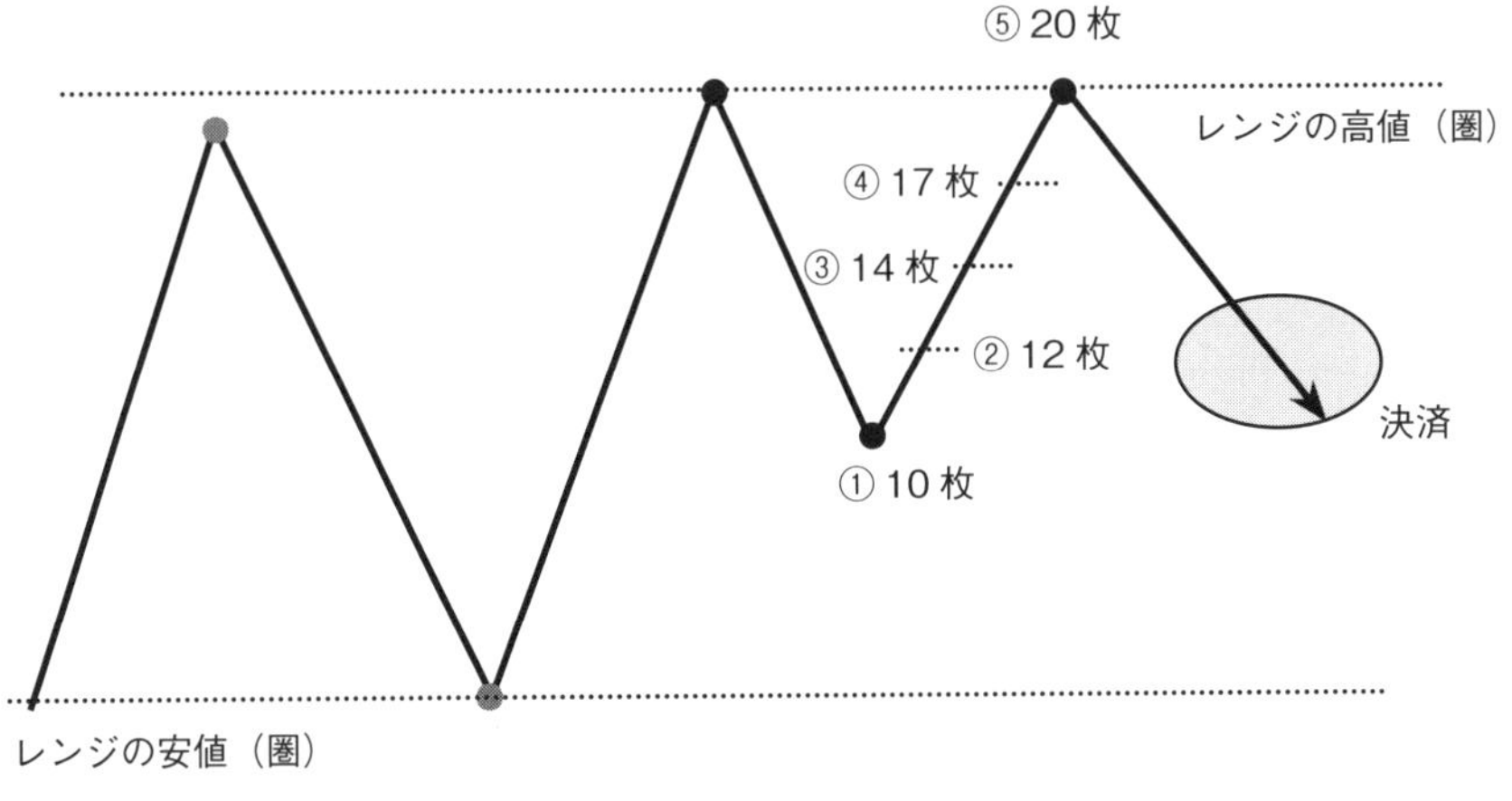

出口の考え方 ～利食いと損切り～

今のやり方は、完全にレンジであることが大前提になっています。ですから、基本的には、大前提（＝レンジ相場）が崩れたら、損切りです。

逆に、レンジであるときは、思惑と逆行していても、ナンピンしていきます。このことについては、すでにお話ししたとおりです。

もちろん、一時的にレンジの範囲内に収まらないときはありますので、レンジから外れても多少の余裕は見ておきます。その余裕をどこまで許容できるかは、人によって違うと思います。

ただし、先ほども少しお話ししたように、音にすると「ピッ」というような感じで勢いよくレンジを超えてしまったときは、すぐに損切りします。チャンスは何度もあるやり方ですので、そこは潔く負けを認めます。

利確については、相場を見ている時点で利益が出たときは、状況に応じて、利確します。「まだ上がりそう。もう下がりそう」という判断は感覚でしかありません。僕の場合、ＯＣＯなどで利確する価格を設定してしまうことが多いです。そのときも、あまり欲張らず、「ここまでは行くだろう」と思う少し下くらいで設定するように心がけています。

トレードするうえで大事なこと

一番大事なのは、あきらめることでしょうか。先ほども少しお話ししましたが、僕はいろいろな人と会ってきました。そのなかで、すごく勝てる人って、才能のあるたった１割の人だということに気づいてしまったのです。でも、負けている９割の人もその1割を目指しているわけです。それは勝てないですよ。だとしたら、潔く大儲けはあきらめて、月5%くらいを目指せばいいのではないかと。そういう考えにシフトすれば、勝てるようになってくるのではないかなと思っています。

「自分も、本とか出しているあの人みたいに何千万円、何億円稼げるはず！」とか、大きな夢を見ないで、「そこそこだっていいじゃないか。おこづかい程度でも増えればいいじゃないか」と思えるようになったらいいんです。所詮、ゼロサムゲームです。だから、そんなに欲張らないほうがいいですよね。

というのも、僕自身、欲を出して失敗したことが何度もあるからです。僕だけでなく、皆にもあると思います。「今月は絶対100万円稼いでやる」とか、「ここは勝負したいんだ」とか言って、5万円とか、10万円で利益確定しとけばよかったのに、欲を出して、結局損切りになってしまうようなことが……。僕の場合はその日に強制決済になるかどうかの瀬戸際で、80万円入金して、結局、耐え切れなくて自分で切ったら、そこからどんどん上がっていったという苦い思い出があります。80万円入金した途端にやられて、ショックが大きかったです。

そのときに、もうそういうやり方はやめようと思って、ナンピンを試し、今はレンジが大前提のトレードをしています。

2番目は、FXをおもしろいと思わないことですね。「FXがおもしろい」と思っているうちは勝てないような気がします。FXトレードって、実際にやっているときは、負けているときのほうがおもしろいような気がするのです。でも、そうではなくて、「今の手法はすごくつまらない、全然おもしろくない」と思えたときが勝てるようになるときではないのかなと。なぜかというと、そういうときは機械的にやっていることが多いからです。機械的だからつまらない。でも、つまらないと感じるくらい機械的にやるほうが儲かるというか、安定して勝てていると思うわけです。

パチンコですごく勝っている友人も「パチンコがおもしろいうちは勝てないよ」と言っていました。通じるものがあるような気がします。

最後にもうひとつ挙げるとしたら、余裕を持つことでしょうか。またパチンコの話になりますが、パチンコで年間1300万円勝った友人は、パチンコ屋の前に朝から4時間並ぶらしいです。そして4時間並んでも、ひとつひとつの台を見て、思ったような（勝てるような）台がなかったら帰るそうです。

僕にはそんなことは絶対できないと思うわけですが、そういう要素がFXにも大事なんじゃないかなとちょっと思っています。どういうことかといいますと、心の余裕というか、ポジション病にならないということです。やらなくていいときが絶対あると思いますから、そういうときに無理して入らないのが大事なのかなと。勝てると思うときだけ市場に参加すればいいのではないかなと思うのです。

雇用統計とか、皆がイベント的に参加するときでも、「何か違うな」とか、「今日はいまいちだな」と思うときはやらない勇気が必要だと思います。

待っていることを機会損失だと考えてしまうと、ついつい買いたくなってしまうかもしれませんが、そういうときはいったん心を落ち着かせて、方向性が決まってから入ろうとか、わからないときはやらなくていいんじゃないかとか、そういうことを意識するといいのではないかなと思います。

最高の思い出と最悪の思い出

最高の思い出はリーマンショックかな。ショートで入って、数秒で30万円獲れたことがありました。「すげえ、やった」と思いました。

でも、そんな経験で味をしめてやり始めたら、その後は大負けするパターンですよ。確かに、こういう儲け方をしたときはたまらんです。でも、至高の経験をすると、そのあとで「もう一回味わいたい」と夢を見てしまうようになるのです。だから、本当は派手な勝ち方はしないほうがいいんですよ。誰かが言ってましたね。「過去の最高の経験は、これからの最悪の経験を生み出すこともある」というようなことを。

結局、最高の経験がいろいろ邪魔するんですよ。「あのときこうなったから、同じようにやればまたここで獲れるはず」と、誘惑してくるのです。その結果、思い切りやってドツボにはまる。その繰り返しだと思うのです。

最悪の思い出は、先ほどもお話ししましたが80万円入金した途端に、強制決済まではいかなかったけど、その前に自分で切ってしまったトレードです。このときはもう死のうかなと思いました(笑)。資金を追加で入れてやる気まんまんで勝負したときに、いきなり逆行でドーン……。

何か読み違いがあったとか、事件が起きたとか、暴落があったわけではなく、ただトレンドに逆らってしまったというだけで、この有様でした。

こういうときって、不思議と切った瞬間に逆方向に戻るんですよね。もう、そういうことが嫌になってナンピンのやり方に切り替え、今のレンジのやり方に落ち着いたというわけです。

痛い経験はしたけど、今のトレードに生きているという意味ではよかったかなと、前向きに考えています。ただ、悪魔の誘惑で「もっと楽しいトレードやろうよ」という囁きが聞こえてきて、「また昔の自分に戻ってしまったらどうしよう」という不安はあります。でも、今は漫画を描いていて時間がないから助かっています。

時間があったらまたやりたくなってしまうかもしれませんが、時間がないから、今のところはけっこう成績は安定していて、勝てています。しかし、いつまた負けるかなんてわかりません。FXで「勝った！」と言える人は、勝ち逃げできた人だけです。僕には「常に大負けしてしまうんじゃないか」という恐怖があります。

無欲トレードを始めてから、今のところは後悔とは無縁

一言で言うとしたら、「無欲トレード」かな。皆、無欲になればいいのにと思います。この欲のないところは、ほかのトレーダーと違うところかなと思います。あきらめたり、夢を見なかったり（笑）。別名、「ネガティブトレード」ですかね？

僕には、人に教えられない必勝法や得意技もまったくありません。さっきも言ったようなことですよね。無欲になれば勝てるのです。でもね、昔は欲丸出しでした。利益の出ているところでやめればいいのに、欲を出して失敗してしまうなど、普通のことでした。

今は、本当に安全な場所でしかトレードはしません。少しでもわからない、つまり危険だと感じたらやらなければいいだけ。欲を出して、わからないのにやってしまうから、思うような結果が出なくなってしまうのだと思っています。利益を出したかったら無欲になること。これに尽きますね。

補足：不動産投資について

不動産投資についても少しお話しします、不動産はね、「確実に儲かるぞ」みたいな雰囲気に見えるのです、どの本を見ても。でも、「それは違う」ということは言いたいです。

不動産で莫大な資産を築こうって思わないほうがいいと思います。僕は銀行からけっこうな額をローンを借りてやっていたのですが、それは莫大な借金を抱えるのと同じで、精神的にもけっこう大変だと思います。

もちろん、満室になって家賃収入が順調に入ってくればいいですけど、例えば、住人が連続で退去したとか、ここの設備が壊れたとか、いろいろと想定外のことも多くて、月々のキャッシュフローがマイナスになってしまうこともあります。そのときに余裕のお金があればいいですけど……。

税金などの負担も上がります。不動産の取得税や固定資産税はもちろん、国民健康保険も、それだけ収入があると上がってしまいます。貧乏人が不動産をやると、一気に上がります。すごい金額になるので、気をつけたほうがいいです。

あと、「不労」所得とは口ばかりです。いろいろやらなければいけないことがたくさんあります。不動産屋をいちいち回ったりとか、退去のときもいちいち見に行ったり……。退去するときは退去するときで揉め事が起こることもあります。実際、中国人の入居者のときにはひと悶着ありました。退去の際、「最初からここは汚れてた」とか言い出してきたのです。そのときは「クロスはクリーニングしてるんだからそんなに汚れているわけがない、おかしいだろう」と思いましたけど、相手が相手なので、疲れてしまって「もういいよ、こっちが出すよ」という結末に……。とにかく、いろいろトラブルというか、やることが出てくる。だから決して不労所得ではないんです。

それがまた、人によって「いや、ぜんぜん手間いらずだよ、大丈夫だよ」って言う人もいるんだけど。でも、僕にはきつかったですね。

【今回のインタビューの簡単なまとめ】

◆エントリー（ポジション作り）について

◎確実なレンジ相場であるかどうかを確認

◎確実なレンジ相場であることを確認したら、高値や安値を意識して入る

◎張り方に注意する

◆投資（トレード）するうえで大事なこと

◎あきらめること

◎おもしろいと思わないこと。おもしろいと思っているうちはまだまだ

◎余裕を持つこと（やらない勇気も必要）

◆出口の考え方

◎相場を見ている時点で利益が出たときは、状況に応じて、利確。ＯＣＯなどで利確する値段を決めてしまう

◎エントリー条件が崩れたら損切り

◎レンジであるときに限ってナンピンする

15

YEN蔵

～長い時間と短い時間の融合トレード～

※取材日2012年12月12日

就職で金融業界に足を踏み入れる

もともと、就職のとき、広告代理店とか、本を読むのが好きだったので出版業界を狙っていたのです。でも、先に就職が決まった友人から「金融業界はいいよ」というようなことを聞いて気が変わったというか……。最終的に、シティバンクに就職しました。今思えば、金融業界に入ってラッキーだったと思います。その友人に会わなかったらたぶん行かなかったでしょうね。

シティバンクに拾ってもらった私の仕事は最初から為替でした。80年代後半から90年代は激動の時代でしたけど、インターネット証券が現れ始めて、世の中も変わり始めて、それにつれ、投資主体とか、投資手法とか、プレイヤーがどんどん代わっていくという、ある意味、良い時代だったと思います。そのころは、シティバンクは為替の世界で一番だったのではないでしょうか。世界一の中心にいられたことは、自分にとってとても良かったと思います。優勝を狙えるようなチームにいればこそ、見えるもの、目指すべきものがあると思うからです。良いチームに入ったほうが、その全体のフローがよりはっきり見えます。それは圧倒的に有利なのです。情報量も人脈も、質の良いものにふれることができます。そういう意味では、とてもラッキーでした。

見ている通貨について

基本はメジャー4通貨です。対ドルで、円とユーロとオージーとキウイ。あとはその対円ぐらいです。これらの通貨を選んだ理由は「流動性」です。例えば、マイナーなカレンシーの場合、その国の固有の材料で動くこともあるのでそれに乗ることも間違いではないのですが、基本的には流行り廃りがありますから、マイナーな材料だけではすぐに終わってしまう傾向にあります。最悪なのは、固有の動きに慣れたときに〝その動き〟が終わってしまうことです。そういうことを含めて考えるなら、やはり、ある程度の流動性がある主要通貨の中で取引したほうがいいと思うのです。

株と連動して動くクセがあることも主要通貨を選ぶ理由のひとつです。例えば、日経平均株価と連動性が一番高いのはユーロ円です。相関係数でいうと0・86前後くらいです。その次がオージー円で0・85くらいです。市場がリスクオフ（リスクを好まずに回避していること）、リスクオン（リスクを好んで取りに行くこと）で動いているのであれば、それに乗るのが良い戦略ではないかと思います。上がるか下がるかは別として、相関係数の高いものを狙っていくのが、今はひとつの戦略かなと思います。

昔、ポンドを取引していたこともあります。でも、今（2012年12月12日。以下、略）はポンドはほとんど動きません。動きがない以上、魅力的ではありません。

逆に、今、一番動いているのはオージー円やニュージーランド円です。ユーロ円も良い感じになってきました。やっぱりボラティリティの高い通貨のほうが妙味があります。

ちなみに、ニュージーランドが良いというのは、動きがはっきりしていることはもちろん、ボラティリティが高いこと、さらには証拠金率が低いことも関係しています。例えば、今はニュージーランド円のスプレッドは0・8で、ポンド円のスプレッドは1・6です。値幅で言ったらニュージーランド円のほうが小さいですけど、その分、証拠金率が半分で済みます。ということは、

【ＹＥＮ蔵氏のプロフィール】

株式会社 ADVANCE 代表取締役。米系のシティバンク、英系のスタンダード・チャータード銀行と外資系銀行にて、20 年以上、外国為替ディーラーとして活躍。その後、独立し、現在は投資情報配信を主業務とする株式会社 ADVANCE 代表取締役。為替を中心に株式、債券、商品と幅広くマーケットをカバーしてわかりやすい解説を行っている。長期のファンダメンタルズ＋短期のテクニカルを組み合わせて実践的なリポート、セミナーを展開。ドル、ユーロなどメジャー通貨のみならず、アジア通貨を始めとするエマージング通貨でのディーリングについても造詣が深い。また海外のトレーダー、ファンド関係者との親交も深い。「YEN 蔵」http://blog.livedoor.jp/slalom2007/ の名でブログを開設。為替市場に対するコメントなどで多数のアクセスを集めている。ＹＥＮ蔵ＦＸトレードタイム http://blog-yenzo.okasan-online.co.jp/ では毎日夕方にトレードアイディアを書いている。Twitter ではＹＥＮＺＯＵでマーケットの動きをつぶやいている。

2倍持てるということです。それでいて変動率もポンド円より高いのであれば、やっぱりニュージーランド円のほうが有利だと思います。

見ているファンダメンタルズについて

普段見ているものについては、ほかの投資家の皆さんと同様、ファンダメンタルズもテクニカルも見ます。ファンダメンタルズで方向を決めて、テクニカルでエントリー&エグジットを探るイメージです。

為替の場合は、テクニカルが8割でしょうね。ただ、大きく動いて、それがしばらく続くときのファンダメンタルズというものは意識しておかないといけないと思います。というのも、大相場になるときは、その裏にはやっぱりファンダメンタルズがあると思うからです。

例えば、ユーロがずっと売られていたとき、500ポイント級、1000ポイント級の大きな動きがありました。これは、ファンダメンタルズに何らかの変化が伴わないと、普通は起きないはずの現象なのです。

逆に言うと、大きな動きが出たということは、ファンダメンタルズに変化が起こったからだと言えるのです。一年に3回か4回はそういう大相場が来ます。そういうときは積極的にメイントレンドに乗っていくべきだと思います。

今年（2012年）のドル円を見ると、バレンタインのころから一度上がり始めて84円くらいまで動き、その後、80円を割るところまで下がって、今はもう一度上がっています。都合、すべてを獲れたかどうかは別として、3回は大きなチャンスがあったと思うわけです。極論を言えばこの3回が獲れれば、普段やっているトレードのトータルの勝率が3割ぐらいでも十分なのです。乗らなければいけないときにきちんと乗ることができるなら、勝率なんて、あまり気にする必要がないんですよね。

繰り返しになりますが、ファンダメンタルズに大きな変化が出ていて、５００ポイント級、１０００ポイント級の動きが出ているときは絶対にそのメイントレンドに乗らないと損をします。入るタイミングについてはテクニカルで決めたらいいと思います。

大きな相場を狙うときのファンダメンタルズというと、例えばこの9月（２０１２年）くらいから世界的に金融緩和になっていましたよね。「金融緩和＝リスクオンになった」ということが言えますから、これからは円売りされやすい状況なのかなと想像できます。だとしたら、その波に乗るのが良いわけです。

あとはやっぱり、イベントがあって、イベントまでにどのぐらいそれを相場が織り込むのかが大事なのです。要は、ファンダメンタルズの良し悪しではなくて、その手前にあるものなのです。相場がそれをどのぐらい織り込んでいて、それに対して、どのぐらい動きそうなのかを知っておくことなのです。株などでも、「決算が良いんじゃないか」ということで株価が上がっても、決算が出た瞬間に売られたりしますよね。これと同じことです。

だから、やり方としては、織り込み度を見ながら、一度は仕掛けてみて、次にどう行くかを見極めることが大事なことではないかと思います。ファンダメンタルズのイベントの結果がどうのこうのというより、数値化はできないですが、イベントまでの織り込み具合やマーケットの期待値がどのくらいかなどを見たり、オプションのボラティリティを見たりとか、そういうことのほうが勝敗を決する要素になるのではないかと考えています。

見ているテクニカルについて

テクニカルでよく使っているのが、過去1日～1カ月の高値、安値を使ったフィボナッチ・リトレースメント（以下、フィボナッチ）の「３８・２％」と「６１・８％」です。具体的には、１時間足に、１２０本分の高値・安値のライン（「６１・８」と「３８・２」）を表示して見ています。１時間の１２０本分ですから、１週間の高値・安値の値動きをフィボナッチで見ていることになります。また、４時間の１２０本分のフィボナッチの高値・安値のライン（「６１・８」と「３８・２」）も表示して見ています。こちらは１カ月分の高値・安値の値動きをフィボナッチで見ていることになります。

私は、短期のフィボナッチ（１週間分）のラインをトレンドラインとして見立てると同時に、サポートおよびレジスタンスとして利用しています。

例えば、次ページのチャートですと、丸印（次ページの下のチャートの丸印。短期のフィボナッチのラインが長期のフィボナッチのラインを割り込んだとき）以降、短期のフィボナッチが何度か良い戻り目になっていることがわかります（次ページの上下のチャートの太い丸印）。必ずしもこれでダイレクションが当たるとは限りませんが、レートの動きがどこで止まりそうかなど、節目は見えやすくなります。

また、丸印（次ページの上のチャートの二重丸）のところのように、長期で見たときのフィボナッチはまだ変化していないけど、短期で見たときのフィボナッチが変化して、それが長期のフィボナッチをブレイクしたときは、その後、大相場になる可能性が高くなります。そういう動きを見ることにも使っています。

あとは、ボリンジャーバンドを意識することもあります。１σから４σぐらいまで表示しています。なぜかというと、２σを

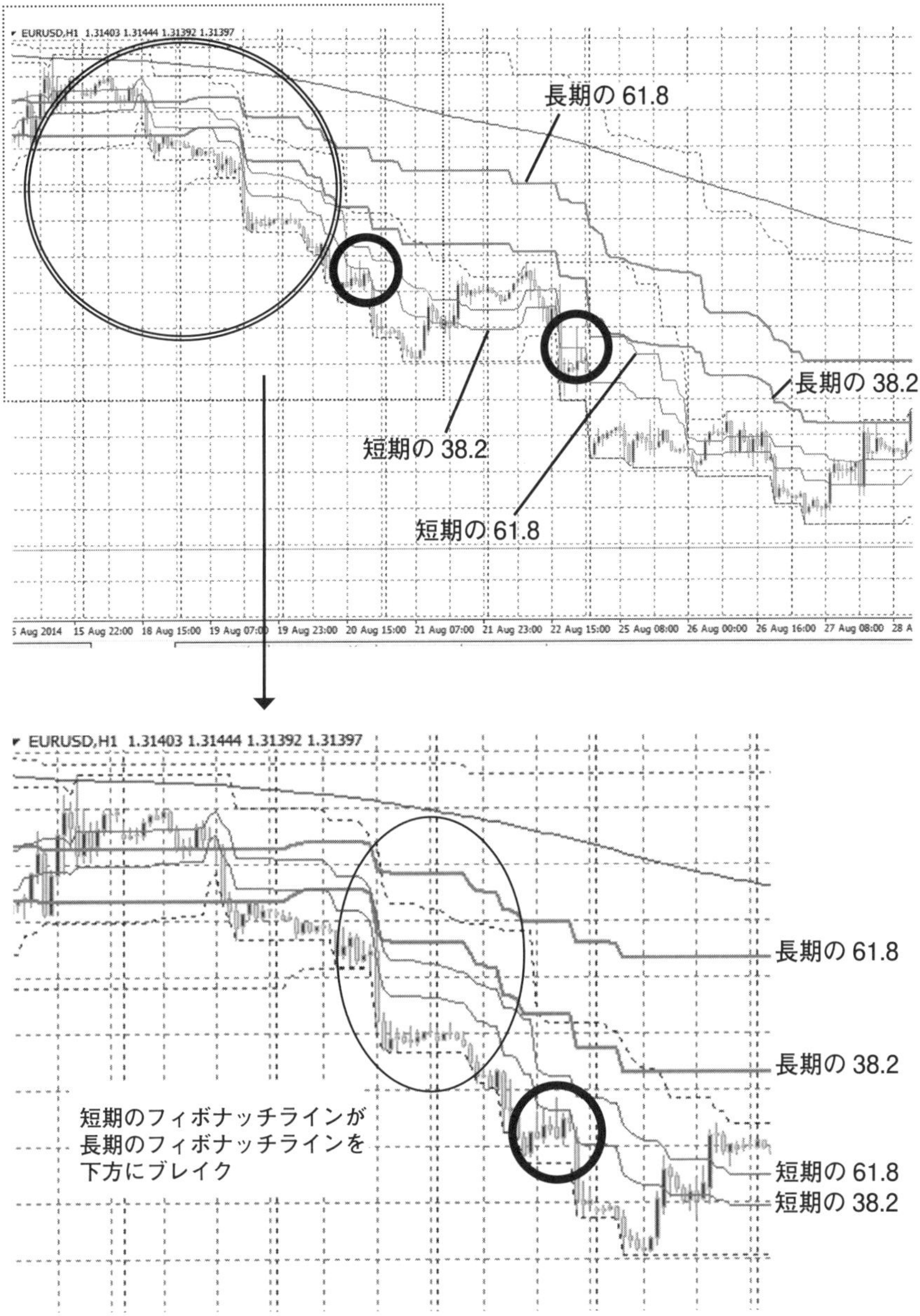
EURUSD,H1 1.31403 1.31444 1.31392 1.31397
長期の 61.8
長期の 38.2
短期の 38.2
短期の 61.8
5 Aug 2014 15 Aug 22:00 18 Aug 15:00 19 Aug 07:00 19 Aug 23:00 20 Aug 15:00 21 Aug 07:00 21 Aug 23:00 22 Aug 15:00 25 Aug 08:00 26 Aug 00:00 26 Aug 16:00 27 Aug 08:00 28 A
EURUSD,H1 1.31403 1.31444 1.31392 1.31397
長期の 61.8
長期の 38.2
短期のフィボナッチラインが
長期のフィボナッチラインを
下方にブレイク
短期の 61.8
短期の 38.2

見ている人が多いですけど、2σだけでエントリーを考えると絶対にうまくいかないからです。

例えば、どの時間軸のボリンジャーバンドで見るか、アウアリーで見るか、デイリーで見るかなどによって、結果は違うと思うのですが、だいたい2σから始めて3σ、4σくらい出しておくと、3σとか4σでは、大相場でもまず引っかかります。まあ、逆張りするのならそこですよね。2σで逆張りしたら、損切りになることのほうが多くなりますよ。

トレードにとって大事なものとは

一番大事なことは自分の投資方法というかスタイルを持つことです。それを数値化したのがシステムで、それを数値化しないで自分の中でまとめたものが裁量だと思うのです。自分の得意技を持ってないと、一時的には問題なくても、長期的には厳しくなるのではないかと思います。エントリーもエグジットも、要は得意技ですからね。本当は、得意な場面のときだけトレードすればよいのでしょうが……。欲に負けてほかの場面でも手を出してしまうからやられてしまうのでしょうね。自分のスタイルがあって、そのスタイルのときにだけエントリーして、それを守ることが一番大切なことだと思うんですよ。

その次に大事だと思うのが、スタイルに含まれるのか、そのひとつ前の話になるのか、微妙なところですけど、時間軸を決めることです。平たく言うと、どの〝波〟に乗るのかということです。

というのも、どの波を選択するかによって、エントリーとエグジットの距離が変わってくるからです。例えば、短い波を選んでスキャルピング的に2～3ポイントを狙いにいこうと思っているのに、ストップロス50ポイントではおかしいです。中期的な波を選んでデイトレード的に50ポイント狙いにいくのにストップロス3円でもおかしいです。波に合わせて、エントリーとエグジットを決めておかないと、マネーマネジメントの面で厳しい局面に立たされると思います。

これらを踏まえて、その次に大事になるのがストラテジーです。短期のトレードをやっているのに戦略的に長いポジションになってしまって、結果、損切りや塩漬けになってしまうという話をよく聞きますが、こういうことは絶対にやってはいけないことだと思います。短期の戦略なら短期決戦、長期の戦略な長期決戦。これが基本だと思います。

ちなみに、私は裁量で、しかもポイントブレイク型のスタイルなので、「ここぞ」というときに一気に仕掛けるようにしています。それでダメならすぐに損切りします。利が乗っているならば、そのときも一気に利食うのではなく、少しずつ利食っていって、根ッコの部分だけを残すような戦略にしています。今みたいにトレンドが出てるときは、根ッコのロングをずっと持ってるのがよいわけですから。そういうやり方で行こうと決めてあって、そのとおりにするだけなのです。

レバレッジを有効に使うためには一気に膨らませるときと、それを長く持っていては危険性が高まるので縮ませるときの「2つ」を使い分けする必要があります。為替は株に比べてボラティリティが圧倒的に少ないので、特にそういう資金管理が大事になってくると思います。常にアクセル全開ではなくて、「ここぞ」というときに膨らませて、少しずつ利食っていって、ある程度のところに収めていくような戦略のほうが機能するのではないかなと思いますね。勝率を狙うのもいいですけど、勝てるときにある程度は勝っておかないと、何が起こるのかわかりませんから。

出口の考え方　～利食いと損切り～

利食いについては、高値安値やフィボナッチ・リトレースメントなどを目安にしながら、最初のターゲットで3分の1は利食います。場を見ているときは、もう3分の1を利食いしながら、様子を見て、残りのポジションのストップを変更します。見ていないときは（寝てるときは）、3分の2を利食いして、残りはもう一段上に利食いとストップのOCOオーダーを置きます。

もし逆行してしまったとしても、エントリーしたときにストップだけは決めてあるので、ストップがついたら「まあ、しゃあねえか」って感じで見ています。

あとは、ファンダメンタルズ的な材料でやっていたとして、それに反するようなニュースが出ていないかはチェックします。いつもと違うような動きをしているときは、とてつもないことが起こっている可能性があるからです。「?」と思ったらまずはいろいろ調べてみて、自分の意図していたことと反する材料が出ていたならば即座にポジションを切ります。損切りはもう「絶対」です。損切りの場所から逆算してエントリーの場所を決めるぐらいの感じのほうがいいと思います。

ただ……。そうはいっても、1回損してしまうと、またその10ポイント下にストップを置いたりして、再度、エントリーしてしまうことはありますよね。裁量だとどうしてもやっちゃうんだよね。まあ、だから、1回だけはヨシとしようかなと思ってるんです、1回だけは……。

損切り自体は、直近の高値&安値などのチャート上の節目で決めることもあるし、テクニカルを使っているなら、それが目安になることもあります。例えば、RSIを使っているなら、ダイバージェンスを意識したりはします。余談になるかもしれませんが、RSIの損切りについて少しお話しておくと、例えば、RSIが上のほうにいて、買われすぎだから下がったら売ろうと考え、実際に下がってからエントリーしたとします。でも、RSIが下がっているにもかかわらず、値段はさらに上がっていく場合があります。まぁ、これがいわゆるダイバージェンスですが、このときは、上がった時点でいったん損切りが常道です。上がりきって、またRSIが落ちてきたところを狙うパターンになります。要するに、そういうパターンがあるということを自分でわかっておかないと、最初の損切り（RSIが下がったからエントリーしたが、値段が上がったので切ったポジション）が犬死ににになるわけです。

損切りするときにやってはいけないことは、一度、ポジションを切られたら、そこですぐに同じ方向にポジションを作ることです。それでは、損切りした意味がありません。もう一度入るなら入るで、冷静になってチャートの形を見るなり、心を落ち着けてからエントリーポイントを探ることが大切です。

先ほどもお話ししたように、常にストップの場所を意識してからエントリー場所を探すほうが安全だと思います。例えば、大きな波に乗りたいときは、100ポイントくらいは狙いにいく感じになるかと思うのですが、このときにストップロスを考えると、30~40ポイント、あるいはその倍まで許容したとして60~70ポイントあたりが限界かと思います。こういうことを頭に入れたうえでエントリーしているかどうかだと思うのです。何も考えずにエントリーして、その後で、降りる場所を探すのでは順番が違うと思います。もちろん、為替の場合は、反応の速さが問われることもありますので、ニュースなどの材料を見てパッと入ってしまうこともありますが、基本は常にストップありきでのエントリーだと思っています。

最高の思い出と最悪の思い出

20年ぐらい前の話になります。東京時間に、ある信託銀行がマルク円を大量に買っていたことがありました。僕はそのときマルク円をやっていまして、大きな玉を持っている信託銀行に、ずっと売り向かっていたのです。結果的に1カ月のストップロスリミットに引っ掛かってしまうくらいの損をしました。金額は言えませんけど（笑）。

引けにかけて、ある程度までは取り戻したのですが、1カ月のロスリミットを完全に超えていたのです。本当はロスリミットまで到達してしまうと、その月は退場、ペナルティボックス行きなのです。信託銀行の買いは、実はファンドマネジャーの投資の玉だったりするので、東京時間はそちらの方向（＝買い）に行ってしまうことも多いのですが、その日か、その次の日、大暴落したんですよ、マルク円。やっぱり「俺は正しかったな」と思ったんだけど、そこは文字通り後の祭り。資金管理ができてなくて、ロスを抱えてしまったので……。

もちろん、何度か逃げられるところもありました。チャンスがあるのに逃げることができなかった理由は、僕のショートの持ち値のほんのちょっと手前で反転したからです。運というか、これがあるから「マーケットってヤだなあ」と思うんですけどね。

もう少しのところで逃げられると思ったら、淡い期待なんか捨てて、そこでやめなければいけないというのが教訓です。ここまでが最悪の話です。

この話には後日談があります。大きな損を出してしまったので、さすがに精神的にも肉体的にも疲れてしまって「もう休みます。休ませて」という泣き言を言っていたら、「いやいや、何を言うか」と、少し枠をくれたのです。本当に少しでしたけど、逆に「少しだからやられない」と思ってやり始めたら、最終的にプラスにはならなかったのですが、嘘のようにものすごく取り返せたのです。このときは、もうこれ以上ロスできないからと思って、守りに徹して、回転を早くして、コツコツ利を積み重ねるトレードに徹しました。それが良かったのだと思います。僕がその銀行に勤めていた中で一番緊張してトレードしていた時間だったと思います。これが最高の思い出です。

余談ですけど、もうひとつ、失敗談とも成功談とも言える、おもしろい話があります。銘柄名は挙げないほうがいいと思うので伏せておきますが、ある銘柄が70円とか80円とかの時代があり、そのときに買ったことがあります。その後、90円になり、100円になり、「おっ、30％も値上がりした」と思って、そのあたりで売ってしまった銘柄、その後、いくらになったと思いますか？　何と2500円まで上がったのです。損はしていないので成功かもしれませんが、私自身は、人生最大の失敗だったと思っています。損切りは入る前に決めておけばいいので実は簡単ですが、利食いは入ったあとに迷うものなので、やはり私にとって利食いは難しいというか、永遠のテーマになりそうです。

二段構えトレード

私のトレードの特徴は「根ッコの部分を保有したまま、いかに回転させるか」にあると思います。〝二段構えトレード〟とも言うのでしょうか。長い目で利を重ねる部分と、短いスパンでコツコツ利を乗せていく部分を両立させることで、結果的にキャピタルゲインの増大を狙っています。

私はＦＸもやりますし、株もやります。ある意味、儲かりそうなものなら何でもやります。そういう意味では、必然的にお金の流れを常に見ることになります。やっぱりお金の入っているマーケットで勝負するほうがいいですからね。

そういうお金の動き（株の場合なら、出来高や売買代金の増加など）を見ながら、全体を見渡すようにしています。もちろん、チャートも毎日見ていて定点観測はしていますが、もう少し大きな流れの中でどこが儲かるのか、どこだと儲かりそうかについては常に探しています。このあたりは、もしかすると、私固有のものかもしれませんね。

最近（２０１２年１２月１２日）は為替と株が連動する傾向にありますので、そういう動きもやっぱり為替のトレードにも活かしながらやっていきたいと思っています。他のマーケットの動きも見たほうがいいのかなというのが今のところの私の考えですね。

【今回のインタビューの簡単なまとめ】

◆エントリー（ポジション作り）について

◎大きな相場を狙うならファンダメンタルズも意識すること

◎フィボナッチ・リトレースメントの高値（61.8）と安値（38.2）を表示して、節目を見やすくしている

◎ストップを決めてからエントリーする気持ちが大切

◆投資（トレード）するうえで大事なこと

◎自分のスタイルを持つこと。自分のスタイルがあって、そのスタイルのときにだけエントリーして、それを守ること

◎トレードする時間軸を決めること。どの“波”に乗るのかということ

◎ストラテジーを決めて、ブレないようにすること

◆出口の考え方

◎高値安値やフィボナッチ・リトレースメントなどを意識しながら、少しずつ利益を確定する

◎チャート上の節目（直近の高値安値で損切り）を考える

◎損切りするときのパターンを自身で把握しておくこと

◎損切りした方向に、“すぐ”にエントリーしないこと

16

奈那子

～テクニカルと資金管理を重視してトレードする～

※取材日2012年12月14日

トレードは「リスク」と「夢」が共存する世界

私は、今でこそFX取引が主力になっていますけど、もともとの入口は株でした。確か1995年だったと思います。ウィンドウズが一気に盛り上がった少しあとに株のネット取引が流行り出したので、松井証券で口座を開きました。

株をかじり始めたときはど素人でしたから、ご多分に漏れず、うまくいったり、うまくいかなかったりの繰り返しで、利益が加速度的に積み重なっていくようなことはありませんでした。何しろ、テクニカルのことなども一切知りませんでしたからね。そのくせ、「信用取引はやってはいけない」というような受け売りの知識だけはあったので、現物買いばかりで勝負していましたから、徐々に株価が値下がりしていく局面の中で、何もできなかったというのが本音です。極めつきはライブドアショックです。それまでの利益を吐き出してしまい、株では勝てないと悟りました。

結局、株では思い通りにならなかったので、他に何かないかと探していたときに出合ったのがFXでした。2006年のことです。

株で思い通りにならなかったとはいっても、大きなマイナスを出したわけでもなく、どちらかといえばプラスマイナスゼロに近い状態だったので、「もう1回、チャレンジしよう」という軽い感じで始めたことを覚えています。

ＦＸという言葉がメジャーになり始めたころは円安イケイケの時代で、とにかく円を売っておけばプラスになっていましたので、ドル円の買いのみのトレードが主流でした。でも、私が本格的にＦＸ取引に入ったのは円安イケイケ時代の終焉に近いころでした。加えて、サブプライムローン問題も起きてしまって、いきなり痛い目に遭わされてしまいました。ＦＸの出だしは決して順調ではなかったと思います。

「損をしたときにやめようとは考えないのか」と思われるかもしれませんけど、トータルでは負けていたとしても、一度でも儲かった経験があると、あの世界から抜けられなくなります。感覚が麻痺するというか。普通に生活していては、大きなお金を手にするチャンスがないですから、そういう意味では、リスクはあるけれども、それに見合うだけの夢がある世界かなとも思っています。

私はスキャルピング取引ではないので、トレンドが出ているときは、思う方向に数日ポジションを持つこともありますが、それとは別に、デイトレードでポジションを持ち、その日のうちに決済することもあります。仕事や子育てもしていて、始終、市場の動きを見ていられないですし、そもそもトレードは待つ作業のほうが多いですから、指値等もします。

【奈那子氏のプロフィール】

サラリーママを卒業し、ＮＰＯ法人子育て支援を運営しながら２００６年からＦＸ取引をする。人脈が自然と広がりＦＸ業界・金融業界トレーダーとの交流を深く持つ。2014年に『ＦＸで勝ち残る７つの法則』を自由国民社から。2000人のトレーダーと会った経験をもつ。

今動いている「旬な通貨」を狙う

私は元シティバンクでプロップディーラーをされて、ドイツやシンガポール等の海外で活躍されてきた西原宏一さんや、テクニカルアナリストであり、トレーダーでもあるバカラ村さんのように「自分の資金でトレードをしているトレーダーの声」を非常に重要な情報だと考えています。ですので、私自身のトレードの通貨ペア選びにしても自然と彼らと同じ通貨ペアを取引することが多いです。というか「旬な通貨ペア」や「話題の通貨」というのは、そのときのマーケットに参加しているトレーダーが注目しているので「動き」があるのです。日本人はクロス円取引が好きですが、わたしは基本はユーロドル（ドルストレート通貨ペア）の取引が多いです。ただ、クロス円については、ドル円だけは別格です。レートはいつも頭の中にあるし、よく取引をしています。

いつもチェックしている情報について

いつもチェックしている情報は、西原宏一さんのメルマガとバカラ村さんのブログです。私の中では、この二人のトレード情報が軸になっています。そのほかでいうと、トレーダーズ・ウェブ（オーダー情報など）やグローバルインフォ24、FX業者のニュース、ブルームバーグ、ロイター、ツイッター、メリマンレポートなども見ています。これらは「大局を知る」という感じではなく、「（今日は）こんなことがあるよ」ということを知るうえで参考にしています。

さらに挙げると、WSJ（ウォール・ストリート・ジャーナル）も見ています。有料記事にはバロンズの日本語記事が載って

◆奈那子氏が普段見ているチャート

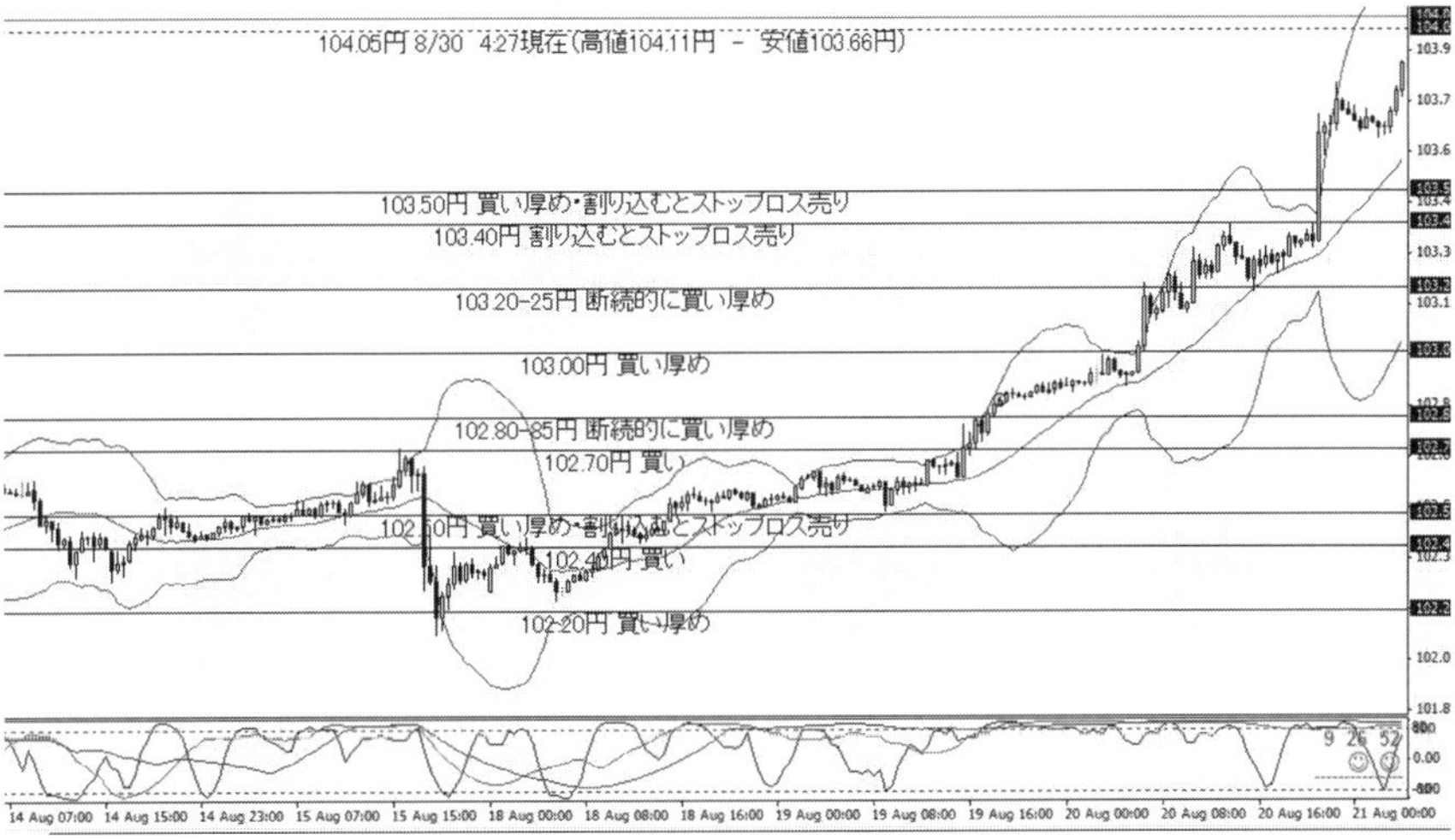

「103.50 円 書い厚め・割り込むとストップロス売り」「103.00 円 買い厚め」など、オーダー情報をチャートに反映させている

いますし、マーケット情報でいうと、ＦＸウォッチ等は要チェックです。記事が更新されたら相場が動き出したりします。海外サイトのForex Live!の情報は海外のトレーダーも見ているサイトで、オーダー情報などもタイムリーに更新されています。デイトレードをするにあたっては東京時間が終わった後には貴重な情報になります。例えば「ここの位置に売りのオーダーがたくさんある」とか、「『何月何日の高値・安値のどこを抜けるのか？』という価格ポイント」など、注意すべき点がわかりやすく書いてあります。ニュースについてもまとめられているので、それをざっと読んで「今日は何が起こるのかな？」ということは常に頭に入れておけます。そのうえで、彼ら（西原さんやバカラ村さん）がどちらの方向にポジションを持っているのか、どちらを向いているのか、さらに、彼らだけではなく、まわりがどう考えているのかなども全体的に見ます。私はこういったオーダー状況はチャートに反映させておきます（前ページ参照）。

余談ですけど、迷うのは、西原さんとバカラ村さんの意見が違うときです。でも、こういうときは「市場が正しい」ということで、動いたほうについていくようにしています。私たちには、さっきまで上と思ってポジションを持っていても、マーケットの雲行きが変わったら即座にその考えをひっくり返さないといけないときだってあるのですから。

どういうときにポジションを取るのか

日々のトレードでは、相場観で大まかな方向を把握し、エントリーするポイントなどはテクニカルで計っています。

例えば、今日（２０１４年８月１日。米国雇用統計発表当日）と前日のドル円でのトレードの話をしてみたいと思います。

ドル円は２０１４年は初旬から長い期間ほとんど動きませんでしたから、まわりのトレーダーたちもウンザリしていました。

ところが、雇用統計の前日に発表されたアメリカの４～６月期のＧＤＰ速報値は前期比年率４・０％増と、予想の３・０％増を超える驚きの数字となったことで、ドル円は一気に103円台をつけました。その後、雇用統計の数字も半年間連続で20万人超えという数字になりました。「日本政府の株の買い支えもあるのではないか？」と言われ続けていた時期でもあったので、私はその前の週までの100円70銭というサポートを意識しながら押し目買いを繰り返していました。103円台をつけたあとの102円を切る場面は、さすがに緊張も走りましたが、「100円70銭を割るようならば、反対にひっくり返してドル円を売ればいい」と考え、押し目買いを続けてきました。その際、細かく「5月の高値を超えるのか？」「どこにストップがあるのか？」というテクニカルポイントを見ながら、日々、デイトレード（ときには週越え）でポジションを増やしたり、または縮小したりして、トレードを繰り返していました。

当然、ユーロ情勢も悪かったこともあり、ドル買いになると考えていたので、ユーロドルも売りを仕掛けていました。その当時話題であったオセアニア通貨に対してもドル買いをしました。

自分のトレードスタイルを見つける

私は、テクニカルについては、自分の好きなスタイルを人それぞれが見つけ出すことが一番だと考えています。そうすることがトレード成功者への王道だと思っているからです。ですから、「このテクニカル指標が一番良い」とは一概に言えないのです。

それでも自分は何を見ているかとあえて言いますと「移動平均線の動きやボリンジャーバンドを表示させています」と答えます。みなさんと特に変わりませんし、数字もデフォルトのままです。世の中には数多くの高額なFX情報教材があふれていますが、私が薦めるバカラ村さんのDVDなどはとても参考になり、初心者の方にも最適だと考えています。とにかく「考え方」が大切なのです。

テクニカルはシンプルなものを

チャート上で私が重視しているのは、移動平均線や水平線、トレンドラインのような重要な線が重なっている（もしくは近いところにある）ところです。なぜかというと、重なっているということは、それだけ見ている人が多いポイントと言えるからです。例えば、移動平均線（２００）と水平線（その他の線も）が重なるようなところは、そこでいったん動きが止まったりすることが経験則からいうと多いので、動きの予測に使ったりすることもよくあります。

トレードするタイミングとしては市場心理を考えてポジションを取ることもしばしばあります。エントリーのタイミングはローソク足の形（日足で見たときの大陽線や大陰線のほか、はらみ線やたくり線、下ヒゲや上ヒゲの長い足など）や値動き、大きなオーダーが置かれている価格に近くなったとき、チャートのフォーメーションの形（上昇ペナント型や下降ペナント型、ヘッド&ショルダーズ等）なども見ています。オーダー情報に関しては目で見てわかりやすくするために、すでにお話ししたように、オーダーの位置状況などをチャートに反映させています。

大きな流れについては、必ず日足で確認します。なぜなら、日足で見たときのサインの信頼性は高いと言えるからです。ですから、日々のデイトレードでは日足を確認し、4時間や1時間足も見ながら、タイミングは5分足で計ります。

とはいうものの、値動きがあるときは結構エントリーすることもあります。ですから、見事な頂点買いとか見事な底売りも多くて後悔することもありますが、トレンドが出たときはそれでいいと考えています。「押し目待ちに押し目なし！」という言葉もありますよね。間違ったらカットすればいいだけの話なのです。

トレードにとって大事なものとは

初心者を想定するのであれば、当たり前のことかもしれませんが、損切りです。ＦＸをやっている人には「一発大きく儲けてやろう」と考えている人が多いのかもしれませんが、そういうときに限って損をするものなのです。わたしは「欲オバケ出ました」と表現しているのですけどね（笑）。

これは、私自身がたどってきた道だから言えることでもあるのですが、もし最初にビギナーズラックで儲けることができたら、「この次はもうちょっと大きく張ろう」などとは考えないで、儲けたお金を元手にコツコツやったほうがいいと思うのです。人間って、ちょっと良い思いをすると気が大きくなってしまう傾向にあると思うのですが、だからといって、それをやってしまうとたぶんいつまでたっても成長できないだろうなと思うのです。

もうひとつ、お金を残していくトレードをしないと、年間を通してプラスにもっていけるようにはならないと思います。ときには爆発的に儲かったりすることもあるかと思いますけど、そういうときこそ注意が必要です。相当の経験を積んでいる人でないと「大きく狙おう」はやってはいけない気がします。

確かに、一日でものすごい額を儲ける人は私のまわりにもたくさんいますので刺激を受けますが、その反面、冷静に考えてみると、「私には真似できない」と思うことも多々あります。ならば、私にできることをコツコツやるしかないと思うわけです。

資金管理の徹底こそが勝ち組トレーダーとして生き残る道

実は私事ですが２０１４年の夏に『ＦＸで勝ち残る７つの法則』（自由国民社）という本を執筆いたしました。「ＦＸ友の会」というトレーダーの仲間を作る会は、気がつけば、元銀行のプロの方をはじめ、本物のトレーダーの交流の場となっています。パンローリング社でもその模様を紹介したＤＶＤをチャリティーで発売させていただきました。

私が執筆した本の中では、資金管理についてくどいほど述べさせていただきました。なぜなら、数多くのトレーダーに会ってきた結果、投資で成功し、何年も何十年も利益を出し続けている方々に共通して言えることは「資金管理が徹底されている」ということだとわかったからです。本の中ではそのことを「法則」としていくつか紹介していますが、ＦＸだけでなく、株でも不動産でも家庭のやりくりでも大切なのが資金管理だと、私は考えています。

資金管理のお話は大事なことなのに、一言で済まされたりすることが多いです。例えば、「貴方の口座の資金が２０％減ったら、ポジション枚数を何パーセントか減らして、資金が元に戻るまでコツコツ頑張りましょう」といった具合です。漠然とそれを聞いても実行する人は少ないと思います。私もそうでした。ＦＸで失敗する理由をみなさんはこう考えがちです。「相場が間違っていた」「エントリーポイントが悪かった」「ＦＸ会社のシステムが壊れた」「真似た人が下手だった」「テクニカルを間違った」「手法が違うから負けた！」などと……。

でも、これは根本的な原因ではないのです。本当の理由は「口座資金に対して大きすぎるポジション（リスクの取り過ぎ）を取ってしまった結果、損切りができないメンタルに追い込まれ、損失を大きく膨らませ、最終的に大きく損切りしてしまうこと」にあるのです。失った資金を元に戻すことは、資産を増やすこと以上に困難なことなのです。

◆ＦＸ友の会オフィシャルブログ（http://fx-tomonokai.jp/）

◆奈那子おすすめの情報メルマガ・サイト

トレーダーズショップ：http://www.tradersshop.com/
『西原宏一のシンプルＦＸトレード』：URL http://www.fire-bull.info/ni/
『ＦＸだけで生活しちゃおー』（バカラ村配信）：URL http://fxgaitame1.blog89.fc2.com/
『羊飼いのＦＸブログ』（羊飼い配信）：URL http://fxforex.seesaa.net/
『ＦＸ自動売買ソフトの不都合な真実』（たあぼ配信）：URL http://happydesignmilano.com/
松崎美子氏　ロンドンＦＸ：http://londonfx.blog102.fc2.com/

◆情報配信サービス（経済指標などを参考）

『グローバルインフォ 24（ＧＩ 24）』
『ＦＸウェイブ（ＦＸ wave）』
『マーケットウィン 24（MarketWin24）』
ニュースサイト（解説的な情報）
〈日本語〉
『ロイター』 URL http://jp.reuters.com/
『ブルームバーグ』 URL http://www.bloomberg.co.jp/
『ウォールストリートジャーナル』 URL http://jp.wsj.com/home-page
〈英語〉
『Zero Hedge』 URL http://www.zerohedge.com/
『Forex Live!』 URL http://www.forexlive.com/

損失に耐えるのではなくて利益に耐えることが大事

先ほど資金管理の話を軽くしましたが、資金管理というのは実はトレード手法といってもいいと、私は考えています。どういうことかといいますと、ＦＸ取引の経験を積めば積むほど、エントリーうんぬんではなく、資金管理の大切さがわかってくると思うからです。

ＦＸ取引が長くなればなるほど、「ＦＸは簡単だ」というような楽観的な考え方は薄れてきます。私自身も、どんなマーケットであれ、楽観的には考えていません。常にリスクと背中合わせでポジションを取っています。万が一、うまくいかなかった場合でも損失を最小限に抑えるように対策をとります。

けれども「損を最小限に」と、そればっかり考えていてはなかなか資金は増えません。ですから、マーケットが思惑どおりに動いたときはポジションを増やしたりして、相場の流れについて行きます。私は頭の中で「損小・利大」をいつも忘れないようにしています。利益が少しでも乗ったら利益確定をしてしまう、その逆で、損失が膨らんでも相当耐えてしまう。そうではないんです。相場が戻るまで損切りせずに待っているのではなく、損は早めにカットして、逆に利益が出ているときはなるべく耐えて利益を伸ばすように努力することが必要なのです。これはもう修行と言えます。

損失をどこで切るのかということも大事かもしれませんが、それ以上に、「損小・利大」の考えに慣れておくことのほうが大切だと思います。リスクをコントロールできるようになれば、口座の資金が減るようなことはないからです。一回一回のエントリーポイントにこだわったり、いつまでも手法探しをするより、早くここに気づいて自分のスタイルを構築することが重要なのだと考えています。

最高の思い出と最悪の思い出について

最高の思い出と聞かれて一番に浮かぶのは、ユーロスイスの介入と、記憶にも新しい黒田バズーカです。「介入」という特殊な事件ではありませんが、順張りの大切さを学べたと思います。特別なことがマーケットで起こっているときは絶対に逆張りをしてはいけないということを、これもまたまわりのベテラントレーダーに身をもって教えていただいたと思います。読みが当たって思う方向に相場が動いて含み益が増えることも最高のトレードなのかもしれませんが、結局、日々の積み重ねで、「ここぞ！」というチャンスは年に数回あるかないかだと思います。そのチャンスを察知する力、これが実は成功への秘訣なのかもしれませんね。

最悪の思い出は、やはりFX取引においてはサブプライムショックです。口座の資金が2日で底をついた最悪の思い出です。しかも、翌日の週末には友人含めての団体家族旅行でした。円売りばっかりしていた私が、損切りもできずに含み損を抱えたまま、FX会社から流れてくる普段より多めのニュース速報にも目を背けて、PCすら怖くて開けることができずにいたら、口座の資金が300万円なくなっていました。昨夜のうちに、どうして150万円の損切りができなかったのか？　どうしてドテン売りができなかったのか？　タイムマシンで過去に行って、その当時の自分に言ってやりたいくらいです。ちなみに、週末の旅行中はどうだったかというと、言うまでもなく、気がついたら「ぼーっとしてる」状態でした。「月曜からどうしよう」って思いましたね（笑）。

そのときの最悪のトレードの思い出を確かブログに書きました。コメント欄にはたくさんの励ましの言葉と、「自分も損をした！　出直します！」というようなコメント、さらには先輩方からのメッセージがありました。あらためてトレード仲間に救われてきたことを思い出します。

「トレード仲間がたくさんいる」という恵まれた環境

これまでお話ししてきたように、私は資金管理を重要視しています。トレード手法というと、エントリーのやり方などが注目されてしまいがちですが、すでにお伝えしたように、私は、資金管理のやり方こそがトレード手法だと思っています。このあたりは、もしかしたら珍しい考えかもしれません。

そして、私ならではのことをいうと、ＦＸ友の会を主宰している関係上、トレード仲間がたくさんいることが挙げられると思います。圧倒的に知り合いが多いというのは本当に恵まれていると思います。たったひとりで始めたら、やっぱり大変なことも多いですからね。

このインタビューにも登場している西原さんにしろ、バカラ村さんにしろ、仲間に凄腕トレーダーが多く、そこから得られる情報はやっぱり宝物だと思っています。人脈があってのトレードというところも大きいと思っています。

◆おまけ：2012 年 11 月の取引データ

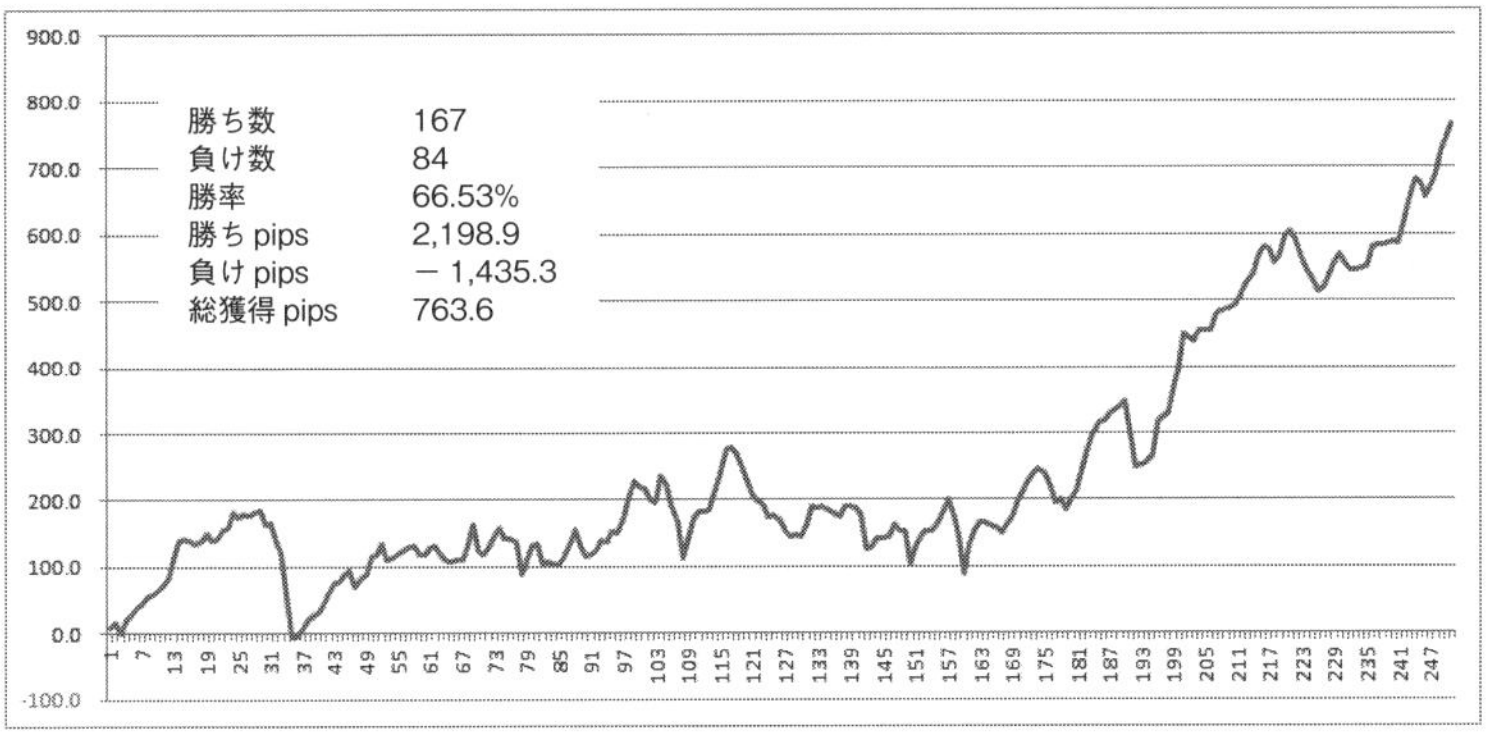

勝ち数	167
負け数	84
勝率	66.53%
勝ちpips	2,198.9
負けpips	－1,435.3
総獲得pips	763.6

◆おまけ：2013 年 11 月の取引データ

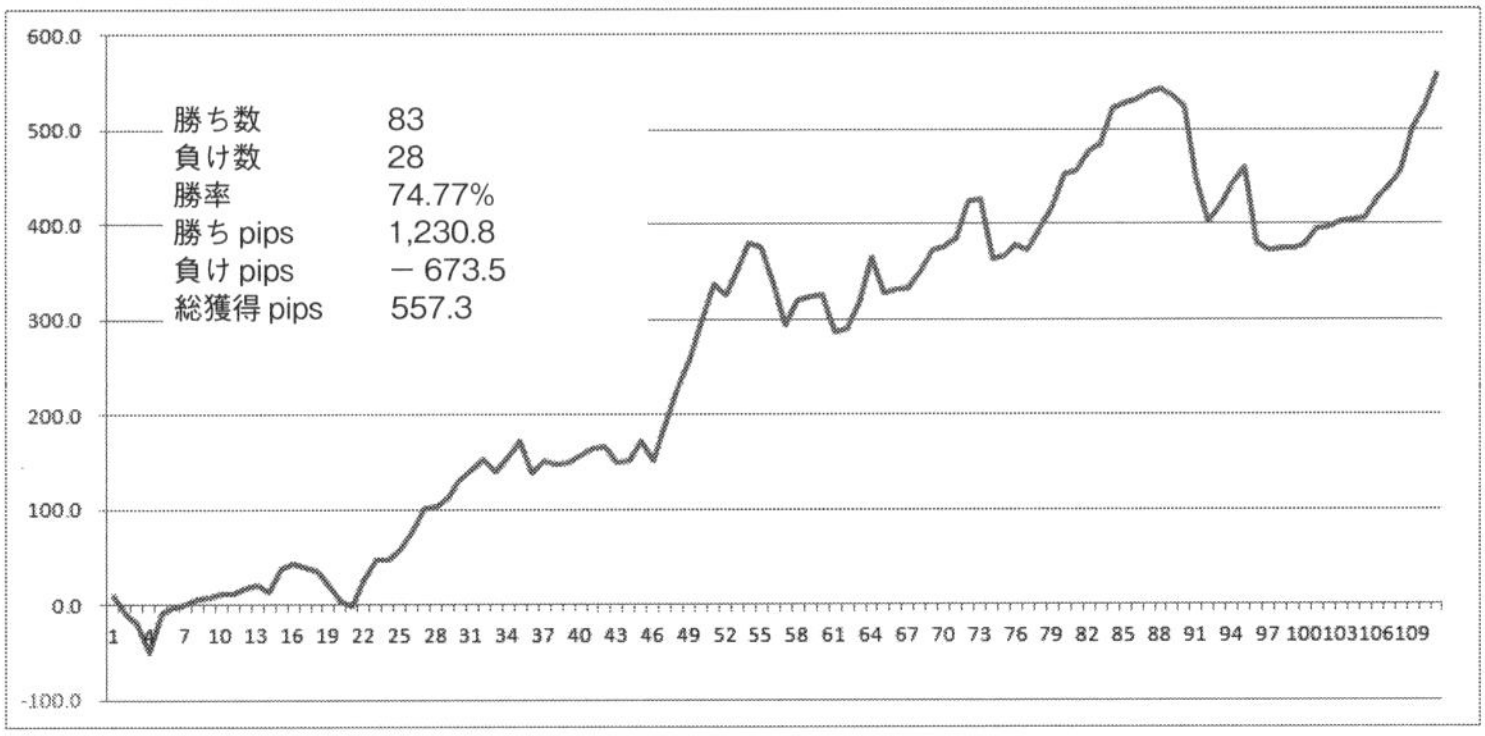

勝ち数	83
負け数	28
勝率	74.77%
勝ちpips	1,230.8
負けpips	－673.5
総獲得pips	557.3

上段のグラフは 2012 年 11 月のもの、下段のグラフは 2013 年 11 月のものです。アベノミクスで大きく動き出した 2012 年 11 月は、2013 年 11 月のものと比較して、勝率こそ少し悪いですが、利益の伸びは大きくなっています。順張りの威力がわかります

【今回のインタビューの簡単なまとめ】

◆エントリー（ポジション作り）について

◎さまざまな情報を加味して相場観を立てる
◎移動平均線や水平線、トレンドラインのような重要な線が重なっているところを意識する
◎市場心理を考えてポジションを取る
◎エントリーのタイミングについてはローソク足の形や値動き、大きなオーダーが置かれている価格に近くなったとき、チャートのフォーメーションの形などを参考にする

◆投資（トレード）するうえで大事なこと

◎当たり前の話になるが、損切りの設定は絶対
◎自分に合わせたやり方を探すこと
◎利益を残すようにトレードしないと勝てるようにはならない

◆出口の考え方

◎損失（含み損）に耐え､利益（含み益）を早く確定するのではなく、利益（含み益）に耐え、 損失（含み損）は早く切ること。どの位置で損切るかということよりも、 先に、損小利大の考え方を身につけること

不動産投資 編

現役最古参サラリーマン大家

加藤 隆

中古物件自主管理大家

黄金しょうこ

一棟投資の女性ソプラノ歌手大家

ソプラノ大家

不動産投資の大御所

赤井 誠

17

加藤隆

～確実性を追求した不動産投資～

※取材日2012年11月3日

資格取得から投資へ

最初に不動産投資に関わったのは、1986年（昭和61年）です。1982年に会社員となり、4年目の28歳のときに初めて東長崎（池袋そば）のマンションを購入。その1年前くらいから契約などで動いていました。

きっかけは、給料以外の収入が欲しくなったことです。当時、仕事漬けで、昼飯を食べたあと、19時くらいに社食で夕食をとり、21～22時くらいまで働き、飲みに行って、寮には寝に帰るだけという生活をしていました。

その後、1990年にバブルが崩壊して、会社の業績も悪くなってきました。このときに思ったのです。仮に、会社が生き残ったとしても、クビになるかもしれない。業績が悪くなって給料が減るのは日常茶飯事なので、給料だけでは暮らしていけなくなるかもしれないと……。

同時に「会社だけに依存していいのだろうか」ということも考えました。依存すること＝立場が弱い、つまり対等ではないのだから少しでも別の収入があったほうがいいと思ったのです。年金が崩壊しているという国の状況も私の危機感を煽りました。

最初は資格を取得しようと勉強したのですが、ノウハウにはなっても、資格だけで食べていけるわけではないことがわかり、次には資産運用を考えました。

「まずは種銭を作ろう」と預貯金がある程度貯まったら、株や貴金属投資をやり始めます。最初は結構うまくいきました。景気が良かったので、ほとんどの人がうまくいっていたと思います。

どういう投資をしていたかというと、バブル崩壊前は、「株を通して、不動産を買う」という気持ちがあったので、不動産をたくさん持っている会社でPBRが1～2倍、含み資産がある銘柄に決めていました。ほかには、エネルギーやIT、ニューセラミックの業種のトップクラスの企業に200万円くらい投資をして、800万円くらいにまで増やすことができました。

ただ、株の配当には年々増えるという保証はありませんし、貴金属は保険みたいなものとしてとらえていましたので、最終的には当初の「株を通して、不動産を買う」という方向へシフトしていきます。つまり、不動産投資による家賃の安定収入を得ることを本格的に考えることにしたのです。

大株主と違い、普通の投資家は、会社の業績など、コントロールできません。これに対して、不動産投資では自由にできる部分があるのです。例えば、物件を探してリフォームしたり、建て替えしたり、更地にしたりなど、自分でコントロールできます。また、割安で買えることもあれば、良い条件で売れることもあります。貸したりすることもできます。とにかく、やり方次第で、思うように動けます。頭の中にあることを実現できるのです。

不動産は実物資産という価値を持っているので、銀行から融資を受けても、財産という形で活用できます。そもそも借り入れのメリットは、好きなときに待たずに欲しいものを買えるところにあります。時間を買うという発想です。

株などでも借り入れができますが、期限つきで、レバレッジが高い分、リスクも高いです。でも、不動産であればレバレッジも結構利くし、運用利回りは良いし、支払金の利子などで節税もできます。ローンを組むときには団体信用生命保険（団信）に

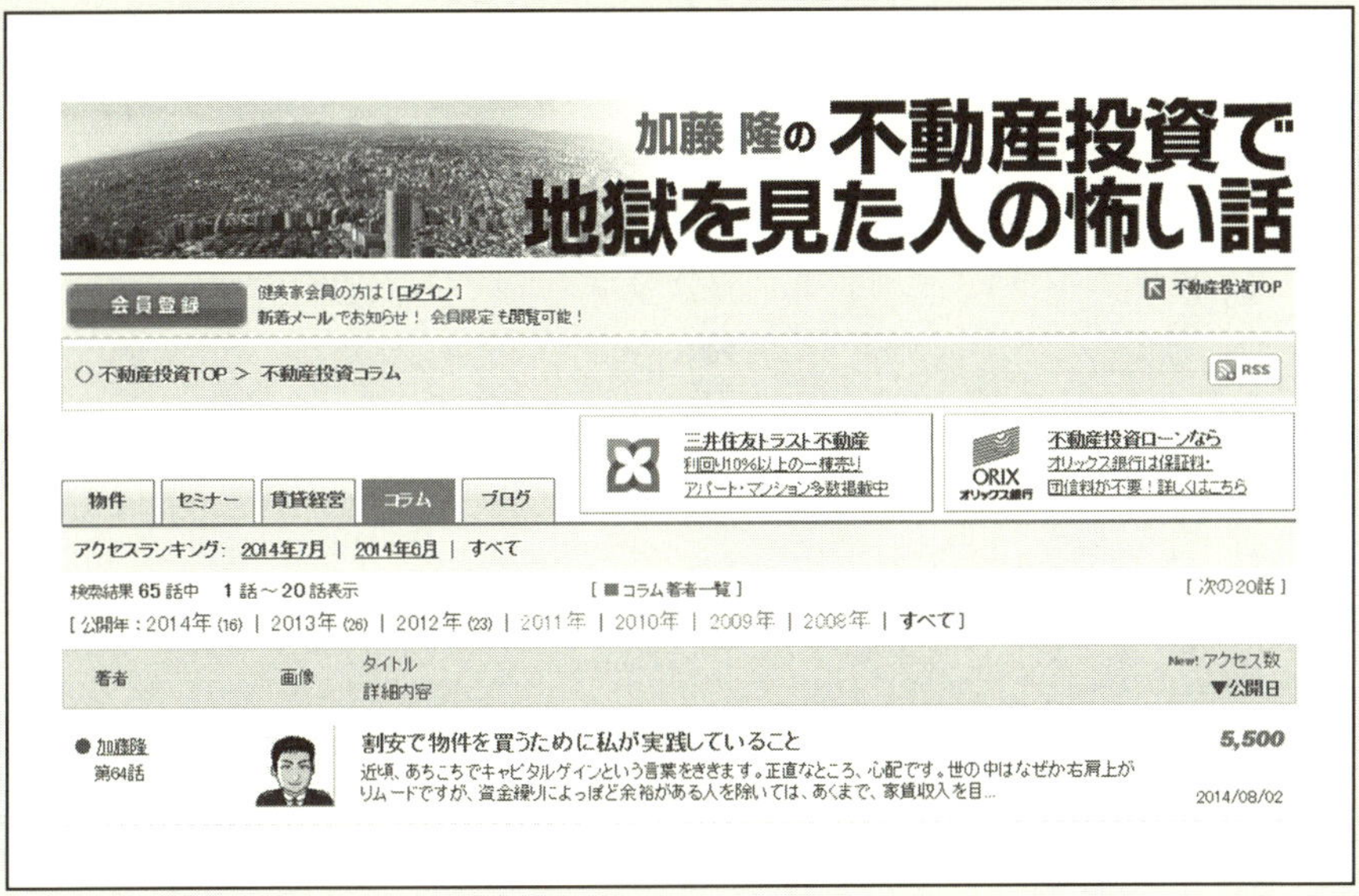

【加藤隆氏のプロフィール】
バブル崩壊を生き抜いた現役最古参のサラリーマン大家さん。所有物件１００戸を誇る、実践的・総合コンサルティング系マルチタイプ投資家。不動産経営を通じ、サラリーマンの経済的・時間的・精神的自立を提唱する。

【所有資格】
行政書士、宅地建物取引主任者、甲種防火管理者、管理業務主任者、マンション管理士、AFP（Affiliated Financial Planner）、２級FP技能士、システム監査技術者等

【所有物件】
■合計：100戸（内駐車場２）
■物件種別 ：マンション：21戸、アパート：78戸（内駐車場2)、一戸建て:1戸
■地域別：東京13戸、博多11戸（内駐車場1)、札幌14戸、名古屋26戸（内駐車場1)、京都36戸

【主な著書】
「サラリーマンだからこそ「節税大家さん」で儲けなさい！」（㈱東洋経済新報社）
「サラリーマン大家さん　お金の借り方テクニック」（㈱東洋経済新報社）
「不動産投資で地獄を見た人の怖い話［リスク回避と収益アップ策］～大家歴25年、数々の修羅場を乗り切った現役サラリーマン投資家が教える」（㈱ぱる出版）
「サラリーマンショック知らずの賢い資産の築き方」（㈱ごま書房新社）
「実例から学ぶ 不動産投資でお金を残す123のコツ　～修羅場を切り抜けた大家歴26年の体験より～」（㈱ごま書房新社）
「資産１億円なんて簡単　インディペンデント・サラリーマン入門」（㈱青志社）
「アベノミクスで生き残るサラリーマンの条件 [Kindle版]」　（オープンアップス）
「会社を辞めずに経済的自由を手に入れる方法　～株やFXよりも効率的に資産を増やすマンション・不動産投資術」（Tens Apps）（App Store）
など

加入しますから、別途、生命保険に加入しないでも済みます。また、金融機関がある程度第三者的な目で、対人・対物チェックもしてくれます。

今後の日本はインフレ傾向になる可能性が高いと思われますから、将来的には、お金の価値・借り入れの負担は下がると予想しています。国債が安くなれば、金利が上がりますが、長い目で見て、借り入れを活用して、お金の代替となる何か有限で実物資産価値のあるものを買おうと思うと、不動産になるというわけです。

加えて、不動産投資をしていると法律や会計のノウハウがたまり、人脈も広がります。住宅供給という社会貢献、年金等若者に頼らない自己救済にもなります。単なるマネーゲームとはちょっと違います。そこが魅力でしょうね。

立地と環境を重視

私の物件選択の基準は〝立地〟と〝環境〟に尽きます。内装や建て替えはあとでもできますが、立地も環境も、物件を買ってしまったら最後、変更はできないからです。

今（2014年8月）、東京・大阪・名古屋・博多・札幌の人口は、横ばいか、世帯数を含めて増えるエリアもあります。そのことを踏まえて立地の話をすると、東京で私が狙っているのは、乗降客数が上位の新宿駅、もしくは、新宿駅から電車1本で行ける、駅から原則徒歩10分以内の距離にある物件です。地方の一棟ならば、徒歩12分くらいで新幹線のメイン駅に行ける距離の物件になります。例えば名古屋駅や博多駅から徒歩で行けるところ、あるいは札幌駅から近くて交通の便が良いところをメインとしています。2013年は、名古屋駅そば、永福町・方南町駅そば、京都駅そばの一棟物アパート・マンションを購入

名古屋・亀島の物件

名古屋・本陣の物件

遠方に高層ビルが見える

◆博多駅近物件

◆永福町・方南町駅近物件

しました。

東京の西と東でいえば、西のほうが地盤は良く、学校が多いです。西はどんどん発展しています。通勤時間の割には地価や家賃は高いですが、私は西にしか物件を持っていません。

流行っている東京湾やスカイツリー周辺のタワーマンションは、地震や津波のことを考えると怖くて手が出せません。東日本大震災では、計画停電がありました。こういうエリアも避けます。

また、国ではインフラ投資するところは厳選すると言っていますから、地方の中核都市のメジャーな駅から歩けるところを選んでいます。

広い意味での不動産投資をとりまく環境で言うと、今は国も企業も個人も、金持ちと貧乏人に二極化していますので、金持ちが住みたがる＆欲しがる物件を視野に入れておく必要があります。逆のところを買うと目も当てられなくなります。

ちなみに、表面的な利回りだけを意識することはありません。家賃から支払ローン・諸経費等を差し引いた手残り現預金というキャッシュフローのほうを重視するので、表面的な利回りがちょっと低くても、長期でローンを借りられたり、安い金利で資金調達できたりすれば、キャッシュフローはつくので購入します。

スムーズに買えるように、欲しい物件の条件を伝えておく

物件情報の入手については、不動産会社・金融機関やその担当者と仲良くなって、「こういうのが欲しい」という条件を事前に伝え、それに合った情報をもらうようにしています。不動産会社・金融機関やその担当者と仲良くなるコツは、自分の財務内

容等（源泉徴収票・確定申告書等）の情報をタイムリーに出せるようにしておくこと、欲しい物件情報を明確にして伝えておくこと、購入要否の判断を迅速にすること、携帯電話等でタイムリーに連絡がつくようにしておくこと、上から目線ではなくパートナーとして接することなどでしょうか。逆の立場に立って考えてみるとわかりやすいと思います。例えば、私は「博多駅・名古屋駅そばの土地が出たらほしい」という具合に、条件をわかりやすくしてから伝えています。

迅速という点も大事ですね。特に社内でも公開していない物件情報が来たら、先に買い付けを入れます。東京ならば夜、地方だったら次の休日にしか現地に行けませんが、ある程度気に入っている土地ならばイメージが湧きます。「この条件でこれだったら」というスクリーニングを最初にかけていますし、自分が住んでいたところや、出張や遊びでよく行き、気に入っているところならばわかります。博多や名古屋はそうでした。

私のやり方は、ほかの人と逆で、条件を伝える前に、融資の内諾を先にします。先に「これくらいはＯＫ」と伝えたうえで物件を探すので、お互い無駄になりません。売り主が「この人は内諾が出ているから、流れることはないでしょう」と優先してくれます。不動産会社や金融機関が急いでいて、「今月決済したい」というときには、融資を最初からやっていると2週間～1カ月間かかりますからね。そういうことを想定して、あらかじめ条件を伝えておけば、スムーズに事が運びますから、スピードの面で私のほうが有利になります。

例えば、札幌の物件は、不動産会社も金融機関も年度末の3月のうちに売りたかった関係上、2週間くらいで契約して、現金買いしたものです。「キャッシュで買うから負けて～」とお願いすると、ローンではないから確実に買えます。このときは先方が急いでいたのでトントン拍子に話が進みました。仮にローンだと、早くて1カ月後です。審査が通らないこともあります。

最近では、金融機関から「そろそろ次の物件はいかがですか?」と情報が入るようになりました。私が好む融資内容がわかっているうえ、金融機関の紹介なので変な物件はありませんから、これは貴重な情報源になっています。

物件を買うときは、細かいところで言うと、値切りなどは「できたらいいな〜」とか、「ダメならダメでもいいですよ」というようなことも話します。少しでも安くなれば、利回り・キャッシュフローが良くなりますからね。

ちなみに、売却はしたことがありません。私の狙いは家賃の安定収入であって、転売ではないからです。不動産を保有し続けているのは、もともと惚れ込んで買っているからです。だから、売る気が起こらないのです。惚れた物件ではないと、入居者に自信を持って勧められませんしね。

空室リスク対策

空室になると、家賃がまったく入らなくなるうえ、区分所有マンションでは管理費・修繕積立金もかかってきますから、結果的にマイナスになります。空室対策は一冊の本になるくらい大事です。

空室を防ぐ最大の対策は、家賃設定です。私は家賃を近くの物件よりも数千円安めに設定しています。新築だとプレミアムと言って、普通は5％くらい高いのですが、新築の段階から近隣の中古と同じくらいの家賃設定にしています。こうすれば、オープン前に多くが決まりますし、家賃の下落リスクもありません。このようにした名古屋の物件は、オープン前に全室の入居者が決まりました。

現在の入居者を大事にすることも大切です。満室のうちに空室になることを防ぐようにしているというわけです。そのために心がけていることは、何かあったらすぐ対応することです。特に風呂、トイレといった水まわり、玄関のカギ、エアコン等、故障すると入居者が困るものは、壊れたらすぐに直します。

一番いけないのが、相見積もりを取ってから修理することでしょうね。相見積もりを取るのは急がないときだけにして、急ぐときは多少高くても業者にすぐに頼みます。

一歩進んでエアコンなど全室分、変えたこともあります。前もって変えるだけなので、人件費はさほど変わりません。耐用年数がくる前に、先手を打って全部変えるのです。その代わり、不動産会社には工事費を安くしてくれと交渉したり、入居者にはうまく言っておいてくださいと頼んだりします。今の入居者を大切にする気持ちで接すればお互いの信頼関係が築けるものです。

ただ、空室が埋まらないこともあります。そのときは、「どうして埋まらないのか」、その原因を探り、その対策をします。私が最近やっているのは、リフォームよりリノベーションです。リフォームは「原状回復」ですが、リノベーションは一歩進んで「機能を付け加える」ことなのです。インターネットを無料にしたり、ウォシュレットを付けたりするなど、私の自宅と同じ高機能な設備をつけることを意識しています。

自動販売機を設置するのも有効です。儲けるというよりも、住んでいる人にとって便利なのです。外灯代わりになって明るくなり、セキュリティもアップします。この他、スペースがあれば駐車場を作って、車を持っている人に対応するようにしています。

一棟もので、一室ごとにデザインを変えたこともあります。マンションでは複数室空いたりすることは滅多にないのですが、もしそうなったら両方見て気に入ったほうを選べます。部屋の仕様も、床とか壁とか天井の工夫はもちろん、照明や設備などについては高級なものにして価値を高めます。こうしておくと、融資を受けやすくなったり、家賃保証をしてくれやすくなるのです。結果的にリスクも下げられますし、家賃をアップすることも可能ですから、投資資金をすぐに回収できます。数カ月の間、空室で放っておくよりも、「リノベ」は数週間で済むので、トータルではプラスになります。

空室対策には、本当にいろいろあるので、もう少しお話しします。入居者の募集のときにも、私は口を出します。具体的に言うと、私は、不動産会社に100%頼り切るのではなく、広告や募集内容のチェックもします。

不動産広告については、不動産会社と私ではアピールするポイントが違います。私の場合、「こういうのも入れたほうがいいですよ」と取り入れていただくこともあります。

例えば「○○駅徒歩何分」という表記があるとします。名古屋の亀島駅を例にすると、「亀島駅徒歩10分」よりも、「名古屋駅徒歩12分」のほうが入居者には魅力的に映るのです。こういうところをお伝えします。ちなみに、この物件はノリタケの森のすぐ隣なので、ノリタケの森や名古屋駅の高層ビルが見える写真を入れてほしいとも頼みました。

もうひとつ名古屋で持っている物件は、すべての部屋から名古屋駅の高層ビルが見えます。ですから、アーバンライフが想像できる写真を入れてくれとも頼みました。

あとは、次に生かすために、不動産会社の担当者には退室する人に対して「退去する理由を聞いてください」とお願いしています。それを聞かない担当者に対して、私は「何でですか？ 理由によっては回避できることがあるでしょう」と言います。結婚などのおめでたいことや、立地や広さが原因の場合は仕方がないですが、物件の問題だったら、反省材料になりますし、問題を直せばいいだけですからね。

もしもゴキブリが出るという理由だったら、ゴキブリの退治方法を教えてあげれば喜んでくれます。事実、「そのままいます」となったこともあります。

もし、敷金・礼金・更新料といったお金の話だったら、「ちょっと勉強しますからと言ってください」とお願いしています。家賃交渉は最後ですね。家賃を下げると収益に影響が出て収益還元法による物件の評価が下がるからです。売るつもりはありませんが、もし売るときには関わってきます。融資受けの際の評価にも関わってきます。1棟ものの場合、ほかの人に知れるとよくありません。家賃の値下げはあくまでも最後ですが、下げるとなったら、「空室よりはいいから」と思うことにしています。

とはいっても、僕の物件は、ほかよりも家賃を安めにしているので、入居率は安定していて、ほとんど空室はありません。平均（一般的な入居率）は8割に対し、私の物件の入居率は98％くらいです（※取材時）。

空室以上に大変なこと

空室以上に大変なのは滞納です。空室は募集ができますが、滞納では募集ができないうえ、まず滞納者に退去してもらわなくてはなりません。これが厄介なのです。どういうことかというと、日本の法制度では賃借人を保護していて、実質6カ月くらいたたないと動けないのです。判例によると6カ月の滞納でやっと信頼関係が崩れたことになるわけです。滞納者の多くはお金がないから、次のところに引っ越そうと思っても動けません。こちらで引越費用を出したとしても、次のところもそういう人を入れるのはリスクが高いと知っていますから簡単には入居させてくれないのです。結果、なかなか決まらないという問題が出てきます。

夜逃げされたことも3回あります。夜逃げだと空室になりますから、前向きに考えればいいのですが、残置物を勝手に処分できないのです。裁判所に申し立てを行い、判決を取ります。通常、判決が出るまでの6カ月ぐらい残置物の保管代もかかります。私の場合、連帯保証人に引き取ってもらったりで、そこまでには至りませんでした。

自慢ではないのですが、トラブルはたくさん経験したので、滞納・空室くらいでは落ち込みません。もう慣れてきました。突然死や首吊り自殺がそれぞれ1回、練炭自殺も1回あります。ちなみに自殺があった部屋は、家賃を安くしました。ワケありと知っても、安ければいいと気にしない人も結構います。

不動産投資で大事なこと　～不動産投資を教えるとしたら～

ブログで「ぜひ、メンターになってください」と言われたことがあります。そのときには、「まずは浅く広くでもいいから、自分なりにノウハウをためて勉強して、情報を集めたほうがいいですよ」とアドバイスしました。

単なる投資とは違って、不動産投資は奥が深いので、不動産についてはもちろん、法律や会計についても浅くでもいいから、知っておいたほうがいいです。

不動産会社の担当者と話ができるくらいの知識がないと、損をすることもあります。法律ならば建築基準法や建蔽率・容積率・道路づけ、会計ならばＢ／Ｓ、Ｐ／Ｌ、Ｃ／Ｆくらいは知っておかないと、キャッシュフローや利回りがマイナスになることもありえます。

まずは本を読んだり、セミナーに行ったり、ネットで情報を集めたり、先輩や先生と知り合いになったりなど、行動してみることをお勧めします。ただし、勉強オタクになって、「いつまで経っても購入しない」という状況にならないように、ある程度の知識が得られたら、とりあえずやってみてください。地方の安いものでもいいからひとつ購入してみれば、流れがわかります。

不動産投資に限らないかもしれませんが、１００点を目指したら永遠に動けません。８０点でもいいから、とりあえずやってみることです。ただし、シミュレーションすることは忘れないでください。どうしても借金が怖いという人は、まずは失敗しても傷は浅い、「安い区分マンション」をキャッシュで買うといいでしょう。いきなりオフィスビルを買って、失敗したらリカバリーができませんから。

自分の性格や状況を考えながら、自分に合った方法をとるのがいいと思います。例えば、僻地のボロ物件を買って、自分で管理する人もいます。自分でやることが好きな人にはそういうやり方もありますが、そうでなければ、サラリーマンなど時間は無限ではありませんから、違うやり方をしたほうがいいと思います。信頼できる不動産会社の担当者を見つければ、自分で管理しなくても大丈夫です。さらに自分の住んでいるエリアに限定されません。極端な話、海外の物件でもいいわけで、グローバルなエリアで考えられます。

加えて、余裕を持つことです。インフレのときには金利が上昇しますので、それを踏まえて余裕を持たせて、修理費・空室・敷金返却・リフォーム・広告費・家賃下落等が出ても動じないようにしておくことが必要だと思います。

最後に、物件を選ぶときは、前にもお話ししたように立地・環境を重視して、不動産会社や信頼できる担当者を見つけることです。会社や担当者については、メリットばかりではなく、デメリットについても正直に言ってくれるところがお勧めです。

最高の思い出と最悪の思い出

良い思い出は、新宿駅そばの区分所有マンションの土地持分（3平方メートル）の一部（1平方メートル）の土地収用です。新宿の区分所有マンションを１４００万円で買ったところ、1平方メートルが土地収用で東京都に１２５０万円で売れました。建物はそのまま残るので利回りは４０％になります。１４００万円で買って１２５０万円の入金がありましたから、結果、１５０万円で買ったことになります。新宿パークホテルの目の前にありますが、南口再開発で高島屋もできました。

土地の持分は減りましたけど、建物は残っているので家賃はそのまま入ってきます。しかも、現在では、知り合いの業者に貸していて、家具・家電付きのマンスリーマンションになっています。土地収用、道路計画は事前にわかっていたのですが、いつになるかまではわかりませんでした。売り主にも事情があって、思ったより早く買えました。

もうひとつは、名古屋駅のそばの相続がらみの畑です。2人で30坪ずつ相続した60坪の畑をまとめて買い、宅地にして、2階建てのロフト付きの8部屋のマンションを建てました。建ててから気づいたんですが、それぞれの部屋から高層ビルが見えるのです。これがすごい人気で、空室待ち予約が入るほどでしたから、家賃をアップしてもすぐに決まりました。

ここは、名古屋駅から歩いて12分の場所にあります。土地が3000万円くらいです。建物も3000万円くらい。30坪の畑を持っていても仕方がないという話だったので、坪50万円くらいだったので、「うまく活用させてもらいます」ということで購入しました。結果的に、草がボウボウの畑で治安が悪かったところに、おしゃれなマンションが建って、自販機も付いて便利になった&夜道が明るくなったと、近所の方にも喜んでもらえました。

もうひとつの名古屋の物件も良かったです。経費を入れても自己資金は200万円くらいしかありませんでしたが、当初キャッシュフローが年100万円あったので、2年くらいで回収できました。しかもノンリコース（不遡及型）ローン（物件価格が下落して資産価値が残存ローンに満たなくても、物件を手放せば残存ローン返済義務はなくなる）だったので、返済不能リスクがありませんでした。

ひどい思い出は、自殺のケースです。自殺はどうしようもありません。首吊り自殺のケースでは、女性に貸していた部屋だったのに、そこから男性の死体が発見されたため、警察が入って大騒ぎになりました。数日経ってわかった真相は、貸していた女性が同棲していて、喧嘩後、まず女性が出て行き、彼氏も出て行った。そのあとに住み着いた彼氏のお兄さんが、精神を病んでいて、自殺したというものでした。家賃はきちんと入金されていたので不動産会社は調べませんし、大規模マンションでしたから管理会社もわかりませんでした。

本来であれば更新契約するのですが、更新するとやぶへびになることがあります。「更新料取られるのかな」「家賃が上がるのかな」「更新の機会にどこか安いところを探そうかな」となるかもしれないから、「やめたほうがいいですよ」と言われて、この物件では更新契約をしていませんでした。更新契約をきちんとしていれば、住んでいる人や、勤務先や保証人の状況がわかったわけです。いつの間にか居住者が代わっていたことに気づかないということは、避けられたはずです。反省ですね。

もうひとつの練炭自殺では、空室のはずの部屋で死体が発見されたのです。その後、不動産会社が年末、空室の部屋を貸したのに、連絡するのを忘れていたことがわかりました。普段ならば、「こういう人が入りました」と連絡が入ります。しかも、この物件の看板の緊急連絡先が会社の固定電話。年末年始だったので電話が通じませんし、会社の電話は緊急連絡先にはなりませんから、私もびっくりしました。

自殺の対処法は、仕方ないと割り切るしかありません。きれいごとを言うことはできますけど、任せているわけですから、すべてを把握することは不可能です。強いて言えば、「すぐに入居したい」という申込者はありがたいけれど、裏を返せば、それだけの事情があるわけですから危ないということです。1カ月後ぐらいに入居するのが一般的ですが、すぐに入りたいというのは夜逃げしたとか、住むところがないといった裏事情があるわけです。このことは教訓になりました。

不動産投資では確実性を求める

私の投資スタイルはあまり高望みしないで、確実性を求めることです。不動産投資は手段ですから、引退を考えたことはありません。

お金のために不本意なことはやりたくないので、リスクを分散しています。購入している時期も、物件のタイプ（区分所有マンション・一棟物アパート・マンション、鉄骨鉄筋コンクリート・鉄骨・木造、新築・中古）も、場所（東京・博多・札幌・名古屋・京都）も、金融機関（地方自治体・政府系銀行・都市銀行・地方銀行・外資系銀行・生命保険会社・メーカー系・ノンバンク・カード会社）も、業者（設計・施工・販売・建物管理・賃貸管理）も、資金調達（リコース・ノンリコース、固定・変動、元利均等・元金均等）の方法も、いろいろなものを組み合わせています。

私の投資スタイルは変わっているかもしれません。なぜなら、自己資金はなるべく少なくして、キャッシュフローを厚くすることをポリシーにしているからです。「自己資金をたくさん出したほうがいいですよ」と言う人もいますが、私はそのやり方はあまり続かないと思っています。お金をたくさん出すとあとが続きませんから、お金が貯まるまで待たなければいけなくなります。金融情勢はよく変わりますので、良い物件が出たときにすぐに購入しないと、次にいけなくなります。それに、自己資金を少なくして、キャッシュフローを多くすれば、必然的にお金が増えるし、やればやるだけラクになります。

これまで、余裕がなくなって失敗してしまった投資家をたくさん見てきました。バブル、バブル崩壊、ミニバブル、ミニバブル崩壊という流れは、これからも繰り返すでしょう。加えて不動産投資では、修理、滞納、空室、敷金返却、リフォーム、広告費、家賃下落、金利上昇など、何が起こるのか、予想ができません。だからこそ、リスクに備えて、キャッシュフローには余裕を持たせることが大事だと思うのです。

私は、不動産については、売った買ったではなくて家賃で生きるために活用するものだと考えています。転売目的で、売れるかどうかわからない勝負をするよりも、家賃で生きていくほうがずっと安定しているのではないかと思い、今までやってきましたし、これからもそうやっていくのだと思います。「鶏食べずに卵を食べろ」です。

【今回のインタビューの簡単なまとめ】

◆物件選びについて

◎立地と環境を重視
◎不動産屋に自分が買える条件を事前に伝えておくことでスピードを早くする
◎お金持ちが欲しがる・住みたがるような物件に注目する

◆不動産投資をするうえで大事なこと

◎不動産投資について、最低限の知識を身につけておく
◎自分に合った投資のやり方を選択する
◎良い物件が出たときにすぐ話が進められるよう、資金等、余裕をもたせておく
◎とにかく動いてみること

◆空室リスクの対処について

◎家賃を周辺相場よりも低めに設定しておく
◎日頃から入居者を大切にする
◎次に生かすため、退去理由を把握しておく

18

黄金しょうこ

～中古物件を住めるようにリフォーム～

※取材日２０１２年１１月１２日

事情があって始めた不動産投資だった

本当の不動産投資という感じで始まったのは２００６年の1月からですが、実は　そのずっと昔に不動産を買ったことがあります。

今（※取材時。２０１２年１１月１２日。以下、略）から３３年ほど前のことですが、２２歳だった私は中古の戸建てを買いました。当時、父が事業で失敗して家を手放したからです。

母は、「アパートのような借家には住みたくない！」と言い張るので、すでに家を出ていた私でしたが、短大卒業後すぐに結婚して商売をしていたことから自由になるお金もありましたので、中古で１８００万円の戸建てを２０年ローンで購入して両親に住んでもらいました。

駅からバス便の１８坪の木造二階建ての家で、周囲には似たような建売住宅がズラ～っと並んで建っている地域でした。そうこうするうちに父親が持ち直して、自分で住まいを準備することができたため、その家は不要になり売ってしまったのですが、今の考えがあれば売らずに所有したまま貸家に出して家賃でローンを返済しただろうと思っています。

不動産投資を知らなかった私が、33年後に本格的に大家業を始めた理由は、夫の病気でした。

我が家は自営業でしたので、私は会社の帳簿づけを手伝いながら、平凡に主婦として暮らしておりました。ところがある日、夫が身体の不調を訴えるので病院で検査したところ、聞いたこともない難病だとわかったのです。進行性の病で、その後、すぐに働けなくなってしまいました。

子どもは当時まだ4歳、私は40歳を過ぎていました。夫に代わって家計を支えなくてはならなかったのですが、何の資格も特技もない40過ぎの中年女性には、仕事はなかなか見つかりません。ましてや、育児と介護の時間も必要なので、フルタイムで働くこともできません。一家を養えるほどの収入はパートでは無理な話でした。

ただひとつ良かったことは、住宅ローンが残っていなかったことです。主人も私も借金が嫌いでしたから、働いてまとまったお金が出来ると、自宅の住宅ローンの繰り上げ返済に充てていたのです。ですから、このときには完済していました。

そういう状況もあって、お世話になっていた会計士さんの助言で、この家を担保にしてアパートを購入することにしたのです。多くの不動産投資家の方と違い、私の場合は働き口がなくて大家になった、というわけです。

その後、幸いにも毎月順調に家賃が入り、収入が支出を上回り、蓄えも増えてきました。こうなると、次の投資物件が欲しくなります。大家としての仕事も自分に合っていたのか楽しくて、仕方なく始めたのに不動産投資のとりこになりました。とはいえ、もう大きなローンを抱えるのは嫌でしたので、貯まった資金で買えるような安い築古戸建てを狙うやり方を取り入れました。

【黄金しょうこ氏のプロフィール】

骨董品に興味があったので、短大卒業後に知り合いの骨董屋で勉強。のちに渋谷区でアンティークカフェをOPEN、順調に運営していたが、明治通りの拡張工事で店が立ち退きに。結婚後は自営業の夫の手伝い、子どもが生まれてからは、専業主婦としてのんびり子育ての毎日を送る。ところが、子どもが４歳のころに夫が、「脊髄小脳変性症」という難病になったことで、 介護しながら家族を養える仕事を探して、アパート経営の世界へ。ローンの完済していた自宅を共同担保に入れて、最初の投資物件を購入。2011年、夫、永眠。 以降は多額の医療費もいらなくなったので、借金のあるアパートを売却し、その売却益を原資に、現金で築古戸建てを買い進めて現在に至る。

物件選びのポイント

私の所有する物件はほとんどが自主管理です、一応24時間体制にしています。入居者様には、「何かあったら24時間いつでも電話をくださいね」と言ってありますが、夜中とか非常識な時間にかけてくる人はこれまでいらっしゃいませんでした。

物件選びのポイントは、築年数よりも立地重視です、古くても汚くてもリフォームでキレイにできますし、確実に入居者が付きそうな物件で、ある程度貸した後に出口がある、つまりきちんと売れそうな物件を購入しています。不動産投資を始めた当初は、再建築不可の物件も購入していましたが、売りにくいので最近では買わなくなりました。

価格もポイントになります。現金で購入するので、高額だと買えません。ですから、築古のボロ物件や売り土地（古家ありのように土地値か土地値以下で販売されている安いものを狙います。売主さんは、「これを買った人は家を取り壊して新築を建てるのだろう」と考えているようですが、私はリフォームして貸家にします。

ご近所の人たちが、リフォーム後、見学に来られて驚くのを見るのは、とても楽しいですよ。「こんなにキレイになるならうちもリフォームしたい！」と言われて、実際にリフォーム業者さんを紹介したこともありました。

入居者が付きそうかどうかの判断は難しいところですが、常識の範囲で考えれば、山の中にポツンとあるような物件では需要が多くないのは想像ができますよね。でも　ある程度の住宅街なら、駅から遠かったとしても物件に駐車スペースがあると入居希望者が付きやすいと思います。

あと、まわりの住環境です、近隣に大きなスーパーや学校、病院などが整っていれば　なお良いですね。不動産投資をしてい

リフォーム

リフォーム

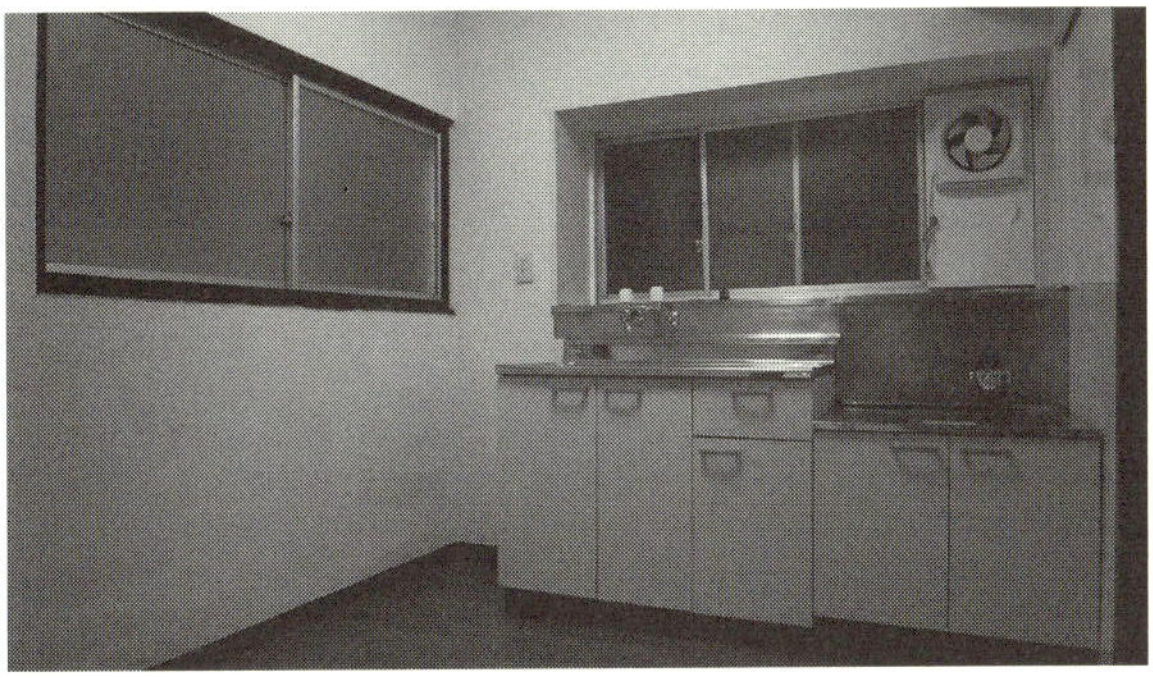

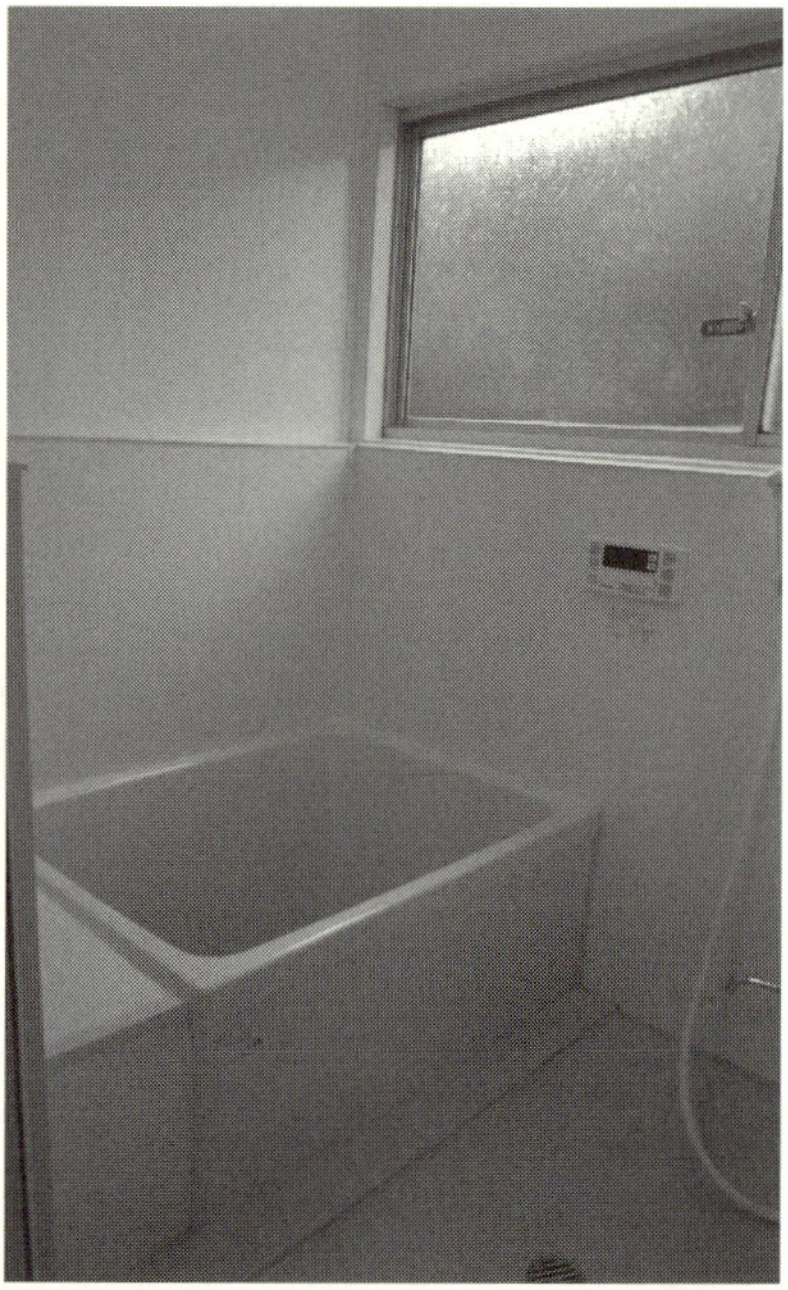

リフォーム

てわかったのですが、必ずしも電車を使って通勤、通学する人ばかりではありませんから、駅から離れていても需要はあります。

私の物件の所在地は、今のところ都内と埼玉県です。以前は埼玉県熊谷市にも物件がありましたが、少し遠いので　これは売却しました、今は一番遠くても川越市までです。管理のためにも自宅から電車で、1時間以内で到着できる地域にしぼっています。

人からの物件情報が役に立つ

健美家さんなどの不動産サイトは、コラムも含めて、よく見ます。一般に公開されている情報から探して買うこともありますし、懇意にしている不動産業者さんから未公開物件の紹介をいただいて購入したこともあります。

ある物件は、ブログを通じて友達になった大家さんから紹介されました。その大家さんは、物件を購入するエリアを限定しているので、エリア外の物件は絶対に買いません、それは徹底されています。しかし「自分は買わないけれど黄金さんが買ってるエリアじゃない？　なかなか良い物件だと思うよ」と、私に教えてくださったのです。嬉しかったですね、早速見にいって　その場で購入を決めました。３４０万円で購入して、家賃は約６万円で賃貸中です。

リフォームに関しても良い業者さんの情報とか、どこのプロパンガス会社がサービスが良いとか、さまざまな情報を大家仲間からいただいてきました。本やセミナーから得る情報も貴重ですが、こうした身近な大家仲間からの情報が一番助かります、ありがたいですね。私も何かで、お返しができるようになりたいと思っています。

大家としての適性があるかどうかは大事な要素

ひょんなことから大家になった私ですが、結果として大家向きな性格だと感じています。大家さん稼業には「適性」が大きく関係してくるのではないでしょうか。

投資物件を買うために多額の借金をしてしまった後で、運営がうまく行かなかったら取り返しがつきません。そうなってからでは遅いので、自分に適性があるのか試す意味でも、まず安くて小さな物件を現金で買って、一度、「大家さんてこんなものなんだ」ということを経験するのもいいと思います。規模は小さくても リフォームや、不動産屋さんに入居者の募集を依頼する等の手順は同じなので、一通りの勉強ができますよね。

不動産投資の場合は、どうしても「人」が絡んできますので、机上の勉強だけではわからないことも多いです。したがって、コミュニケーション能力の有無が問われます、人付き合いが苦手なら不動産投資は難しいかもしれません。

それから、「危ないなぁ」と感じる人も見かけます。早く大家さんになりたいという気持ちはわかるのですが、その気持ちが強すぎてびっくりするような高い金利で物件を購入していたり、カツカツの計算で購入したり……。万一のことが起きたら即アウトです。そんな無理をしてまで不動産投資をやる必要があるのか？　ここを真剣に考えないと大変だと思います。

逆に慎重過ぎてチャンスを逃す人もおられます、もったいないです。娘のママ友達で、私が不動産投資をやっているのを知って相談に来られた方がいました。すでにご両親は他界されていて、誰も住んでいない戸建てを所有していて、「今は空き家なので貸せないだろうか？」とのことでした。彼女は専業主婦で、ご主人はサラリーマン。数年前に都心の新築マンションの区分を35年ローンで購入しています。そこで私は、貸家にして、その家賃収入をローンの足しにすると良いね、と賛成しました。その後、物件を一緒に見に行き、具体的なアドバイスをしました。

傷みがあったので、リフォームが必要なことや、不動産屋さんへ入居者の募集依頼に行くことなどを伝えたところ、最初はヤル気満々だった友人夫妻でしたが、段々とテンションが下がり、「リフォーム費用をかけても借り手が現れなかったらどうしよう」とか、「借り手がいたとして変な入居者でヒドイ住まわれ方をしたらどうしよう」とか、「万が一、自殺でもされたら……」などと、ネガティブな考えが止まらなくなり、結果、貸家の話は消えてしまいました。メリットだけでなく、デメリットも伝えたところ、怖がらせてしまったようです。

ここで、あるフランスのことわざを思い出しました。「卵を割らずにオムレツは作れない」。そうです、自分の「殻を割る」ことなしに素敵に変化することはできません。

空室リスクへの対処はジタバタ動くこと

管理している物件で空室が埋まらないことは確かにリスクです。なので、私は空室が出たらジタバタしてすぐに動きます。おかげさまで長期間空室が埋まらないという経験は、今のところはないんです。

動きとしては、空室になったら即リフォームして、営業に回って、反応が鈍いようなら「何が問題なのか」を不動産屋さんに伺って、決まりにくい理由として「家賃が適切か？　設備は問題ないか？」など、気になる点を教えてもらいにいきます。こちらが真摯な態度でいれば、一生懸命、入居者を探して紹介してくれます。

入居者が決まったら、お礼を申し上げます。以前は担当者にポチ袋に入れた寸志を渡しておりましたが、最近は控えています。なぜなら悪習になると危険だと考えたからです。今では違う形で、感謝の気持ちを表しています。

満室のときでも、不動産会社の近くを通ったら差し入れのお菓子を持って挨拶をします。思わぬ物件情報がもらえるときもあります。何度も言いますが、不動産投資は「人」が財産なので、仲介業者さんとも常に良い関係でいたいですね。

大家さんの中には、自分の物件が空室なのを責める方がおられるそうですが、そんな上から目線では、何としても入居者を決めようという気が起きませんよね？　私なら、きっと　感じの良い大家さんの物件を優先して紹介してしまいますね（笑）。

最高の思い出と最悪の思い出について

不動産投資での「最高の思い出は？」と聞かれるとたくさんあり過ぎて、どれにしようか迷います。毎月いただくお家賃で家族が不安なく暮らせていることは、本当にありがたいことだと思っています。

特に思い出深いのは、はじめて売却益を得たときのことです、埼玉県熊谷市に３００万円で買った築古の戸建てを、１４７万円かけてリフォームして貸しておりましたら、「購入したい」と言われたのです。その物件は場所的にちょっと遠いなぁと感じていたので、「売ってもいいけど、せっかく縁があって所有できた物件なので売れなくてもいいや」と適当に８００万円で打診したところ、その値段で話がまとまったのです。ほんの数カ月の所有で売却益が出て、とてもびっくりしたことを覚えています。早速、そのお金で今度は都内の築古戸建てを買いました。ちょっとした、わらしべ長者の気分でした。

ちなみに、その熊谷市の物件の目の前には「アリオ」という大型ショッピングセンターがあって、冷蔵庫がいらないような場所でした。利便性は高かったと思います。

最悪の思い出は、お金の話ではなく入居者さんの問題です。それまでも家賃の滞納とか、ゴミの分別がされていない等の問題はありましたが、このときは、ある入居者さんと連絡が途絶えてしまい、電話もつながらなくなりました。「もしかしてお部屋の中で、病気で倒れて死亡しているかも？」ということが考えられましたので、警察の方に立ち会っていただいて部屋の鍵を開けました。

最悪の事態が、頭をよぎります、「あぁ、これで私のアパートは事故物件になるのだろうか」。警官が入居者さんの名前を呼びかけながらバスルームや居間を覗く姿を廊下で呆然としながら見ていると、「あれ？　大家さん誰もいませんよ」と。後になれば、笑い話で、単なる夜逃げでした。

このアパートは、年配の単身者が多いワンルームが１１戸の物件でした。「ひとり」だとお部屋で何が起こっているのか把握できないリスクがあります。そういう経験もしたので、ファミリーで入ってくれるような戸建ての物件にますます魅力を感じて、このアパートを売却後は、すべてファミリー物件に特化するようになりました。

区分所有も数戸ありますが、家賃から管理費や修繕積立金などを引くと、手残りが少ないので、やはり戸建てのほうが良く見えるようになってきています。今後も欲しいのは戸建てです。

ボロ物件を改良して住めるようにするのが私流

私の投資スタイルは、中古物件に特化しているところです。中古というと聞こえはよいかもしれませんが、要は古いボロ物件です（笑）。ボロ物件をリフォームして、普通に住める家にして、入居者さんを募集します。

古い家では、まだ和式のトイレが残っていたりします、今どき和式は不評なので、必ず洋式にリフォームします。畳の部屋も多いので、一部屋は畳の部屋を残して他は洋室に変えます。女性に好印象を持ってもらえるように、キッチンや洗面台などは新しいものに交換します。これらが、新品だと家が古くても快適に生活できるイメージが持てます。

逆に、使用には問題ないからと少しの出費をケチって薄汚れたモノを、そのままクリーニングだけで済ませると女性からの評価はかなり低くなります。ファミリー物件は、やはり奥様に気に入ってもらえないと厳しいですね。

ファミリー物件は、お子様の学校の関係などで、一度入居されると長く住んでいただけますから、初めにリフォーム費用がかかっても何とかなることのほうが多いです。私の戸建てでは、ずっと同じご家族に住んでいただいています。所有していることを忘れそうなほど、運営の楽なものがたくさんありますよ。

それに一棟物のアパートやマンションなどと違い、戸建てには共有部分がないので、大家が共有部の掃除や敷地内の草むしりなどを気にする必要もありません。

不動産投資からの引退はないでしょうね。大家業は楽しくて大好きですから、もっと歳を重ねてもボケ防止のためにずっとやると思います。

【今回のインタビューの簡単なまとめ】

◆物件選びについて

◎入居者がつきそうな物件を探す
◎入居者がつきそうかどうかは、エリアによって違うので、
不動産屋などから情報収集して判断する
◎中古物件に特化。快適に住めるようにリフォームする

◆不動産投資をするうえで大事なこと

◎大家としての適性があるかどうかを自覚すること。例えば、安い
物件を買って、一度、運営してみると経験値が溜まる
◎決して資金的な無理をしないこと
◎不動産投資は人脈が大事

◆空室リスクの対処について

◎リフォームする、不動産会社に原因を聞くなど、部屋が埋まらな
いときはとにかく動く
◎次の空室リスクを減少させるためにも、部屋が埋まったら不動産
屋さんに感謝の気持ちを伝える

19

ソプラノ大家

〜自分にできることは何でもやる〜

※取材日２０１２年１１月１２日

資産運用として選んだのは人の顔が見える不動産投資

最初に不動産投資に関わったのは２００６年ごろです。夫の母が持っていた築３０年くらいの古いアパートがありました。それを建て替えるときに、不動産投資といいますか、「不動産」に初めて関わりました。私名義の物件を初めて買ったのは２０１０年です。

投資という意味では、不動産投資の前に株のデイトレードもしたことがあります。でも、性格上、株価の上げ下げにドキドキしてしまって、仕事とか生活どころではなくなってしまったのです。結局、実態が見えやすく、人とコミュニケーションをとることができる不動産投資を選択しました。

私の場合、基本的に、管理は不動産屋さんに任せています。物件に何か動きがあれば、朝のうちにメーリングリストで連絡をもらえるようになっています。必要なときはそのメールに返信することで対応しています。ですから、管理に取られる時間はほとんどありません。

不動産投資をやろうと思ったそもそものきっかけはオペラを真剣に学ぼうと思ったことです。オペラを本格的に学ぶためには東京の大学に通う必要がありました。夢（＝オペラを学ぶ）を実現するには、秋田と東京の二重生活をしなければならなかったのです。

交通費や授業料を捻出するためには、節約だけでは限度があります。別の収入源が必要でした。そのひとつが不動産投資だったのです（※詳しくは、楽待のソプラノ大家さんのコラムを見てください）。

不動産投資に関する本をたくさん読んだり、「百聞は一見に如かず」と思い、不動産の管理をしていた友人に頼んで中古のアパートを見学に行ったり……。縁あって、このアパート見学のときに出合った物件が、結果的に不動産投資の第一歩となりました。1億6000万円のものを8200万円で購入することができたのです。友人の協力もあって、うまくローンも通せました。

物件選びのポイント

物件選びのポイントとして大事にしているのは、実はインスピレーションです。実際にその物件に入っていくときの感覚とか、その場所が好きと思えるかどうかを大事にしています。「この物件は感じがいいな」とか、「この物件はちょっと違うな」というのは、いくつも物件を見ているうちに感じるようになるはずです。「物件を大切に管理できるか」「愛着が持てるか」という視点も大切なことだと思います。

物件自体の条件としては、特別なことは考えていません。「立地」「間取り」「利回り」を重視しています。

立地については、やはりお客さんが入ってくれそうなところ、入居付きが楽そうなところがベストです。秋田市だと、県庁と

【ソプラノ大家氏のプロフィール】

秋田市出身。「ソプラノ歌手としてステージに立ち続けたい」と願い、不動産投資を始めて３年間で６棟３４室の大家さんとなる。

ブログ「ソプラノ大家さんのワクワク不動産日記！！」は１日 3000PV、人気ブログランキング（不動産投資カテゴリー）で１位を獲得した。北は北海道から、南は九州まで全国各地で講演活動を行っている。

また、アパート経営が軌道に乗ったのち、秋田市にボイストレーニングの教室を開設。現在は、80 名以上の生徒にボイストレーニングや歌唱指導をしている。

二期会準会員。2014 ミス・ユニバース・ジャパン秋田大会ビューティーキャンプ講師。日本サービスマナー協会認定マナー講師。

【著書】

『夢とお金をひきよせるソプラノ大家さん流アパート投資のヒミツ』（ごま書房新社）

『LIVE DAM 精密採点 DX 徹底攻略‼ ボイストレーナーとカラオケチャンピオンが教える カラオケ上達最強テクニック これであなたも 10 点 UP‼』（コスミック出版）

か市役所のそばとかが理想です。

秋田では駅の近くというよりも、人気のあるエリアかどうかが大事になります。都内では駅から近いところが人気になるのでしょうが、地方は車社会です。駅から近いかどうかはあまり関係ないんですよね。

その分、物件には駐車場が必要です。駐車場があって、まわりに病院とか、スーパーとか、コンビニなど生活関連施設があれば、さらに良いです。ライバルの物件は多いので、できるだけ利便性の良いところを選ぶことが大切です。

間取りについては、地方の人は広いお部屋に慣れていますから、１Ｋよりも１ＬＤＫ、１ＬＤＫよりも２ＬＤＫのほうが好まれます。とにかく、広めの間取りです。間取りを後から広げることはできませんから。

利回りについては、基準を表面利回り２０％と考えています。地方は空室リスクが高く、買った物件を売り抜けることも難しいので、その分、高い利回りが必要です。最近（※取材時。２０１２年１１月１２日）は不動産投資が人気で、売りに出る物件の利回りは低めです。でも、むやみに自分の基準を下げることはせずに、じっくり待つことも大切だと考えています。

よく見ている物件情報

「楽待」や「健美家」などの有名なサイト、他にも地元の不動産屋のサイトを見ています。そこで良い情報（欲しいと思える物件）を見たら、すぐに資料を請求して、買うかどうかを検討します。良い物件を見つけたときは、早く確認したくて、すぐに現地に見に行くこともあります。

あとは、日頃から「良い物件があったら紹介してください」と5～6社の不動産屋さんにお願いしています。実際に、良い物

件が出ると情報を回してもらえることも多いです。そういうことも考えますと、「良い物件が出たら○○さんに紹介しよう」と思っていただけるような不動産屋さんとのお付き合いも大事だと思います。

余談になりますが、家庭教師で伺ったお宅が、不動産屋さんの社長さんだったことがありました。「物件が欲しいんです」と話してみたら「それならいいのがあるよ」と紹介してもらったのです。その後、その物件を購入しました。

実は、私は今まで自分で買い付けを入れたことがないんです。いつも不動産屋さんの担当者さんに連絡するとすべてやってくれるので……。こちらの考えをわかってくれる担当者さんがいるとすごく助かります。こういう関係作りにも力を入れると良いですね。

銀行の融資についても、不動産屋さんの担当者さんや司法書士事務所の方などに相談しながら進めています。不動産投資をしていると、さまざまな分野の知識が必要になるので、それぞれの専門家を見つけて、力を貸してもらうことも大事だと思います。

不動産投資で大事だと思うこと

もし、不動産投資のことで私が誰かに何かを教えるとしたら、まずリフォーム（セルフリフォーム）です。初めての方は、なかなかうまくできないので、小さなところから始めると良いですよね。クロス貼りよりも、カッティングシートからというように。セルフリフォームをすると物件に愛着が湧きますし、経費も節約できますので本当にオススメです。

不動産投資をするうえでの目標を立てることも大切です。「不動産投資で収入を得て何をしたいか」をしっかりと決めておくことです。目標がしっかりしていると、選択をしなければいけないときもブレずに決断できると思います。

考えがふらついていると、目先のおいしい話や自分の欲望に左右されて、的確な判断ができなくなってしまいます。不動産は安い買い物ではありません。目標をきちんと設定し、自分の投資スタイルを決めておかないと、なかなかうまくいかないでしょうね。

最後は、やはりコミュニケーション能力です。不動産投資を始めるとたくさんの人と会うことになります。不動産会社の方や銀行の方などと良い関係を築くことができれば、さまざまなトラブルが起こったときにも協力して仕事を進めることができます。「この大家さんにはがんばってほしい！」と思っていただけるような関係作りを目標にしています。

「これからコミュニケーション力をつけたい」という方に、まずお勧めしたいのが、「笑顔であいさつすること」です。いつ、誰と会っても自分から明るく、あいさつしましょう。これをするだけで目に見えて人間関係が良くなりますよ！

空室リスクへの対処はリフォームありき

物件を買ってもなかなか空室が埋まらないことがあります。だからといって、すぐに家賃の値下げを決めるのではなく、空室を埋めるために他にできることはないかを考えてみます。

具体的に言うと、クリーニングとリフォームです。とくにクリーニングは効果的です。古い物件でも、掃除を徹底すると、内見のときの反応が目に見えて良くなります。それほどお金がかからないわりに効果は抜群です。

セルフリフォームはできるだけコストパフォーマンスの良いものを優先して行います。私がよく行っているのは、トイレのプチリフォームです。照明をシャンデリアに替えて、真鍮のトイレットペーパーホルダーをつけます。クロスをヨーロッパ調のものに貼り替えるとホテルのトイレのようになりますよ。トイレを気にする方は男女問わず多いです。

私は、職業訓練校に通って建築の知識を学びました。そもそものきっかけは、業者さんに頼む「原状回復費が高い！」と思ったからです。退去になると、当然のことながら、家賃が入ってきません。そのうえ、新しい入居者に備えた部屋の原状回復にコストがかかります。物件が新しいうちはまだしも、古くなるにつれ、家賃も安くなり、修繕費がかさんでくると、「このままでは利益がなくなる」という不安に駆られます。

いろいろ思いを巡らせたうえでひらめいたのが「自分で修繕すればいいのではないか」という考えでした。自分で修繕することができれば、節約にもなりますから、アパート経営のリスクを減らせると思ったのです。

ただ、リフォーム技術をどうすれば身につけることができるのか、わかりませんでした。「大工さんに弟子入りしたほうがいいのかな」などと考えたりもしましたが、ツテがありません。バイトをしようにも求人も経験者ばかりです。

それでも、ハローワークに行けば何かあるかもしれないと思い、行ってみたところ、建築のことを教えてくれる職業訓練があることを知ったのです。期間は6カ月でしたが、ここでの経験が私のアパート経営を安定させてくれたと感じています。

最高の思い出と最悪の思い出について

今までの最高の思い出は、初めて中古で購入した物件です。1億6000万円の値がついていたものを8200万円で買うことができたときです。およそ半額ですからね。すごくお得だったので印象に残っています。今も満室続きの物件です。

最悪の思い出は、設備屋さんの手抜き工事です。設備屋さんの仕事は天井裏や壁の裏などの見えない部分が多いので注意が必要です。ですから、今はこまめに工事を見に行ってチェックするようにしています。

とにかく自分の手をかけること

私の投資スタイルは安定したキャッシュフローを目指したものです。余計な出費を抑えて、少しでも利益を残すため、セルフリフォームしたりとか、自分でクリーニング（ハウスクリーニング）したりとか、とにかく自分の手をかけます。

これまでの不動産投資の経験の中で良かったと思うことは、不動産投資に関わることを、一通り自分で体験してきたところです。

セルフリフォームやセルフクリーニングもやりました。家賃を回収に行ったこともあります。入居者さんの生活を想像しながら、自分の物件に泊まってみたこともありますよ。

とくに初心者の方には、物件に泊まるのをお勧めします。実際に泊まってみると、不便なところや気になるところなど、改善ポイントが見えてきます。

先ほどもお話ししましたが、とにかく、私にできることは何でもやってみようと考えています。自分の手をかけて、物件を大切に育てていきたいと思っています。

【今回のインタビューの簡単なまとめ】

◆物件選びについて

◎「立地」「間取り」「利回り」を重視

◎地方では、駅近よりも利便性の高い場所が好まれる。また駐車場の有無も重要

◎地方では広い部屋のほうが人気がある

◆不動産投資をするうえで大事なこと

◎利益率を上げるためにもセルフリフォームできるようになっておくと役立つ

◎欲に眼がくらまないように、目標を立てておくこと

◎良い話も悪い話も人が持ってくるから、コミュニケーション能力は必須

◆空室リスクの対処について

◎セルフリフォームすること、付加価値を付けるようにすることを優先する

◎空室が埋まらないときは家賃の値下げを考える前に、やれることはないかを考える

20

赤井誠

～好きだから続けられる～

※取材日2012年11月12日

「おもしろそう」から始まった不動産投資

最初に不動産投資に関わったのは2005年の春ぐらいです。元々、インテリアやリフォームに興味があったので、その絡みで自宅をいろいろイタズラしていました。

このときは、次は八ヶ岳か軽井沢に自分でログハウスを建てようとしていて、妻とログハウスのキット屋さんを回っていたのですが、ふと手にした『ビッグトゥモロウ』の中に「古い不動産を修繕して賃貸する仕方」について書かれた記事を見つけて、「こっちのほうが自分に合っていそうだな」と思い、不動産投資の世界に足を踏み入れたというような経緯があります。

だから、最初は投資的な感じではなく、趣味の延長のような感覚でした。自分で古いものを趣味で直して、それを人に貸してお金が入ってくるならラッキーくらいの感じです。

投資という意味では、株もやったことはあります。会社の持ち株もあったし、今までに結構な金額をやったりしましたけど、正直言って、株ってお金だけは残っても、それ以外におもしろみがないじゃないですか。

ベンチャー企業に長期の投資をして「この会社を育てよう」というようなことならおもしろいけど、そうではなくて上場企業に何百万円か入れたところで、その企業に対する影響力はまったくないですからね。そういう意味だと「不動産って自分の影響力が大きくておもしろいね」という気持ちが最初からありましたね。

不動産投資で重視するポイント

不動産投資でポイントにすべきことは、「立地」「実質利回り」「資産価値」の3つ、それだけです。

私の場合だと、立地は横浜近辺に絞っています。足を延ばしても東京・川崎までです。立地を考えれば、駅から徒歩１０分以内が必須だと考えています。

利回りについては、結論から言うと、どの地域であっても１０%は取ることです。もちろん東京でも、やり方次第でできると思います。リノベーションしたときなら、最低でも１５%くらいは目指しています。都内とか横浜でも１３%とか１５%ぐらいで回るのであれば、地方で購入するよりはいいかなと思っています。

ここで重要視しているのが資産価値です。結局、資産価値の高いところで利回りを取るほうが資産価値の低いところで頑張るよりも全然価値が高いですからね。資産価値の低いところの収益は減価償却で食われてしまいますので……。基本的にはそうじゃないという方向にしたいなと思ってやっています。

【赤井誠氏のプロフィール】

1960年横浜生まれ。北海道大学大学院卒業後、某電気メーカーに就職。2005年頃から賃貸経営に興味を持つ。その後、2013年に退社し、専業大家となる。現在10棟73室を所有し、ほぼ満室で運営中。「情熱を持って行動すれば必ず道は開ける」を身上とし、趣味のＤＩＹを生かしたリフォームで魅力ある物件を作り、入居者の満足度アップに努める。

あと、僕の場合、性格的なものもあり、結局、自分の手でやりたくなるんですよね。地方だと物件の運営を管理会社に頼むしかないので、どうしても自分でやりにくくなります。だから、地方と都心というよりは、要するに「自分のテリトリーの範囲内でやる」ということになります。僕が仙台に住んでいれば、仙台周辺にたくさん物件を買うと思います。

自分のわかっている場所でやるというのは不動産投資においては絶対的に優位なのです。情報も入るし、場所の人気もわかるし。特に横浜については３０年以上も住んでいるからかなり詳しいです。

チェックしている物件情報について

物件情報は、健美家さんとか、適当にさまざまなホームページを見ています（笑）。でも基本は、そういう誰でも見れるような情報では買いません。やっぱり別口からもらう情報で購入します。

ちなみに、僕の場合は、一緒に不動産事業をやっている関係もあって、不動産屋さんしか見られない「レインズ」という情報ネットワークを見ることができるんですよ。

また、自分がどれくらいの物件を持っているとか、過去に購入した物件の内容とか、「僕が現金をいくら持っていて、どのくらいの値段・利回りなら購入するか」などを向こう側（不動産屋側）に伝えておくと、物入れというのですが、物件を仕入れたときに先に情報をくれるのです。そこで「じゃぁ、いくらなら買うよ」という話になることもあります。やはり、そういうルートのほうがはるかに安く買えるのです。

ただ、一般情報の中でも、価格交渉して買えばおもしろい物件もたまにはあります。そういうケースのときは、一応は場所をチェックしたり、調べてみます。実際、一般情報から見つけた１０００万円の物件を５００万円くらいで買ったこともあります。

実は、物件の価格も定価がついているだけで、実際にその値段で売るわけではないですからね。よく「一般情報は出がらしだ」と言われるんですけど、でもね、「半額に値段を差し替えたら、全部買いじゃないの」ということなのです。交渉したら安くなる物件は必ずあるので、一般情報を見ることにも意味はあると思います。野村不動産や住友不動産などの投資用の物件情報でない、一般住宅を発信しているところを見ると「あっ、こんなん出ている」というような物件を見つけることも多いですしね。暇つぶしで見ても結構おもしろいです。

アパートなどの投資用のサイトというのは、その目的上、仕方がないことですが、投資物件ばかりを紹介しています。でも、普通の人が、普通に見ているようなところにはお宝はあまりありません。それならば、一軒家物件とかに注目したほうがおもしろいこともあります。一軒家で探してみると、よく玄関別の二世帯住宅というものが出ていたりします。

玄関別の二世帯住宅って、見方を変えればアパートじゃないですか。実際、二世帯住宅と書いてある一軒家の物件があったので調べてみたところ、それは「外階段の物件だった」ということがありました。「これ、アパートとして使えるじゃん」と思って交渉したところ、二世帯住宅はあまり人気がないし、「もう使ってないから〜」ということで半額で買えたこともあります。

このように、間違って掲載されていないかという意識で物件を探すのはありかなと思いますね。

将来性を重視する　〜物件の買い時&売り時〜

僕は、物件を買うかどうかを最終的に決めるときには「将来性」を重視しています。物件って、今の利回りとか家賃がそのまま未来永劫続くわけではないですよね。だから、将来どうなのかを意識しておくことは非常に大事だと思っています。

とはいっても、すごく先まで見られるわけではないので、１０年くらいのスパンで「この地域はどんな感じだろう」とチェックしています。要するに10年間の積分値としてどうか、つまり「10年間保有してどうだ」という見方をするので、その中で「将来性がある」とか、「10年後も大丈夫だよね」とか、「もっと発展するよね」と感じられるのであれば買いますね。

売却は逆です。「10年後」に疑問符がつくようであれば売りでしょうね。

先日に売却した物件は仙台にありました。この物件は人気があって、7年間の管理中、ほぼずっと満室でした。特に、今（※取材時。2012年11月12日。以下、略）の仙台は特需ですから、滅多に空室になることはないんですよ。退去することになった人がいたとしても、翌日には次の人が決まるようなイメージで考えてもらえるとわかりやすいかと思います。

でもね、これから10年後の仙台を予測すると、楽観視はできないと思っています。ここ3年くらいは絶対に満室だと思いますが、その後は、必ず新規の物件が建ってくると思います。今は、震災の影響で物件が足りなくなっているから既存の物件でも太刀打ちできますが、これから雨後のたけのこのように新築が建ってきたら、競争力で負けてしまう可能性が高くなると思うのです。もちろん、本当にそうなるかどうかわかりませんが、10年後の可能性とか将来性には自信が持てないから、僕は今のうちに売ろうと考えて、実際に売ってしまったわけです。

10年後の予想については、「人口の増加の予測」や「どういう企業がいるのか」、あとは新聞ネタ、道州制の動向などを確認しています。例えば、新幹線ができるなどの情報があれば、将来性は有望です。人口の流れが一気に変わると思いますので。そういうことを頭に入れて予想します。10年後のことなので、そんなに詳しくはわからないと思いますが、頭に入っているのと入っていないのとではまた話が違うと思います。面倒かもしれませんけど、不動産投資のことが好きなら調べられると思います。

不動産投資にとって大事なものとは

不動産投資は経営と同じなので、要するに好きかどうかに尽きると思います。僕はサラリーマンです（※取材当時の話）。今の仕事は好きで選びました。収入で就職を選んだわけではありません。そこが大事ならもっと収入の良い会社に入れたけれども、今の会社の仕事はやりたいから就職してやっています。

もし、３億円のジャンボ宝くじが当たったとしても、今の仕事が好きだから、その仕事を続けたいから辞めないと思います。反対に、嫌いな仕事だったら、そこそこのお金ができたら辞めてしまうと思うのです。

不動産投資も一緒で、嫌いなら仕事としてやる必要性はないと思うのです。僕は昔からそういう選び方しかしてきませんでしたし、これからもそういう選び方をしていくと思います。

それにね、好きなことであれば何が起きても何とかしようと動けるはずですし、頭も使います。仮にわからないことがあっても、好きなことなら調べると思うのです。実際、調べれば大抵のことはわかるわけだから、できないことなんてひとつもないわけです。

本当に好きなことをやるのだったら、いくらでもやっていけると思います。もちろん、嫌いなものなら話は別ですよ、いやいや勉強していても続かないと思います。

だから、最初の話に戻りますけど、もうとにかく好きかどうかに尽きると思うのです。「これ、面倒くさそうだけど儲かりそうだからやってみるか」という発想の人には不動産投資は向いていないと思います。まぁ、それでもうまくいく人はうまくいくかもしれませんが、僕はそういうやり方とか、そのような人とは考え方は合いません。

あとは、負けないこととか、損しないこととか、そういうものの考え方も大事になると思います。この手のものってマイナスになるのが最悪であって、無理に大勝ちする必要はないわけです。確実に10年間くらいで見て収益が上がることのほうが大事だと考えています。

最初は、「この物件は3倍になるぞ」とか、夢を見ながら仕込むこともありますが、実はそうはいっても基本は手堅く、何年かシミュレーションして、「ここでやればこれくらいの収益は見込めるかな」と計算できるものだけを買っています。押しつけはしませんが、そういうやり方のほうがいいのではないかとも思ったりします。

結論として、僕の場合は、やっぱり不動産投資が好きだから物件探しは諦めないし、モチベーションも全然落ちません。物件情報自体も見ていておもしろいし好きだから、何時間見ていても飽きないわけですよ。

嫌いな人からすれば「こんなもんを3時間も4時間も見ていて何がおもしろいの?」と思うだろうけど、繰り返しになりますが、好きだから苦にならないのです。

「何を見ているか」で成否が変わる

不動産投資をしている人の中には、当然のことながら、成功する人もいれば、失敗する人もいます。その違いは、そのときに見える情報で何を見ているのかという点にあると思います。例えば、数字など、見えている情報は同じはずなのです。でも、見ているところが違うんです。

さっきもお話ししましたけれど、今見える情報だけを見ているのか、将来の状況まで考えて情報を見ているのかということも、ものの見方だけの違いだと思います。将来を見据えずに、今の情報だけを静的に見ている人は、このあとどう変わっていくかによって失敗する可能性も高くなると思います。

投資で儲けるとしたら、成長で儲けるか、歪みで儲けるかの2つしかないわけです。成長で儲けようと思っても、基本的に今、日本だと東京都や沖縄は多少なりとも人口が増加していますが、国自身がデフレで成長していないから、それ以外の地域で成長を前提とした投資をしようと思っても厳しいわけですよ。

だとしたら、「歪みをどうやって見つけますか」ということになります。今後の流れの中で、今の数字が歪んでいる数字なのか、それともノーマルな数字なのかというところが見れない限り、絶対に儲からないだろうなと思っているし、さらに、将来を見据えてその歪みを見つけられるかどうかで不動産業の成否は決まるだろうなと思っています。

空室リスクへの対処法

あらゆる努力は当然しますが、それで無理なら基本は売却します。要するに元々可能性があると思って買ったのに逆行したということは、「１０年間はイケる」と思った自分の見立てが外れたわけです。これはどこかにミスがあったということですよね。だから、もう早めに売るしかないわけです。もちろん、早く部屋を埋めるために何をするのかということも考えますが、それとは別に、早く売るためにどうするのかについて考えることも必要だと、今までの経験から感じています。

ちなみに、こういう意味で一回、福岡の物件を売っています。福岡の物件は元々そこまでの考え方に到達する前の、不動産を始めた最初のころに買った物件だったこともあって、失敗の経験を重ねました。どういうことかというと、空室があったので、広告費などを出して何とか満室にしたものの、結局、半年とか、1年もしたらまた退去になったのです。空室が次々に発生する物件を満室にしようと思っても、なかなか思うようにならないのです。結局、同じことを繰り返しても儲からないということがわかりました。

だから、その失敗を通して、その後、満室にすることを考えながらも、同時並行で売却のことも考えるようになりました。売りは売りで出して、満室対策も並行してやるというスタンスに切り替えたわけです。

あと、不動産投資家には減価償却の意味がわかってない人がわりと多いです。要するに、物件の価値は低下していくのですが、インカム（家賃収入）という収入があるから、資産価値の低下に気がつかないのです。今、ポンと売ってみて何億か残るということならいいですけど、売却した瞬間に損が確定する人はいっぱいいると思います。良くて、買った値段と一緒。悪ければ、買った値段よりも相当低いパターンもあるんじゃないかなと思います。

最高の思い出と最悪の思い出について

最高の思い出は、仙台の物件の売買です。元々２５０万円くらいで買って、管理中はほとんど満室で、物件価格自体はもう全部回収しているし、売値も買値より高かったですからね。

物件そのものもいいし、これからもまだ十分稼げるかなという状態で地元の人に引き継げたという意味では「あいつに押しつけたよ」という感じではないと思います。自分も相当な収益を得ましたし、地場の人ならもっと良い物件として運営してもらえるのではないかという可能性を残して引き渡せたことはやっぱり良い思い出です。

一方、悪い思い出は福岡の物件です。もうあれは買い方が悪かったです。ある意味、いろいろな経験を積ませてもらいました。最後は買った値段で売れて、維持していた部分が利益になっていて損はしていないため、そういう意味ではぎりぎり良い思い出なのかもしれませんけどね。

この物件はなかなか思い通りにいかずに、とにかく大変でした。入退去でも大変でしたし、火事も出したんですよ。大した火事ではなかったのですが、ガス給湯器が爆発して網戸が焼けました。台風が来たときも、管理会社から「屋根の一部が飛ばされました」と、いきなり電話がかかってきて……。でもね、遠いから行くに行けないわけです。翌日になって管理会社からの連絡を待っていてもなかなか来ないから「どうなっているのでしょうか」と電話したら、「あれ？　そんなこと言いましたっけ？」とか言われて。要するに、物件違いだったわけです。本当にいろいろなことがありました。もうそこの管理会社に任せることはできないと思ったことも、売ろうと思ったひとつの理由ですね。

そのあたりは逆に、仙台の業者さんは地震があるとすぐ報告メールをくれて「確認したけど大丈夫でした」と。本当に管理会社によってその差がまったく違うことを感じました。

不動産投資が好きなこと、これが特徴

投資のスタイルとしては日々のインカムだけではなく「最終的にキャピタルゲインが大きく得られるか、もしくは、インカムとキャピタルゲインの総額がマックス（MAX）になる時点で売却する」というものの考え方でやっています。あと、日頃は不動産が好きでやっているので、不動産投資を楽しんでやっているところが私の一番の特徴でしょうか。自分でできることは自分でやるというセルフリフォーム大好きというところも私の特徴かなと思っています。

さらに挙げると、今までできなかった能力とかを身につけたりすることが好きなところですかね。勉強することは昔から好きで、不動産投資に必要な資格もたくさん持っていますよ。この前は宅建の資格も取ったし、電気工事士の資格もあるし、ガス工事の資格も取ったし、インテリアコーディネーターとかカラーコーディネーターの資格も持っていますし、帳簿もつけられます

しれね。要するに、関連するものは何でも身につけたいのです。今はＦＰも取ろうかなと思っています。今までできなかったことができるようになるのが嬉しいんですよ。とにかく、技術や知識を身につける喜びが好きなので、永遠にやり続けますよ。きっと、死ぬときが知識とか資格保持のピークになります（笑）。

だから、定点に達したからゴールするというものの考え方はしません。何億円持っているからゴールしたとか、何棟持っているからゴールしたということではなくて、意欲とか、常に向上したいというモノの考え方を持っていられることが成功へのゴールを手にする条件だと思うのです。そういう意欲があれば、今１００円しかなくても、その人は必ず成功すると思います。何億だとか何棟だとかの結果は勝手についてくると思います。逆に、今１００億円持っていたって、そういう意欲がなければあっという間にゴールから外れていくと思います。実際、１０億円持っていても５年後に破産したとか、そういう人はたくさんいますからね。

このように、常に成長するという考えを持ち続けているところは、私の真の特徴と言えるかもしれませんね。

【今回のインタビューの簡単なまとめ】

◆物件選びについて

◎「立地」「実質利回り」「資産価値」を重視
◎立地については駅近
◎実質利回りについては、10%は狙う
◎資産価値の高い場所で回すことを考える

◆不動産投資をするうえで大事なこと

◎不動産投資が好きかどうか
◎大勝ちを狙うのではなく、負けないことを重視する
◎今に注目するのではなく、将来に目を向けること

◆空室リスクの対処について

◎どうしても部屋が埋まらないときは埋める努力はしつつも、早めの売却も同時に考える

統計項目

今回20人の方には、別途、さまざまな質問をしています。その回答を統計的にまとめることにより、投資家の考え方に何らかしらの方向性、あるいは共通性が見出せるのではないかと思い、最後に掲載してみました。質問事項は以下の11問です。

1 ストレスの解消術は？
2 成功する投資家（トレーダー・不動産投資家）の条件とは？
3 投資（トレード・不動産投資）を上達させるコツは何でしょうか？
4 投資（トレード・不動産投資）の技術を上げるために、今までどんなことをしてきたのでしょうか。
5 投資ルールはありますか？ それはどういうものですか？
6 基本は裁量ですか、それともシステムですか？
7 利食いと損切り、どちらのほうが難しいと思いますか。その理由は？
8 好きな投資の格言があれば教えてください。
9 1日の睡眠時間はどのくらいでしょうか？
10 食事へのこだわりはありますか？
11 趣味は？

1 ストレスの解消術

ストレスの解消については、5名が「飲食」と回答しており、次に「睡眠」「旅行」という結果になりました。「好きなものを好きなだけ食べる」とか、「酒ですが、翌日の二日酔いでストレス倍増というリスクあり」というような回答には思わず笑みがこぼれてしまいました。

2　成功する投資家（トレーダー・不動産投資家）の条件

成功する投資家（トレーダー・不動産投資家含む。以下略）については、「柔軟性、変化の対応」「ここぞというときの勝負どころの判断」「決断力を含めたメンタル面の強さ」という回答が多く見られました。不動産投資家においては「情報力」「継続性」「努力」といった、地に足をつけたところを挙げているところも特徴的でした。

「自分が負けるパターンを把握し、連敗を防ぐこと。逆に、勝ちパターンも把握し、勝てないときは手を出さないこと」や、「普段はキャッシュポジションが多いが、ここぞというときには資金を突っ込む判断のできる投資家」というような回答については強く共感できるところがあります。

3＆4　投資（トレード・不動産投資）を上達させるコツ＆トレードの技術を上げるためにしてきたこと

投資（トレード・不動産投資含む。以下略）を上達させるコツや、投資の技術を上げるためという問いについては、株式投資家やFX投資家では「情報収集」「損失を被ったときの要因解析」「まずは経験すること」といったあたりが王道の回答でした。不動産投資家においては、「成功者のセミナーを受講」「著書やブログを読む」「そのようなところでの仲間づくり」というところがキーワードになっていました。

「失敗したときに失敗した理由が何であるかを考え、繰り返さないように心がけ、成功したときにトレードの感触を覚えておくこと。値動きひとつひとつを記憶に刻み込むぐらいのつもりでいれば上達も早い」という意見や、「自分が得意なことを見つけてそこの力をつけること。そのためには自分の理想とする人の行動を単なる猿真似ではなく、真似ながら自分ならどうするかということを常に考えることが重要」というような回答については、個人的に身が引き締まる思いでした。「興味深い人のセミナーに参加したり、ブログをよく読み、そこで感じた疑問を直接本人に聞いてみることで、特に自分の考えと違う人の考えを理解することは自分の成長につながる」「自分は何が得意で何が苦手かを早く見つけ出して自分のスタイルを決め、とにかくチャートを見て、マーケットに参加することが大事」というような回答については行動力の重要性を認識させられました。

5　投資ルールについて

投資ルールにおいては、「安いときに買って高いときに売る」とか、「損切りの徹底」という王道の回答以外にも、「(ルールは)日々刻々と変化している」「不相応な額の持ち越しをしない」「欲張らない」「根拠のないトレードはしない」というような回答もありました。

不動産投資家においては「絶対に嘘をつかないことと約束を破らないことです。不動産は多くの人の協力がなければできないので、自分に協力してくれる銀行・業者・不動産仲間を裏切ることは最低の行為だと思うからです。それに、信用を得るには非常に時間がかかりますが、なくすのはあっという間だとも思うからです」や、「リスク分散。立地・環境重視。自己資金は少なく、キャッシュフローは余裕を持って厚くする」というような経験者ならではの回答も見受けられました。個人的には「投資ルールはないです。儲ければＯＫ」というような、結果がすべてというようなシンプルな回答についても納得させられました。

6　裁量か、システムか

この質問については、1名を除いて全員が裁量でした。このあたりは個人的な予想を覆す形になっております。内容として「根拠のある裁量」というような回答がありましたから、その根拠についてじっくりと再度、聞いてみたくなりました。

7　利食いと損切り、どちらが難しいか

利食いと損切り、どちらのほうが難しいかという点においては、両方難しいという回答が4割、損切りが3割、利食いが3割という結果になりました。利食いも損切りも決して簡単ではないことが言えると思います。

意見として、「利食いに失敗しても滅びませんが、損切りに失敗すると滅びる可能性（資産全滅の可能性）がある」や、「私の投資法では損切りができず、いつも含み損で長期間苦しむ」のほか、「利食いは我慢、損切は我慢しない。ダメなポジションはきっぱり諦める。逆に利食いは欲望との闘いでなるべくターゲットまで我慢する」というようなものもありました。各々のトレーダー々リアルな状況が頭に浮かんできます。

8　好きな投資の格言について

好きな投資の格言については、「人の行く裏に道あり花の山」を3名の方が挙げていた以外、バラバラでした。

なお、「皆、相場から自分の欲しいものを手に入れる」「努力は嘘をつかない」「買ったら下がるは当たり前、売ったら上がるも当たり前」「お金を愛するだけでは駄目、お金に愛されるようにならないといけない」といった意見もありました（オリジナルの格言含む）。

9　睡眠時間について

２０人の平均睡眠時間は5・7時間となりました。体力勝負という感が否めません。中には「眠いうちは寝て、眠くなくなったら起きるのでその日によって異なる」という大変うらましい回答もありました。

10　食事へのこだわり

食事へのこだわりについては、理想を含め、野菜の声が多く、「健康を考えてバランス良く食事をする」というスタンスの回答が多かったです。ただ数名の方からは、意外に思われるかもしれませんが「特にない」という回答をいただきました。

ほかには、「暴飲暴食は避けつつ食べたいものを食べる」や、「まずいもの、体に悪いもの（化学調味料盛りだくさんとか）、安い酒などは避ける」「健康はお金より重要ですので、栄養のバランスを考えて食べるようにしています」というような回答もありました。

11　趣味について

趣味については、投資家の共通性はなく、千差万別でした。一番は旅行が多かったです。ほかでは、ストレートに投資という回答もあったり、他分野で活躍している人の講演を聞くというような回答もありました。

なかには、「人のために身を尽くすこと。『あほちゃうか？　あんた』と言われます」や、「今は夫婦で楽しめる旅行が一番の趣味です。特に今までに行ったことのない国々で多くの文化や人と接することが好きです」というような回答もありました。

このようにわずか20名でもさまざまな回答がありました。個人的には共感できること含め、今後の投資の参考になるのではないかと思っています。

なお、統計項目に限らず、本書においては、「やってやれないことはない。やらずにできるわけがない」と「投資に絶対はなく、まさかということが案外起きる」といった意見は特に強く印象に残っています。

JACK

おわりに

※全巻共通

今回の書籍は、インタビューを受けていただいた100人の投資家のご協力がなければ実現できませんでした。私の「会いたい」「お話をお聞きしたい」という思いからご協力をいただいた100人の投資家の方々には、私の慣れていないインタビューに長時間お付き合いしていただき、感謝の気持ちでいっぱいであります。

また、この100人のインタビューの編集作業をすべてひとりで対応していただいたパンローリング編集の磯崎氏に改めてお礼を申し上げます。このような過去にない規模のインタビュー本を完成できたことは氏の対応の賜物であったと強く思っております。

100人の投資家の方々から教えていただいたさまざまな投資の手法や考え方は、私自身にとってもとても大変参考になるものが多く、実際に取り入れて実践しているものもあります。「はじめに」でもお話しさせていただいたように、読者の方々にも本書を隅々まで読んでいただき、その結果、共感できるものが見つかったのであれば、そのやり方なり、考え方なりを試していただけたらと思います。

金融という分野ではまだまだ後進国の日本です。本書（シリーズ）をきっかけに、自分の資産のことについて考えていただける人がひとりでも増えたら、著者として嬉しい限りです。

JACK

著者紹介：JACK

個人投資家。バーテンダー、予備校講師、サラリーマンと多彩な職歴を歩むかたわら、ＩＰＯ（新規公開株）を中心に２億円近くまでの資産を築く。現在は、株式投資を主戦場としつつも、不動産投資やＦＸにも開眼して、株式投資同様、必殺技を構築しつつある。今後は株式や不動産はもちろんのこと、さまざまな領域でどのような新たな投資法を発掘するか、非常に注目されている投資家である。現在、「日本証券新聞」でコラム連載中。

ＨＰ：http://members3.jcom.home.ne.jp/echoes2001/
不動産のブログ：http://jack2001.livedoor.biz/
株式投資のブログ：http://www.enjyuku-blog.com/

著書:『株式投資の裏技』『ど素人サラリーマンでも資産を倍々に増やし続ける株式投資』

2014年11月05日　第１刷発行
2016年01月02日　第２刷発行

百人百色《ひゃくにんひゃくいろ》の投資法　Vol.1

投資家100人が教えてくれたトレードアイデア集

著　者　JACK
発行者　後藤康徳
発行所　パンローリング株式会社
〒160-0023　東京都新宿区西新宿7-9-18-6F
TEL 03-5386-7391　FAX 03-5386-7393
http://www.panrolling.com
E-mail　info@panrolling.com
装　丁　パンローリング装丁室
組　版　パンローリング制作室
印刷・製本　株式会社シナノ

ISBN978-4-7759-9130-5

【免責事項】
この本で紹介している方法や技術、指標が利益を生む、あるいは損失につながることはない、と仮定してはなりません。過去の結果は必ずしも将来の結果を示したものではありません。この本の実例は教育的な目的のみで用いられるものであり、売買の注文を勧めるものではありません。

アンディ

専業トレーダーとして生計を立てる。運営するブログ「アンディのFXブログ」で、日々のFXトレードに関する売買手法を執筆。東京時間で一目均衡表やもぐら叩きと名付けた手法で多くの投資家を魅了する。営業マン時代、日本で一番と二番の仕手筋（投資家）から大口注文を受けるなど、その確かな投資眼には定評がある。メディア取材も多く、「週刊SPA!」「YenSPA」（扶桑社）、「ダイヤモンドZAi」などで紹介されている。

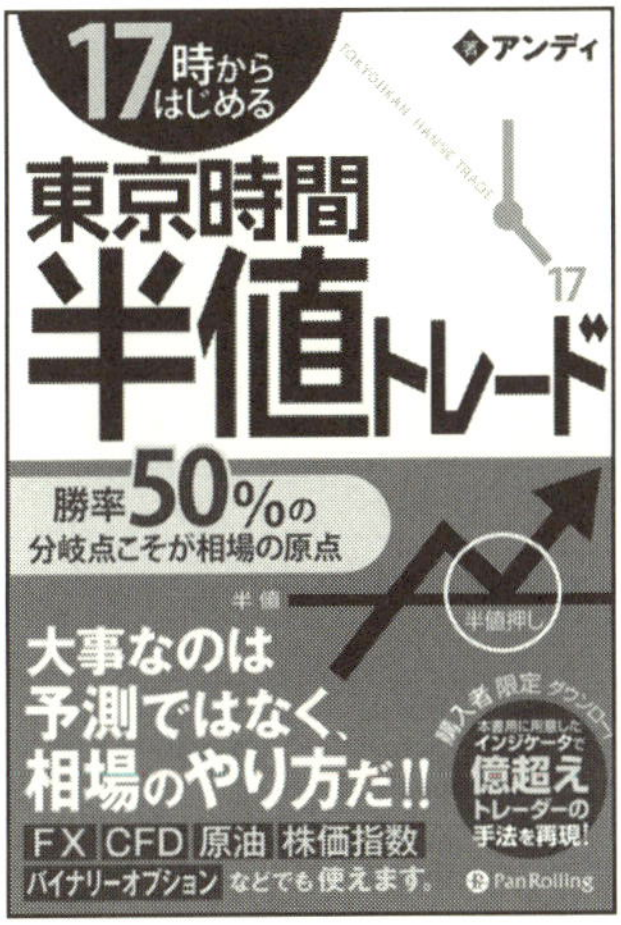

17時からはじめる 東京時間半値トレード

定価 本体2,800円+税　ISBN:9784775991169

さまざまメディアに登場している
有名トレーダー、アンディ氏の初著書!

「半値」に注目した、シンプルで、かつ論理的な手法をあますことなく紹介! さらに、原稿執筆時に生まれた、（執筆時の）神がかり的な手法も公開!

予測があたってもうまくポジションが作れなければ、良い結果を残すことは難しい。

目次

DVD

アンディのもぐらトレード 正しい根拠に基づく罫線売買術

定価 本体4,800円+税　ISBN:9784775963654

相場で勝つにはどうしたらいいのか?

どのような状況でポジションを持つのか?

高い情報商材を買い相場を学んでも勝てるようにはならない。「正しい根拠のある売買」はやっただけ蓄積されるのだ。

DVD

アンディの半値トレードの極意 半値パズルと時間パズル

定価 本体4,800円+税　ISBN:9784775963913

神がかり的な売買が誰でもできる!

初心者から実践者まで成果のある半値トレード。

秘技世界初公開の半値パズルと時間パズル。

半値パズルに時間パズルを入れるとこれから相場が上がるのか下がるのか誰にでも明確。

えつこ

毎月 10 万円からスタートして、月末には数百万円にまで膨らませる専業主婦トレーダー。SE として銀行や証券会社に勤務し、その後、ソフト開発の会社も経営していたが、息子を妊娠後、専業主婦になる。今は専業トレーダーとなり、相場の勢いをつかむ方法を独学で学び、毎日トレードに励んでいる。FX の利益で、発展途上国の子供たちや貧困層を援助する財団を設立することが夢。

1日3度のチャンスを狙い撃ちする 待つFX

定価 本体2,000円+税　ISBN:9784775991008

相場の勢いをつかんで勝負する
損小利大の売買をメタトレーダーで実践

本書で紹介する方法は、「MetaTrader4」を使った驚くほどシンプルなもの。難しい考え方や手法はひとつもない。あえて極論するならば、方法さえわかれば、小学生にでもできるようなものだ。なぜなら、すべきことが決まっているからだ。
今、思うように利益が出せていない人、利益も出せるが損失も出してしまう人など、“うまくいっていない”と感じている人に、ぜひ本書を手に取ることをおすすめする。

DVD

もう一歩先の待つFX 通貨の相関性とV字トレンド

定価 本体4,800円+税　ISBN:9784939103346

勢いとPivotで見極める決済基準
通貨の相関性は、合成通貨でトレードをする上では大変重要な考え方。その通貨の相関性と、勢いを掴むテクニカルと、PIVOTの考え方で、勢いがついたチャートは何処まで動くのか、そしてどこまでポジションを持つのが安全なのかを説明。

DVD

テクニカルとファンダメンタルで待つFX 相場の勢いをもっと掴むトレード

定価 本体4,800円+税　ISBN:9784775963685

「ポジティブか」「ネガティブか」「無反応か」
見るべき3つのポイント！ これまでのテクニカルと合成通貨のおさらいはもちろん、講師が重視するファンダメンタルの見方を重点的に解説。

DVD

安全思考の待つFX

定価 本体3,800円+税　ISBN:9784775964088

勝手に動く相場（チャート）を通して、世界中の機関投資家といわれるプロの集団と同じように利益だけを残すためには、「トレードをして良い時」と「トレードしてはいけない時」を見極めろ！

齊藤トモラニ

ウィンインベストジャパンのFXトレーダー兼講師。2006年11月の杉田勝FXセミナーの受講生。セミナー受講後、FXでの利益が給料を上回るようになる。その後、トレーダー兼講師としてウィンへ入社。抜群のFXトレードセンスを持ち、セミナー受講生から絶大な評判を得る。「トモラニ」の愛称で親しまれている。

簡単サインで「安全地帯」を狙う FXデイトレード

定価 本体2,000円+税　ISBN:9784775991268

FXコーチが教えるフォロートレード 簡単サインで押し目買い&戻り売りの絶好ポイントを探せ！

本書で紹介しているWBRという新しいインジケーターは、RSIに、ボリンジャーバンド（以下、ボリン）の中心線と±2シグマのラインを引いたもの。RSIとボリンの関係から見える動き、具体的には「RSI とボリンの中心線の関係」「RSI とボリンの±2σの関係」からエントリーを探る。

目次

DVD

トモラニが教える給与を10倍にする FX勝ちパターンを実現する極意

定価 本体2,800円+税　ISBN:9784775963531

誰かのトレードのマネをしても性格も違う、相場の経験値も違うため自分に合うとは限らない。やはり勝ちパターンは手法ではなく自分自身の中にしか無いのだ。チャートから勝つ技術をつくりだす方法を解説！

DVD

通貨ペアの相関を使ったトレード法 時間軸の選び方がポイント

定価 本体2,800円+税　ISBN:9784775964040

相場で利益を出すためにはトレンドの見極め方が大事だがそれよりも勝敗を分けるのは通貨ペアの選び方である。またUSDJPYだけしかトレードしないという方もいますが、そういう方は時間軸の選び方が利益を上げるキーポイントとなる。

バカラ村

国際テクニカルアナリスト連盟 認定テクニカルアナリスト。得意通貨ペアはドル円やユーロドル等のドルストレート全般である。デイトレードを基本としているが、豊富な知識と経験に裏打ちされた鋭い分析をもとに、スイングトレードやスキャルピングなどを柔軟に使い分ける。1日12時間を超える相場の勉強から培った、毎月コンスタントに利益を獲得するそのアプローチには、個人投資家のみならず多くのマーケット関係者が注目している。

DVD 15時からのFX

定価 本体3,800円+税　ISBN:9784775963296

毎月の利益をコンスタントに獲得する、
人気テクニカルアナリスト初公開の手法!

専業トレーダーとして講師が実際に使用している「ボリンジャーバンド」と「フォーメーション分析」を使ったデイトレード・スイングトレードの手法について、多くの実践例や動くチャートをもとに詳しく解説。実際にトレードしたときのチャートと併せて、そのときにどう考えてポジションを建てたのか・手仕舞いしたのかを説明。

DVD 15時からのFX実践編

定価 本体3,800円+税　ISBN:9784775963692

トレード効果を最大化するデイトレード術実践編。勝率を高めるパターンの組み合わせ、他の市場参加者の損切りポイントを狙ったトレード方法などを解説。

DVD 新しいダイバージェンス

定価 本体3,800円+税　ISBN:9784775963562

バカラ村氏が信頼している「ダイバージェンス」を使ったトレード手法。より信頼度が高いダイバージェンスを含め、実践的チャートをもとに詳しく解説。

DVD バカラ村式 ハンタートレード

定価 本体4,800円+税　ISBN:9784775963838

勝ち組になるための3つのステップ、「相場観」「タイミング」「資金管理」。そのなかで利益を具現化させるための過程で一番重要であるのは資金管理である。

DVD バカラ村式 FX短期トレードテクニック【変動幅と乖離率】

定価 本体3,800円+税　ISBN:9784775964026

トレードの基本は、トレンドに乗ること。今の為替市場であれば円安トレンドに乗ること。短期売買での、順張り・逆張りの両面に対応できるトレードを解説。

DVD バカラ村式 FX短期トレードテクニック 相場は相場に聞け

定価 本体3,800円+税　ISBN:9784775964071

講師が専業トレーダーとして、日々のトレードから培ったスキルを大公開!「明確なエントリーが分からない」・「売買ルールが確立できない」・「エントリー直後から含み損ばかり膨らむ」などのお悩みを解決!

豊嶋久道

1965 年山口県生まれ。1988 年慶應義塾大学理工学部電気工学科卒業。1993 年慶應義塾 大学大学院博士課程修了。博士（工学）。大学生のころから C 言語プログラミングに 親しみ、実用系のフリーソフトウェア、シェアウェアを公開。2003 年より FX 取引を始 め、システムトレードの道へ。2011 年合同会社 T&Y 総合研究所設立。FX 自動売買シ ステムの最適化の研究を行っている。

FXメタトレーダー入門

定価 本体2,800円+税　ISBN:9784775990636

高機能ソフトが切り開く 新時代のシステムFXトレード!!

無料でリアルタイムのテクニカル分析からデモ売買、指標作成、売買検証、自動売買、口座管理までできる!模擬売買のできるデモ口座、検証のできる価格データ、独自のテクニカル指標をプログラムして表示し、しかも売買システムの構築・検証や自動売買ができる理想的なソフト。

FXメタトレーダー実践プログラミング

定価 本体2,800円+税　ISBN:9784775990902

MetaTrader4の売買システム開発過程を 段階的に学ぶ

自動売買で成果を上げている人たちは、超一流のアスリートと同じように、人一倍の努力を重ねている。好成績を上げるその裏側で、自分のスタイル構築のため、たゆまぬ研究と検証、実践を続けているのだ。その「パートナー」としてうってつけなのが、メタトレーダーなのである。

FXメタトレーダー4&5 一挙両得プログラミング

定価 本体2,800円+税　ISBN:9784775991251

MT4ユーザーのためのMT5システムトレード

オリジナルライブラリーでメタトレーダー4の自動売買プログラムをバージョン5に簡単移行！ 自動売買プログラムの“肝”である売買ロジックの部分が、MQL4でもMQL5でも、ほぼ同じような書式で記述できる。

オプション関連書籍・DVD

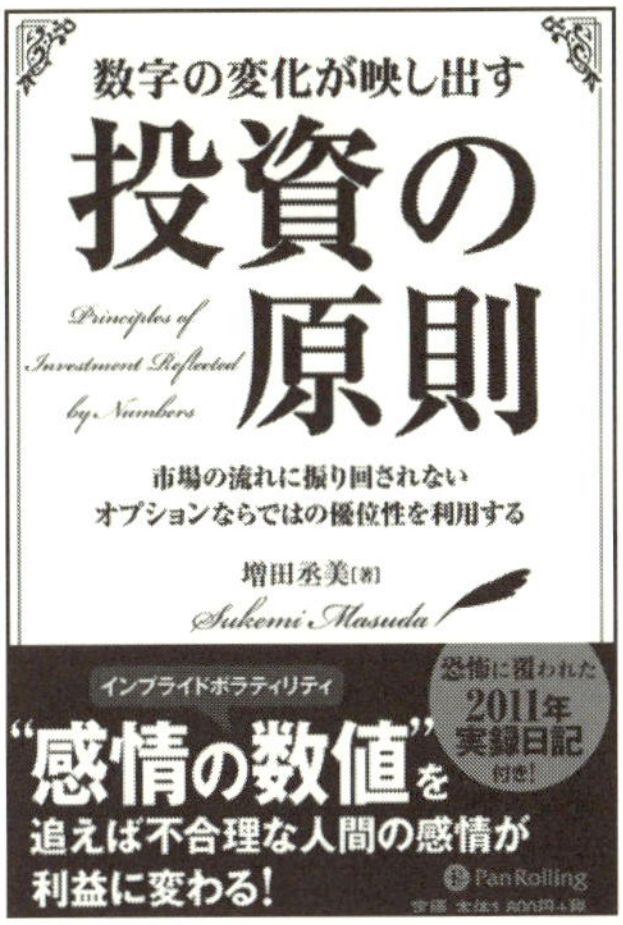

数字の変化が映し出す
投資の原則

著者：増田丞美

定価 本体1,800円+税　ISBN:9784775991138

市場の流れに振り回されない オプションならではの優位性を利用する

オプションは難しい金融工学を理解しなければならない。それは誤解である。難しい側面からスタートする必要はない。ただし、気をつけるべきことはある。同じマーケットをベースにしても、オプションは多くの方が取り組んできた株式投資や株式トレードとはアプローチの仕方が違うということだ。

DVD 株式投資の利回りを高める 投資のすすめ

講師：増田丞美

定価 本体3,800円+税　ISBN:9784775963739

売買の組み合わせで 損益分岐点を下げるカバード戦略

株価が大きく上昇することが見込めない場合などに、同じ銘柄のコールオプションを売ることで、トータルの損益分岐点を下げることができます。（カバードコール）。

DVD ゆったり堅実な年利30%の長期投資 リープス（LEAPS）戦略の真実

講師：増田丞美

定価 本体38,000円+税　ISBN:9784775963791

LEAPS戦略とは個人投資家が プロに勝てる数少ない売買技術

LEAPS（リープス）はごく普通の個人投資家が最も成功しやすい戦略であり、シンプルながらも過去の実績を振り返ると優れた利回りに驚かされるはずです。

この戦略は小資本で実行でき、かつ長く続けるほど高い収益が期待できます。

サヤ取り関連書籍

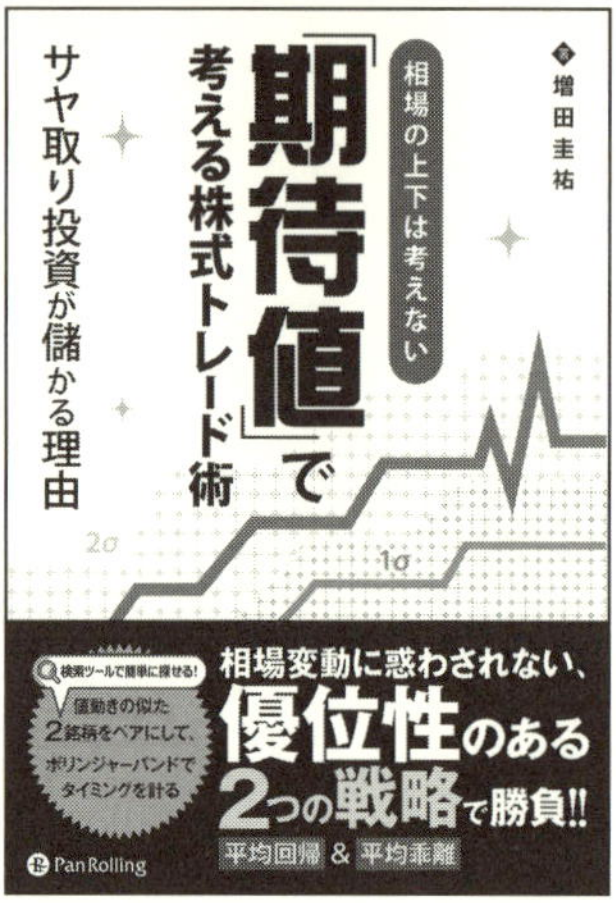

相場の上下は考えない「期待値」で考える株式トレード術

定価 本体2,000円+税　ISBN:9784775991275

相場変動に左右されない、期待値の高い取引＝サヤ取り投資

投資で利益を出すにあたって、予測的な側面を重視する投資家の数は多いことでしょう。しかし、そのやり方では、いつまでたってもイチかバチかのギャンブル的な要素が漂う世界から抜け出すことはできません。相場の流れは誰にもわかりません。わからないということは、予測してもあまり意味がないということです。それではいったい、私たち投資家がすべきことは何なのでしょうか？ 答えを先に言うと、正しい行動を取ればいいのです。具体的には、期待値がプラスになるような優位性のある行動を取らなければなりません。運の要素を取り除いて、純粋に確率論で物事を判断する必要があるのです。

サヤ取り入門［増補版］

定価 本体2,800円+税　ISBN:9784775990483

あのロングセラーが増補版となってリニューアル!!

本書の初版が多くの個人投資家に「必読書」として絶賛されたのは、このサヤ取りを個人で実践する秘訣が、惜しげもなく披露されていたからである。筆者自身、長きにわたってサヤ取りを実践する個人投資家。だからこそ本書には、本物ならではの分かりやすさと具体性があるのだ。

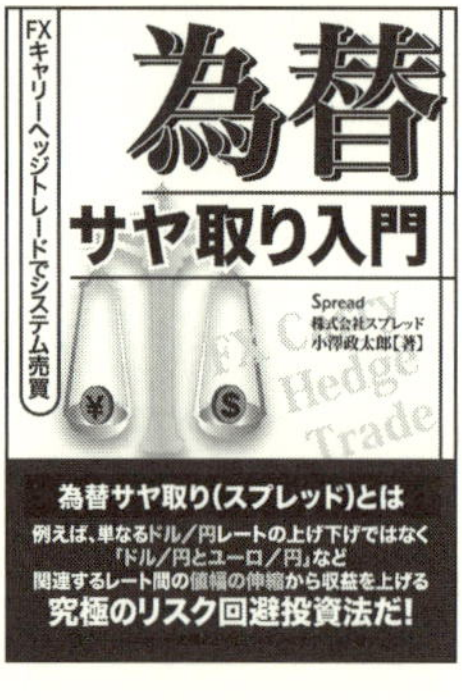

為替サヤ取り入門

定価 本体2,800円+税　ISBN:9784775990360

2組の通貨ペアによる「スプレッド」投資なら為替間のサヤもスワップ金利も一挙両得が可能

個人でもできるFXの裁定取引。例えば、ユーロ／円とユーロ／ドルなど外国為替の相関関係を利用した「低リスク」売買で「スワップ金利」だけでなく「為替のサヤ」も狙っていく投資手法それが「FXキャリーヘッジトレード」だ！

サヤ取り関連書籍

株式サヤ取り入門

確率論に基づく「上野式」でシンプル投資

著者　上野ひでのり

定価 本体2,800円+税　ISBN:9784775990667

重要なのは同業2銘柄の価格差（サヤ）だけ!

サヤ取りとはある銘柄を買うと同時に関係の深い銘柄を売りその価格差（サヤ）の伸縮を取る論理的な売買法である!!

株式サヤ取りの魅力として真っ先に挙げられるのが「株式市場全体の上げ下げの影響を受けにくい」という点だ。

本書で「相関係数」や「本ザヤ分析」について学べば、周期的に大きくサヤを伸縮させる銘柄の組み合わせが確率的、論理的に見つけられるだろう。

目次

CFDサヤ取り入門

差金決済取引を利用したペアトレード

著者　元信光人

定価 本体1,500円+税　ISBN:9784775990919

CFDは“FXの証券・先物版”

CFDの柔軟な商品性は、個人投資家にも「グローバルマクロのロングショート戦術」の実践を可能にしている。世界的なファンダメンタル分析で大局をつかみ、そこにある“格差（サヤ）”から収益機会を見つけだすという、ジョージ・ソロスに代表される多くのヘッジファンドマネジャーたちが採用している運用戦術だ。

板読みデイトレード術【実践編】

基礎知識からリアル動画解説まで

けむ。【講師】

定価 本体3,800円+税　ISBN:9784775963326

板を見れば、心が読める！
講師自身が収録した、真実の動画！

書籍『投資家心理を読み切る板読みデイトレード術』の中から、質問の多かった箇所やポイントとなる箇所の内容を掘り下げ、更に詳しく著者のけむ。さんが解説。

DVDの特徴

- 実践で生かせるように、講師が実際に行ったトレード動画をスロー再生し解説
- 板読み＝心理読みという視点から、「なぜ負けてしまうのか」「どうしたら勝てるようになるのか」について詳しく解説

DVDで学べること

- 【基礎編：知識】板読みとはどういった手法なのか
- 【応用編：手法・小技紹介】板読みとは実際にどうやって取引するのか
- 相場における心理面でのけむ。さんの考え

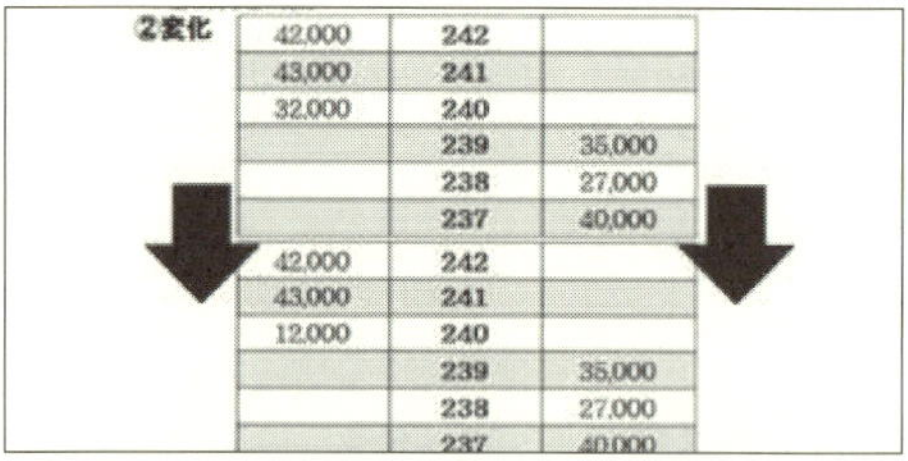

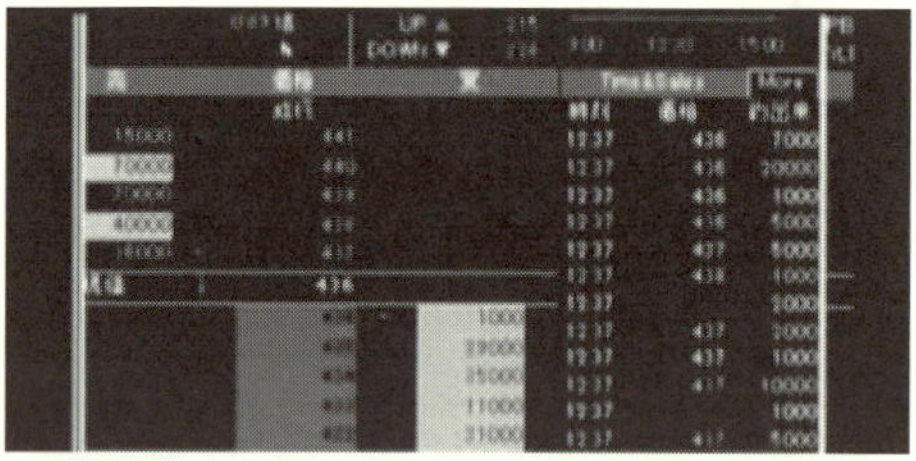

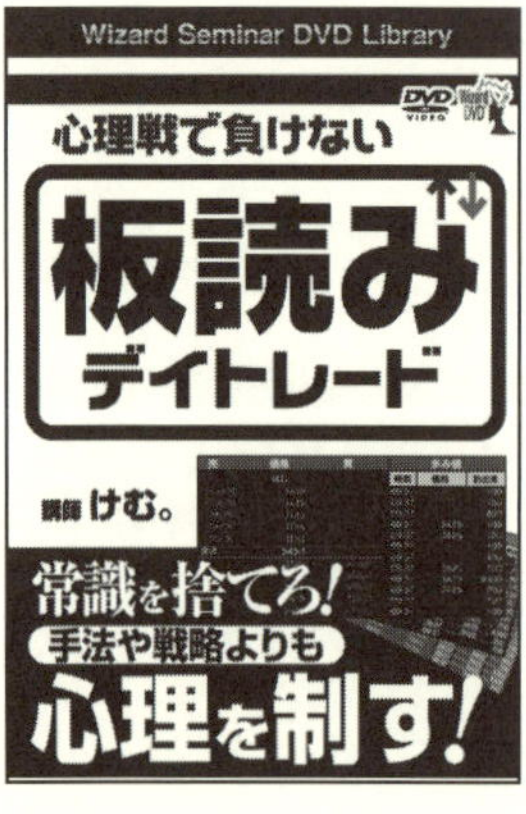

心理戦で負けない板読みデイトレード

けむ。【講師】

定価 本体3,800円+税　ISBN:9784775963456

常識を捨てろ！
手法や戦略よりも心理を制す！

板読みデイトレード術をマスターするために、さまざまな売買に絡む心理要因を読み取り、ご自身のトレードを役立てられるようにする。

株式投資関連

出来高急増で天底(節目)のサインを探る!
リスク限定のスイングトレード

定価 本体1,600円+税　ISBN:9784775991084

これまでは「出来高」は地味な存在だった
エスチャートが可能にする山越え&谷越えトレード

何日ぶりかの出来高急増は節目(最良の売買タイミング)になりやすい! 節目を確認して初動に乗る「理想のトレード」で損小利大を目指す!

5段階で評価する
テクニカル指標の成績表

定価 本体1,800円+税　ISBN:9784775990926

相場のタイミングを知るには
"使える"テクニカル指標が必要だ。

タイミングが合えば、相場で生き残ることはできます。
相場のタイミングとは「谷越えを待って買い、山越えを待って売る」ということです。

なぜ株価は値上がるのか?

定価 本体2,800円+税　ISBN:9784775990315

マーケットの真の力学を解き明かし、具体的な「生き残りの銘柄スクリーニング術」を指南する
投資家・トレーダーのための「実用的」な株の教科書

『生き残りのディーリング』の著者であり、日本株の歴史的底入れ到来を的中させた矢口新の名著『値上がる株に投資しろ!』を増補改訂!!

矢口新のドリルシリーズ

矢口新の相場力アップドリル 為替編・株式編

為替編 ISBN:9784775990124　定価 本体 1,500円+税
株式編 ISBN:9784775990131　定価 本体 1,800円+税

矢口新のトレードセンス養成ドリル Lesson1 / Lesson2

Lesson1 ISBN:9784775990643　定価 本体 1,500円+税
Lesson2 ISBN:9784775990780　定価 本体 1,500円+税

株式投資関連

マンガ パチンコトレーダー
初心者の陥りやすいワナ編

定価 本体700円+税　ISBN:9784775930755

もともと「パチプロ兼マンガ家」だった
著者は「株トレード」に転じた。

パチンコで総じて勝てるようになるまでは、10年。しかし、株では3年で同じところにたどりつくことができた。トレードで儲けるためには、人間が当たり前に考えること、当たり前にとる行動が障害になる。資金100万円からトレードを始めた人間の真実の記録。「初心者のとりがちな行動」「間違った考え方」がひと目で分かる。もし、あなたが他人よりも有利にトレードをはじめたいと思うなら、ぜひ本書を読んでみてほしい。

マンガ パチンコトレーダー
システムトレード入門編

定価 本体700円+税　ISBN:9784775930755

志は高くテンションは低く!
目指せ「生涯10億円」

2002年に株式トレードをはじめたパチプロ兼マンガ家坂本タクマ。テレビニュースや知り合いの耳より情報をもとにしたトレードで一喜一憂し、なかなか勝てない日々が続いた。「材料トレードでは勝てない…」そう気がつき「システムトレード」への移行を開始する。自分でプログラムを書き、株価を自動取得し、シグナルを出す。専門家じゃなくても、ここまでできる!!

目次

ＦＸ関連

ＦＸメタトレーダー入門

著者：豊嶋久道

定価 本体2,800円+税　ISBN:9784775990636

リアルタイムのテクニカル分析からデモ売買、指標作成、売買検証、自動売買、口座管理まで！　FXトレード・売買プログラミングを真剣に勉強しようという人に最高級の可能性を提供。

ＦＸメタトレーダー実践プログラミング

著者：豊嶋久道

定価 本体2,800円+税　ISBN:9784775990902

メタトレーダーの潜在能力を引き出すためには、メタトレーダーと「会話」をするためのプログラム言語「MQL4」の習得が求められる。強力なプログラミング機能をできるだけ多く紹介。

システムトレード基本と原則

著者：ブレント・ペンフォールド

定価 本体4,800円+税　ISBN:9784775971505

トレードで生計を立てたい人のための入門書。大成功しているトレーダーには「ある共通項」があった!!

あなたは勝者になるか敗者になるか？

ＦＸメタトレーダー４ MQLプログラミング

著者：アンドリュー・R・ヤング

定価 本体2,800円+税　ISBN:9784775971581

メタエディターを自由自在に使いこなす！

MQL関数徹底解説！　自動売買システムの実例・ルールが満載。《特典》付録の「サンプルプログラム」がダウンロードできる！